VBEP 中国兴边富民战略研究院文库

RESEARCH ON CHINA'S PILOT FREE TRADE ZONES IN THE BORDER AREAS (2022)

沿边自由贸易试验区发展研究

2022

张丽君　王　飞　周　英　等／著

中国经济出版社
CHINA ECONOMIC PUBLISHING HOUSE
北京

图书在版编目（CIP）数据

沿边自由贸易试验区发展研究.2022／张丽君等著.--北京：中国经济出版社，2022.12
ISBN 978-7-5136-7199-6

Ⅰ.①沿… Ⅱ.①张… Ⅲ.①自由贸易区-经济发展-研究报告-中国 Ⅳ.①F752

中国版本图书馆 CIP 数据核字（2022）第 251189 号

责任编辑　耿　园
责任印制　马小宾
封面设计　华子图文

出版发行　中国经济出版社
印 刷 者　北京富泰印刷有限责任公司
经 销 者　各地新华书店
开　　本　787mm×1092mm　1/16
印　　张　11.25
字　　数　220 千字
版　　次　2022 年 12 月第 1 版
印　　次　2022 年 12 月第 1 次
定　　价　88.00 元
广告经营许可证　京西工商广字第 8179 号

中国经济出版社 **网址** www.economyph.com **社址** 北京市东城区安定门外大街 58 号 **邮编** 100011

出版说明

《沿边自由贸易试验区发展研究（2022）》是中央民族大学经济学院、中国兴边富民战略研究院深入开展新时代沿边对外开放、加强民族地区融入国内国际双循环、铸牢中华民族共同体意识系列研究成果之一，是中央民族大学经济学院理论经济学学科建设、中央民族大学经济学院国际经济与贸易国家级一流本科专业建设和中央民族大学经济学院国际商务专业型硕士学科建设研究成果之一。

中央民族大学经济学院的师生在实地调研和研究报告的撰写过程中，得到了商务部国际贸易经济合作研究院、沿边地区相关政府部门与当地居民的支持和帮助，在此表示感谢。

写作分工

张丽君　统筹

王　飞　编撰、统稿

第一章　王　飞　刘　红　王钰尧　武宏烨

第二章　龙贺兴　郑兴玉　薛丽锦

第三章　田东霞　李旭洋

第四章　耿桂红　马　媛　李　童　刘　倩

第五章　喆　儒　塔　拉　韦石榴

第六章　周　英　热米拉·阿力普　王灵芝

卢昱沅

CONTENTS 目录

第一章　沿边自由贸易试验区发展总体情况

截至目前，我国已经设立了21个自由贸易试验区，涵盖沿海、内陆和沿边三大地带，基本形成了一个沿边沿海、双向开放的自由贸易试验区（简称“自贸试验区”）经济系统。全方位、辐射型的中国对外开放布局已然显现。在沿边自贸试验区的建设上，广西、云南和黑龙江3个边境省（区）均已在2019年获批设立自贸试验区；新疆和内蒙古两个自治区也在积极推进自贸试验区前期建设。本章将在回顾我国自贸试验区发展历史的基础上，比较沿边自贸试验区与沿海、内陆自贸试验区的异同，分析当前沿边自贸试验区发展面临的机遇与挑战，探索推动沿边自贸试验区加快发展的举措。

一、自由贸易试验区发展历程

我国自由贸易试验区的设立是党中央、国务院深化改革开放的重要内容，是推动建设高水平对外开放的重要举措。从2013年的初步探索至今，自贸试验区的建设和发展经历了从点到线、从线到面的全面发展过程。

（一）自由贸易试验区的提出

1. 自由贸易试验区的概念

自由贸易试验区（free trade zone）一词起源于世界海关组织（WCO）制定的《京都公约》。《京都公约》对其解释为“自由贸易试验区是指公约中缔约方境内的一块特殊区域，当货物从关外进入这一特殊区域后，就关税而言可以视为关境之外，可以免于通常的海关监管措施”。因此，自贸试验区可以看作在一个主权国内或主权区域内划定设立的特殊区域，该区域内的企业设立、货物监管、外汇管理以及税收等可以实行优惠和特殊监管等政策，属于主权国或主权区域在本国或地区境内设立的“境内关外”的行为，主要目的是降低货物贸易成本。① 自贸试验区在没有海关“干预”的情况下允许货物进口、制造、再出口，是中国目前对外开放程度最高，贸易投资自由化、便利化程度最高，体制机制变革走在最前沿的新开放平台。大量高附加值的制造业和服务业企业在自贸试验区集聚，形成新的经济增长极，并辐射带动周边地区发展。

2. 自由贸易试验区设立现状

2013 年 9 月 29 日，中国（上海）自由贸易试验区正式成立。建立中国（上海）自贸试验区是我国在全面深化改革和进一步扩大开放的大背景下采取的一项重大举措，其根本目的是通过先行先试，为新一轮的改革开放形成可复制、可推广的体制机制。如表 1－1 所示，截至目前中国的自贸试验区包括 10 个沿海自贸试验区、8 个内陆自贸试验区和 3 个沿边自贸试验区。自贸试验区作为对外开放的试验平台，通过体制机制上的突破和创新，构筑起共建“一带一路”的对外开放新格局。

我国自贸试验区涵盖沿海、内陆和沿边三大地带，华东、华南、华北、华中、东北、西南六大区域，基本形成了一个沿边沿海、双向开放、东西互惠、南北联动的经济系统。各自贸试验区拥有不同的区位优势、产业发展优势，在国家全方位对外开放中承担着不同的功能定位。如旨在进一步探索金融开放创新的上海自贸试验区，突出粤港澳深度合作目标的广东自贸试验区，推动京津冀协同发展的北京、天津、河北自贸试验区，彰显对台特色的福建自贸试验区，响应“一带一路”倡议的陕西自贸试验区，为东北工业基地转型提供经验探索的辽宁自贸试验区，创新海洋贸易制度的浙江自贸试验区，推动沿边地区开放、辐射带动沿边发展、提升沿边地区开放开发水平的广西、云南、黑龙江自贸试验区。这样的空间布局很好地协同了粤港澳大湾区建设、京津冀协同发展、长三角一体化、东北振兴、成渝双城联动发展、创新驱动发展等国家重大战略。②

表 1－1　中国自由贸易试验区批复成立时间表

成立时间	自由贸易试验区
2013 年 9 月 27 日	中国（上海）自由贸易试验区
2015 年 4 月 20 日	中国（天津）自由贸易试验区、中国（广东）自由贸易试验区、中国（福建）自由贸易试验区

① 辛昱辰，萧安．思索·改革：自由贸易试验区[M]．上海：上海社会科学院出版社，2020：4.
② 李善民．中国自贸区的发展历程及改革成就[J]．人民论坛，2020(27)：12－15.

续表

成立时间	自由贸易试验区
2017 年 3 月 31 日	中国（辽宁）自由贸易试验区、中国（重庆）自由贸易试验区、中国（浙江）自由贸易试验区、中国（陕西）自由贸易试验区、中国（湖北）自由贸易试验区、中国（四川）自由贸易试验区、中国（河南）自由贸易试验区
2018 年 10 月 16 日	中国（海南）自由贸易试验区
2019 年 8 月 2 日	中国（山东）自由贸易试验区、中国（广西）自由贸易试验区、中国（黑龙江）自由贸易试验区、中国（江苏）自由贸易试验区、中国（云南）自由贸易试验区、中国（河北）自由贸易试验区
2020 年 9 月 21 日	中国（北京）自由贸易试验区、中国（湖南）自由贸易试验区、中国（安徽）自由贸易试验区

资料来源：笔者自行整理得到。

（二）自由贸易试验区的申报

“十四五”期间，目前还未设立自贸试验区的山西、宁夏、江西、甘肃、贵州、青海、新疆和内蒙古将积极规划申报设立自贸试验区。

1. 自由贸易试验区申报条件

党的十八届三中全会指出，自贸试验区应选择若干条件符合的地方推广复制。在地方自贸试验区的申报要求上，一定的经济基础和发展前景、具有特色的对外开放和经验探索、对内辐射的优势性和示范效应都是不可或缺的。

自贸试验区的申报应以省、自治区、直辖市为申报主体，在其范围内选择适宜的地区作为载体，集中优势、突出特色。自贸试验区建设应以体现国家战略意图为首要条件、以发展模式具有特色为优先条件、以示范作用强为必要条件、以发展水平好为参考条件。① 在促进全面改革、深化开放及实施相关国家战略的基础上，兼备发展模式的独创性、可行性与对同类型地区经济发展和对外开放的示范带动作用，充分考虑自贸试验区的试验内容、发展潜力、示范带动作用等综合因素，以战略思维和前瞻视角进行规划和设计。

以云南自贸试验区为例，云南作为东亚、南亚、东南亚三大经济圈的接合部、面向太平洋、印度洋“两洋”的枢纽和我国陆路进入印度洋最便捷的大通道，国家对云南开放发展的定位与要求是建成面向南亚、东南亚的辐射中心。将云南自贸试验区突出的区位优势转化为现实优势、经济优势、市场优势，需要高标准高

① 顾学明．自贸区申报应适度降温[J]．经济，2015(1)：16－18.

质量建设自贸试验区，以高水平开放推动经济高质量跨越式发展。①

2. 自由贸易试验区申报现状

尚未设立自贸试验区的省份积极推进自贸试验区的前期建设，向国家组织申报设立自由贸易试验区。

山西在“十四五”规划中提出要把申建中国（山西）自由贸易试验区作为制度型开放的抓手，规划布局自贸试验区申报建设，以山西转型综合改革示范区潇河产业园为核心，以阳曲、太谷为副中心，重点打造以合成生物新材料产业为特色的自贸试验区；积极对接中蒙俄经济走廊，主动连接乌大张、中原城市群、晋陕豫黄河金三角，深度融入“一带一路”大商圈，实现更大范围、更宽领域、更深层次的对外开放。

宁夏在“十四五”规划中提出要推进银川综合保税区与银川国际航空港联动发展，大力培育临空经济、保税加工、绿色食品加工、跨境电商、航空物流等产业；依托国家级开发区和重点园区产业集聚优势，大力发展精深加工贸易、跨境电商、外贸综合服务，加快建设优势明显的外贸转型升级基地；积极复制推广全国自贸试验区改革试点经验，争取国家支持设立中国（宁夏）自由贸易试验区。

江西在“十四五”规划中将提升对外开放平台，积极争创中国（江西）自由贸易试验区作为一项重要战略部署。在着力打造南昌、赣州、九江、上饶四大开放门户的基础上，以南昌、赣州、九江、井冈山等综合保税区为依托，申报建设中国（江西）自由贸易试验区；深度融入“一带一路”建设、参与长江经济带建设，抓住促进中部地区崛起战略机遇，提升长江中游城市群战略能级。

甘肃在“十四五”规划中提出要积极融入和服务国家开放大局，全面用好“一带一路”最大机遇，建设更高水平开放型经济新体制，加快构建内外兼顾、陆海联动、向西为主、多向并进的开放新格局，积极申建中国（甘肃）自由贸易试验区；加强兰州新区综合保税区建设，着力建设中国（兰州）跨境电子商务综合试验区和中国（天水）跨境电子商务综合试验区；争取设立农业对外开放合作试验区，深化与“一带一路”沿线国家农牧业合作；积极争取服务贸易创新发展试点。

贵州在“十四五”规划中提出要发展高水平开放型经济、加快打造高效开放平台；加快完善提升贵阳、贵安新区、遵义综合保税区保税加工、物流、贸易、金融等服务功能，增强发展外向型经济能力；加快推进双龙航空港经济区建设，全力打造国家级临空经济示范区。推动外资、外贸、外经企业向开放平台集聚，在投资贸

① 陈利君．高标准高质量建设中国（云南）自贸区［J］．社会主义论坛，2019（11）：9－10，20.

易自由化便利化、现代产业发展等方面先行先试，积极申建中国（贵州）自由贸易试验区。

青海在“十四五”规划中提出要借鉴自贸试验区改革试点经验，申建中国（青海）自由贸易试验区；在高质量运营西宁综合保税区的基础上，鼓励加工贸易企业以及上下游配套企业向综合保税区集中，支持企业承接境内外委托加工和服务外包业务；参与数字丝绸之路建设，建成运营西宁、海东跨境电子商务综合试验区，建设线上综合服务平台和线下产业园区平台，打造跨境特色大宗商品集散中心、跨境电商结算中心和数据中心；推动设立格尔木综合保税区，开辟西宁—格尔木—加德满都公铁联运班列。

新疆在“十四五”规划中提出要深度参与“一带一路”国际合作经济走廊建设，把新疆自身的区域性开放战略纳入国家向西开放的总体布局中，突出抓好“一港”“两区”“五大中心”“口岸经济带”建设，努力打造内陆开放和沿边开放高地，构建中心突出、东西贯通、南北辐射、层次分明、错位发展的开放型经济空间布局，推动设立中国（新疆）自由贸易试验区。

内蒙古在“十四五”规划中提出要深度融入共建“一带一路”，全面参与中蒙俄经济走廊建设，大力发展泛口岸经济，以高水平开放促进高质量发展；统筹口岸、通道和各类开放载体，明确重点口岸功能定位，优化口岸资源整合配置，集中建设满洲里、二连浩特和呼和浩特等陆港空港口岸主阵地；提升策克、甘其毛都等口岸开放水平，构筑沿边开放增长点；推动满洲里、二连浩特边境经济合作区发展，支持满洲里、鄂尔多斯、呼和浩特综合保税区建设，推动高端加工制造业集聚，积极争取设立中国（内蒙古）自由贸易试验区。

（三）自由贸易试验区的特点

我国的自由贸易试验区是现有保税区（bonded area）的全方位升级，承担着通过制度创新推动高水平全面对外开放的重要使命。

1. 保税区与自由贸易试验区

保税区又称保税仓库区（bonded warehouse），是由海关设置的或经海关批准设置的特定地区和仓库，外国商品可以免税进出保税区，在保税区内还可对商品进行储存、改装、分类、混合、展览、加工和制造等。[①] 1990 年，我国内地第一个保税区——上海外高桥保税区成立，具备保税仓储、出口加工、国际贸易和商品展示四

① 郝玉柱．国际贸易[M]．北京：中国经济出版社，2019：324.

大经济功能。

保税区与自由贸易试验区的区别如下：首先，在自贸试验区出现之前，保税区是我国境内最开放的地区。保税区实行关税减免和其他税收优惠政策，货物可以在保税区与境外自由出入。其次，就地理位置而言，各地自贸试验区涵盖了当地的保税区，同时也是对保税区的全方位升级。如上海自贸试验区由洋山保税港区、外高桥保税区（含外高桥保税物流园区）及浦东机场综合保税区组成。最后，也是最根本的区别，自贸试验区是制度创新的高地，即其最核心的任务是制度创新，而非单纯的税收洼地。自贸试验区不是传统意义上开发区、经济特区的升级版，也不是海关特殊监管区或保税区的升级版，而是集金融、投资、贸易、科创等领域的开放与创新于一体的综合改革试验区，是全面对标国际通行规则、全面检验综合监管能力的压力测试区，是全面提升治理能力、彻底改变行政理念、大幅提高行政效率的政府再造区。①

2. 自由贸易试验区的制度创新

自2013年上海自贸试验区成立开始，10年来，各自贸试验区在政府职能转变、贸易便利化、投资便利化、金融开放和法治化建设五大制度创新领域积极探索，取得了一批制度创新成果。

在政府职能转变方面，一是在不断精简行政职权的前提下，加快行政审批制度的改革。如自贸试验区推行的“一表申请，一口受理”服务模式，实质在于优化政府办事流程，由“一口受理”窗口“统一接收申请材料，统一向申请人送达有关文书”;② 如实现企业登记注册的“多照合一”模式，探索使用电子营业执照，简便企业办事流程。二是实行“事中事后”的管理模式，从“重审批、轻监管”转变为“宽准入、严监管”。如建立商事登记认领通报制度，明晰监管责任；组建综合执法机构管理全部业务；建立统一的市场监管信息平台，提供监管信息支撑；构建企业信用监督指标体系，按照信用等级对登记的商事主体实施分类监管；推行企业年报和经营异常名录管理。③ 三是实行电子政务，提高管理效率。利用互联网、电子信息技术，实现了自贸试验区电子政务服务模式的推广，为企业和个人提供了便利，节约了大量时间和成本。

在贸易便利化方面，各自贸试验区致力于建立贸易单一窗口制度；创新海关监管模式；深化行政管理体制改革；推进通关机制创新，深化保税货物转流模式改革；

---

① 孙元欣. 2016中国自由贸易试验区发展研究报告[M]. 上海:格致出版社,2016.

② 唐健飞. 中国(上海)自贸区政府管理模式的创新及法治对策[J]. 国际贸易,2014(4):27-32.

③ 李善民. 中国自贸区的发展历程及改革成就[J]. 人民论坛,2020(27):12-15.

建设配套的公共服务平台，完善服务体系。这一系列的制度创新通过优化流程、简化手续提高了效率、降低了企业成本，使贸易更加自由便利、科学且安全高效。①

在投资便利化方面，一是制定和完善负面清单。2013 年上海自贸试验区率先推出全国首张负面清单，包含 190 条外商投资准入特别管理措施。到 2021 年，自贸试验区外商投资准入特别管理措施已减少至 27 条，进一步提高了开放度和透明度，衔接了国际通行规则。二是实施外商投资备案管理和境外投资备案管理制度。对未进入负面清单的外商投资企业，实行内外资合一的审批和备案制。三是深化商事登记制度改革。如上海自贸试验区为了简化企业注册登记手续、提高市场准入效率，实施一系列简政措施，大力推进企业登记制度改革。四是服务新创投资与搭建企业“走出去”综合服务平台。如上海自贸试验区境外投资服务平台，为企业提供创新创业服务支持，极大便利了企业“走出去”。

在金融开放方面，一是金融开放创新体系日臻成熟。各大自贸试验区在中国人民银行、原银保监会、原证监会、国家外汇管理局等机构的支持下，在人民币跨境清算与支付、放宽外资资本进入、普惠金融创新等方面取得了明显成效。如广东自贸试验区前海片区农业银行创新性开展延时结算、联动结算等跨境人民币清算业务，已为境内外同业清算跨境人民币往来业务达 6.5 万余笔，金额总计超 7300 亿元。②二是加强国内、跨境融资风险管控，增强金融服务功能。如上海自贸试验区成立了金融工作协调推进小组。

在法治化建设方面，一是基本形成依法引领改革局面。各自贸试验区管理办法和其他法律法规相继出台，在金融服务、投资开放、管理体制、贸易便利化一体化等方面取得了新的进展。二是基本建立司法保障和争议解决机制，形成了法庭主导、仲裁机构辅助的模式。例如，浦东、前海、横琴等片区设有自贸试验区法庭、知识产权法庭、海事法院自贸试验区法庭和仲裁院等。③ 三是逐步完善法律服务平台建设。一大批法治化改革试点、内地与港澳企业合资合作试点、中国自由贸易区仲裁联盟、知识产权快速维权服务中心等加速出现。

二、自由贸易试验区发展特点

由于区位、自然地理、产业发展基础等方面存在差异，沿海、内陆和沿边自贸

---

① 黄建忠，陈子雷，赵玲. 中国自由贸易试验区研究蓝皮书[M]. 北京：经济科学出版社，2019.

② 杜金岷. 开放蓝本：自由贸易试验区[M]. 重庆：重庆大学出版社，2018.

③ 李善民. 中国自贸区的发展历程及改革成就[J]. 人民论坛，2020(27)：12－15.

试验区的战略定位和发展目标也具有明显差异。其中，沿海自贸试验区，如上海、广东、福建、浙江等，以港口片区为核心发展区域，凭借优越的港口条件，大力推动沿海地区高端制造业和现代服务业的发展，推动区域经济结构转型升级。内陆自贸试验区，如武汉、重庆、西安等，大力发展战略性新兴产业和高技术制造业，承担中国经济内循环的重要功能。沿边自贸试验区利用特殊区位条件，注重区域产业结构的升级换代和与周边国家的协调发展。如广西和云南作为我国与南亚和东南亚经济合作的两个重要地区，自贸试验区的发展重点是成为与南亚和东南亚国际合作的前沿窗口，是跨境经贸、跨境金融、跨境旅游、跨境医疗、跨境文化交流等国际合作新形式的试验区；而黑龙江作为向北开放的重要窗口，自贸试验区的发展重点是拓展对俄罗斯及东北亚地区的区域合作。

（一）沿海自由贸易试验区战略定位及发展目标

沿海地区作为我国对外开放的“火车头”，其自贸试验区建设服务国家推进高水平对外开放战略，是构建以国内大循环为主体、国内国际双循环相互促进新发展格局的重要阵地。

1. 战略定位

沿海自贸试验区承担着扩大对外开放以及先行先试的职责，凭借得天独厚的区位优势，依托优良的海港、便捷的出海通道与跨洋运输条件，成为技术和信息等高端要素聚集区，具备发展先进制造业和现代服务业的突出优势。尤其是在发展沿海贸易、向海经济等沿海开放型经济方面具有显著优势，对沿海地区形成了强烈的辐射带动效应，并带动了内陆地区的对外贸易和经济发展。沿海自贸试验区围绕服务内地、面向世界的战略要求，贯彻落实中央关于加强经济和社会发展创新力、转变经济发展方式、建设海洋强国的号召，以加快推进新旧发展动能接续转换、发展海洋经济为己任，形成了对外开放的新高地；[①] 充分发挥沿海对外开放的前沿优势，旨在建设21世纪海上丝绸之路核心区域、打造面向21世纪海上丝绸之路沿线国家和地区开放合作的新高地。

2. 发展目标

（1）推动沿海地区现代服务业与高端产业发展

沿海地区作为我国经济最发达的区域，其自贸试验区发展目标是充分利用其在

① 张鑫，杨兰品．沿海、内陆、沿边自贸试验区开放优势特色与协同开放研究[J]．经济体制改革，2021(3)：59－64.

国民经济结构调整中的优势，推动我国经济结构转型升级。如上海临港新片区的发展规划是建立全球最先进的工业集群，形成新的经济增长极；辽宁作为中国曾经最大的工业基地，其自贸试验区产业发展重点是先进航空设备、制造业、汽车及其零部件以及金融、港航物流等现代服务业领域，推动辽宁乃至东北老工业基地产业结构实现转型。①

（2）推进制度创新，与国际先进标准接轨

制度创新是我国自贸试验区建设承担的重大任务。从我国自贸试验区发展规划来看，沿海地区，尤其是经济比较发达的省份，改革起点和发展基础要远远好于内陆和沿边地区。沿海自贸试验区制度创新的重点是对标国际先进自由贸易港，围绕海洋运输国际贸易模式、国际航运、港口监管服务和海洋经济等领域进行探索。在运输监管上，海南自贸试验区首创不同品种保税油品同船混装的监管模式；在港口监管上，辽宁自贸试验区大连片区首创“保税混矿”的监管举措；在海事服务上，浙江自贸试验区首创单一锚位为一艘国际航行船舶提供整套海事服务；在海洋经济领域，山东自贸试验区烟台片区在全国率先探索推动“水产种业知识产权保护制度创新”。同时，沿海自贸试验区在金融服务、税收优惠、贸易投资以及人员流动等方面，也积极进行制度创新和改革探索。

（3）对外开放与共建“一带一路”的先锋

沿海自贸试验区是我国对外开放和共建“一带一路”的先锋，是对外开放的最前沿。广东、海南等沿海地区的自贸试验区（港），遵循着面向世界、服务内地的思路，相互协同，大力推动粤琼港澳多边深度合作。福建自贸试验区通过发展闽台合作，以建成深化两岸经贸合作示范区为战略目标，打造两岸区域性的金融和贸易中心。上海、浙江、福建、广东等自贸试验区承担“一带一路”合作平台的重要战略定位，旨在扩大对21世纪海上丝绸之路沿线国家港口的投资，加强与国外港口的对接合作，连接长江经济带与亚欧大陆桥，建设成为亚欧间的国际交通枢纽。

（二）内陆自由贸易试验区战略定位及发展目标

内陆自贸试验区不仅赋予了内陆地区经济发展新动能，还作为经济腹地承接沿海地区产业转移，为东部地区提供原材料和中间产品，并承担着联通东部地区与西部地区、带动西部地区发展的重要任务。

1. 战略定位

从区位条件看，内陆自贸试验区位于我国腹地，既不沿边也不靠海，但借助于

---

① 张金杰．中国自贸区的战略布局与发展重点[J]．人民论坛，2020(27)：20－22.

自身陆港、沿海地区海港，依托内陆腹地的资源和市场优势，在承接东部产业转移和发展加工制造业等方面发挥着关键作用。同时，内陆自贸试验区积极顺应发展趋势，大力发展“空中经济走廊”，与高速公路、铁路等运输方式相衔接，加速内陆自贸试验区商品流、资金流、信息流的聚集，打造内陆开放型经济高地。① 在对外开放方面，内陆自贸试验区积极参与“一带一路”建设发展，在促进与丝绸之路沿线城市互联互通、建设国际陆路大通道、打造内陆地区改革开放高地、服务我国西部地区开放上起着重要的示范引领作用。内陆自贸试验区依托内陆无水港、空港等综合交通优势以及作为交通枢纽的区位优势，与沿海、沿边地区的海港和边境口岸联动，开通运营中欧班列，形成带动中西部地区经济发展的内陆开放型经济，其功能定位是建设“一带一路”国家内陆型改革开放新高地、内陆开放型经济示范区。② 如陕西自贸试验区的战略定位是丝绸之路经济带的国际门户、临空现代服务引领区、航空高端制造科研聚集区和国际内陆型空港城市示范区；湖北自贸试验区的战略定位是打造中部有序承接产业转移示范区、内陆对外开放新高地。

2. 发展目标

（1）承接东部地区产业转移

受劳动力成本和土地成本快速上升的影响，不少沿海地区企业有向中西部地区转移的动机。内陆自由贸易试验区的设立，将有利于中西部地区承接来自沿海地区的产业转移。这种产业转移对于拉动中部地区投资、促进中部地区产业结构调整优化、提升中部地区在我国经济双循环中的地位，作用关键。③ 如重庆、陕西和湖北等内陆自贸试验区把汽车制造、高端装备、生物医药等先进制造业作为重点产业，并结合各自优势分别把白酒产业、农业技术国际服务产业及“互联网 +”产业作为特色优势产业。

（2）带动中西部连片区域的发展

一方面，内陆自贸试验区的建立与发展对本地经济发展具有巨大的推动作用，并将带动周边邻近地区经济发展。国务院有关自贸试验区建设的各项规划均指出，在自贸试验区内实行更为开放、自由的投资和贸易政策的一个重要出发点就是要让自贸试验区带动整个区域的发展。另一方面，内陆自贸试验区还承担着立足内陆、连接东部地区与西部地区，加快西部大开发，将自贸试验区建设成为推进中西部地

① 何枭吟．自贸区临空经济创新发展研究[M]．北京：中国社会科学出版社，2020：2 – 3.

② 张鑫，杨兰品．沿海、内陆、沿边自贸试验区开放优势特色与协同开放研究[J]．经济体制改革，2021（3）：59 – 64.

③ 张金杰．中国自贸区的战略布局与发展重点[J]．人民论坛，2020（27）：20 – 22.

区开发开放引领区的重要任务。

（3）促进内陆地区融入"一带一路"建设

内陆自贸试验区作为"一带一路"沿线的重要节点地区，也是推进内陆地区对接"一带一路"合作共建、推动内陆地区深化对外开放的重要平台。如作为"一带一路"南向、西向联通21世纪海上丝绸之路的枢纽，河南自贸试验区通过建立现代化的立体运输系统和现代物流系统，很好地促进了内陆地区融入"一带一路"建设；陕西自贸试验区以制度创新为核心，聚焦"丝路自贸区""科创自贸区""农业自贸区""会展自贸区"建设，以推进陕西产业发展为主线，着力打造内陆改革开放高地、"一带一路"商贸物流枢纽、"一带一路"人文交流基地、西部创新高地先行区、开放型产业发展引领区。

（三）沿边自由贸易试验区战略定位及发展目标

与沿海、内陆自贸试验区相比，沿边自贸试验区区位条件特殊，位于我国边疆地区，毗邻陆路周边国家，海关监管和自贸试验区建设需要与邻国协同推进，且人员、交通工具跨境往来频繁，陆路口岸海关监管、检验检疫、防止非法物品或人员入境等工作压力大。① 这意味着沿边自贸试验区的战略定位和发展目标不同于沿海和内陆自贸试验区。

1. 战略定位

沿边自贸试验区拥有特殊区位条件，与周边国家相邻地区铁路、公路相联通，以跨境贸易为核心，积极推进跨境金融、跨境物流、跨境加工、跨境旅游、跨境劳务等跨境合作新业态。如广西自贸试验区对外开放合作的主要对象是东南亚国家，重点内容是围绕西部陆海新通道建设，打造对南亚和东南亚对外开放的前沿门户；云南自贸试验区对外开放合作的主要对象是南亚和东南亚国家；黑龙江自贸试验区对外开放合作的主要对象是俄罗斯和东北亚国家，重点内容是建设欧亚大陆北桥和中蒙俄经济走廊。沿边自贸试验区以对周边国家和地区经贸合作为重点，以带动边疆地区经济发展、形成沿边开放型经济发展特色为主要功能定位。

2. 发展目标

（1）增强与邻国的国际经济合作

沿边自贸试验区要充分发挥沿边地区的区位优势，加强与周边国家合作，创新沿边跨境经济合作模式，推进与周边国家投资贸易自由、人员往来便利，加快发展

---

① 王力，李春香．中国沿边自由贸易试验区建设蓄势待发[J]．银行家，2019（9）：48－52.

跨境经贸合作、跨境文化交流等多领域的国际合作。[①] 广西、云南是我国与东南亚、南亚地区开展经济合作最主要的地区，两省区的自贸试验区发展规划都提出了建设以南亚、东南亚尤其是东盟国家为主要经济合作对象的发展方向，在加强与邻国基础设施联通的基础上，在自贸试验区内开展跨境贸易、跨境加工、跨境金融、跨境物流等业态。黑龙江自贸试验区作为我国最北端的自贸试验区，发展目标是建设北方对外开放的重要窗口，建设面向俄罗斯和东北亚地区的区域合作枢纽。

（2）内陆地区连接“一带一路”的重要门户

2019 年，国家发展改革委印发《西部陆海新通道总体规划》。西部陆海新通道位于中国西部地区腹地，向北通过重庆联通丝绸之路经济带，向南通过广西、云南联通 21 世纪海上丝绸之路，同时协同衔接长江经济带，在我国区域协调发展格局中具有重要战略地位。西部陆海新通道是中国西部纵贯南北的运输大动脉，包括铁海联运、空运、跨境公路、跨境铁路等多种交通方式。西部陆海新通道通过广西、云南自贸试验区的磨憨、凭祥等口岸，将我国内陆地区与越南、缅甸、老挝三国通过陆路交通连接，进而辐射到整个中南半岛；在广西北部湾港口形成铁海联运枢纽，南下联通新加坡等东盟国家，并以新加坡港口为二次枢纽中心，辐射至全球各个国家和地区。[②] 可见，广西、云南自贸试验区作为西部陆海新通道的重要对外门户，承担着连接内陆地区与 21 世纪海上丝绸之路的重要任务。

（3）推动边疆地区外向型经济发展

沿边自贸试验区拥有沿边与跨境的独特优势，沿边自贸试验区高水平对外开放是推动边疆地区外向型经济高质量发展的重要力量，有助于进一步缩小边疆地区与内地、沿海地区之间的经济发展差距。广西自贸试验区将打造面向东盟的临港石化产业基地、高端装备制造产业基地、电子信息和智能制造产业基地，支持数字经济产业集群发展，培育发展生物医药产业基地，全面推进广西外向型经济高质量发展；云南自贸试验区将构建现代产业体系的新动能、新路径和新模式，提升云南产业发展水平，提升产业链、供应链稳定性、安全性和竞争力，推动云南外向型经济高质量发展；黑龙江自贸试验区将深化产业结构调整，支持跨境电子商务综合试验区建设，积极扶持高端装备、智能制造、新一代信息技术、新能源、新材料等新兴产业发展，推动黑龙江外向型经济发展，带动东北地区振兴。

---

① 国务院印发新设六个自由贸易试验区总体方案[J]. 中国外资,2019(17):8.
② 傅远佳. 中国西部陆海新通道高水平建设研究[J]. 区域经济评论,2019(4):70-77.

三、沿边自由贸易试验区的发展机遇

近年来，国际政治格局动荡，逆全球化思潮、贸易保护主义思潮涌动，新冠疫情影响仍未消散，自然灾害时有发生，对中国经济造成了一定的负面影响。但中国经济发展韧性强，有效地应对了外部冲击，发展质量稳步提升，经济发展大局稳定。随着我国进一步加快技术创新步伐，优化调整疫情防控措施，深化对外开放，沿边自贸试验区将迎来一系列发展机遇。

（一）数字经济的发展机遇

数字经济正成为推动我国经济高质量发展的新引擎。数字经济的优势在于可以通过互联网技术的加持全方位改造传统产业，成为推动传统产业转型升级的重要动力。沿边自贸试验区作为我国全面深化改革开放的试验田，以制度创新推动数字经济核心竞争力提升成为其改革试验的题中之义。数字经济助力沿边自贸试验区发挥后发优势，为沿边自贸试验区高质量发展带来了新机遇。

数字经济是广西自贸试验区南宁片区的重点发展产业之一。近年来，广西自贸试验区南宁片区充分意识到数字经济带来的机遇，将数字经济作为引领性产业，推动现代金融、总部经济、贸易物流等生产性服务业和新兴制造业在南宁片区加快集聚。截至2022年9月，超过4300家数字经济企业入驻南宁片区，385家金融机构（企业）入驻中国—东盟金融城。为了打造面向东盟的信息服务枢纽和算力中心，南宁片区还实施了中国移动（广西）数据中心（一期）、中国电信东盟国际信息园（一期）等6个项目。随着数字经济发展新高地快速崛起，南宁片区的数字经济良好生态正逐步形成。2022年，南宁片区数字经济核心产业规模增速达到30%。到2025年，南宁片区计划打造5个百亿级数字经济产业园。① 数字经济正成为广西自贸试验区蓬勃发展的新引擎。

云南省抢抓数字经济蓬勃发展给自贸试验区带来的历史机遇，与国内数字经济巨擘企业华为合作，建立了数字经济创新中心。该中心是华为在全国自贸试验区中建立的首个数字经济创新中心，是昆明片区打造工业4.0智能制造的标杆和示范区。昆明片区将围绕数字经济创新中心，依托华为品牌、技术及产业链生态优势，充分发挥昆明片区的区位、产业及政策优势，不断提升数字经济服务水平，通过构建5G产业体系，实现互联网、大数据、人工智能与实体经济的深度融合，推动产业数字

① 南宁这片区域大热！靠的是数字经济、产城融合[EB/OL]，[2022-10-08]. http://dmxxg.gxzf.gov.cn/xxfb/dtyw/t13301182_m.shtml.

化转型，打造经济发展新动能。

黑龙江自贸试验区哈尔滨片区积极推进新材料、电子信息制造、软硬件服务等产业集群化发展，筑牢数字经济发展的基础，加大与数字经济头部企业的合作，细分数字经济内部的各大产业链条，提升片区内数字产业经济竞争力，同时重构传统产业链的垂直分工，推动数字经济为服装、光学、机械等传统产业转型升级赋能，推动数字经济与传统经济融合。

数字经济也为新疆和内蒙古等沿边地区自贸试验区的申建带来机遇。基于数字经济的电子商务、跨境电商平台建设使新疆和内蒙古两地的特色农牧产品销售网络化，让消费者和生产企业直接交流，打通了从生产到消费的全流程；数字技术在农牧业中广泛使用，逐步实现农牧业的数字化，点击鼠标就可以查看蔬菜水果的种植情况，控制养殖场集中挤奶，采集的信息可以覆盖每一亩农田、每一头牲畜。新疆乌鲁木齐深入实施工业互联网建设，加快5G网络规模化部署，不断推进工业企业数字化、智能化转型升级，激发传统产业活力。内蒙古呼和浩特围绕全国一体化算力网络国家（内蒙古）枢纽建设，实施高性能计算机算力翻番计划，数据处理能力居全国前列，实施科技型企业培育工程和科技创新平台载体建设工程，支持电子信息企业集聚发展。

（二）加入 RCEP 的贸易高质量发展机遇

我国始终积极参与多边、双边经济合作。党的二十大报告指出，中国推动贸易和投资自由化便利化，推进双边、区域和多边合作，促进国际宏观经济政策协调，共同营造有利于发展的国际环境，共同培育全球发展新动能。我国始终重视高水平对外开放建设，党的二十大报告要求，实施自由贸易试验区提升战略，扩大面向全球的高标准自由贸易区网络；“十四五”规划提出，坚持实施更大范围、更宽领域、更深层次对外开放的政策方针。2020 年 11 月签署的《区域全面经济伙伴关系协定》（RCEP）是我国实施高水平对外开放战略的重要体现。

2022 年 1 月 1 日，RCEP 正式生效。RCEP 是当今世界上人口最多、经贸规模最大、最具发展潜力的区域自由贸易协定。它涵盖了 29. 7% 的全球人口数量，28. 9% 的全球国内生产总值，约 30% 的全球贸易总额，以及 38. 3% 的吸引外国直接投资净流入的全球份额。① RCEP 成员将通过 10 年左右时间基本实现 90% 的产品享受零关税。加入 RCEP 后，大量零关税产品可以让我国消费者享受到种类更多、质量更优

---

① 《区域全面经济伙伴关系协定》协定简介[EB/OL],[2023 - 02 - 14]. http://nanjing.customs.gov.cn/nanjing_customs/rcepzq/index.html.

的商品；协定原产地累积规则允许产品在全部成员中共同生产或加工制造，而不是像以前一样由单一国家单独满足原产地规则要求，有助于发挥区域内各地的资源禀赋和比较优势，在 RCEP 区域内协同建立稳定的产业链和供应链体系，更好地确保区域内供应链安全，为企业生产经营提供稳定的原材料、中间产品和市场；RCEP 倡导的反对单边主义和贸易保护主义、支持自由贸易和维护多边贸易体制的强烈信号，是对近年来不断抬头的逆全球化倾向和贸易保护主义思潮的有力回击。

广西与东盟国家陆海相连，与东盟国家的交流合作向来十分密切，是我国与东盟国家贸易规模较大的地区之一。加入 RCEP 后，能够更好地发挥广西独特的区位优势、陆海交通优势、产业优势，推动相关产业链、供应链完善发展，推动广西—东盟建立更紧密的经贸合作关系，同时带动内陆地区与东盟开展更紧密的国际经济合作。广西北部湾港作为面向东盟的门户海港，海运航线在 RCEP 的利好带动下将得到进一步拓展。2022 年以来，广西北部湾港新开多条集装箱航线，不断加大与越南、日本、泰国等多国的集装箱班轮往来，畅通区域物流网络。随着 RCEP 的正式生效，广西自贸试验区依托广西—东盟的跨境贸易、跨境电商合作，将不断拓展合作国家和合作领域，成为我国西南地区商品进入 RCEP 的重要门户和关键枢纽，为广西自贸试验区贸易高质量发展带来新机遇。

云南是我国面向南亚、东南亚和环印度洋地区开放的重点地区，与东盟国家有陆路接壤的独特区位优势、铁路陆路联通的交通优势，与缅甸、越南、老挝、泰国等国有较好的国际经济合作基础。云南的水果、坚果、蔬菜、花卉、中药材、机电产品、化工产品是出口东盟国家的传统优势产品，其中水果等农产品在中国—东盟“10 +1”自贸协定下已经实现零关税。运输设备在 RCEP 下有较多的新增减税商品，以内燃机摩托车为例，RCEP 生效后在印尼市场将由 10% 关税立即降为零。此外，RCEP 下，印尼、菲律宾、文莱、柬埔寨分别对电视、空调、洗衣机等商品进行减税安排；印尼、马来西亚、菲律宾、柬埔寨分别对服装等产品进行减税安排。① 加入 RCEP 为云南自贸试验区贸易高质量发展带来新机遇，云南自贸试验区利用对东盟国家的陆路口岸优势，升级口岸基础设施、提高口岸通关便利化服务，依托中老磨憨—磨丁跨境经济合作区，能够更好推动云南与南亚、东南亚国家产业链、供应链、价值链的深度融合，带动云南经济高质量发展。

黑龙江与俄罗斯外贝加尔边疆区、犹太自治区、哈巴罗夫斯克（伯力）边疆区

---

① 多部门解读《云南省加快对接 RCEP 行动计划》：推动云南成为两个市场的战略纽带[EB/OL]，[2022 - 03 - 02]. https://www.yn.gov.cn/ztgg/zxylcyfzqy/zcjyz/zcjyzzcjd/202203/t20220302_237305.html.

等地区接壤，边境线近3000千米，目前拥有25个国家一类口岸。RCEP成员横跨亚太，包含了发达经济体、最大的发展中经济体和最不发达经济体，黑龙江与俄罗斯、蒙古国等RCEP成员拥有良好的产业互补性，为黑龙江自贸试验区带来了相当广阔的市场。同时，自贸试验区建设为贸易便利化和自由化创造了条件，能够有效地降低自贸试验区内企业的经营成本，更好地激发企业的主动性和创造性，增强企业国际竞争能力。RCEP正式生效后，能够为黑龙江自贸试验区贸易高质量发展带来新机遇。2022年前三季度，黑龙江省对RCEP贸易伙伴进出口163.1亿元，同比增长20.8%。①

（三）国内国际产业转移升级机遇

党的二十大报告要求，加快构建以国内大循环为主体、国内国际双循环相互促进的新发展格局；依托我国超大规模市场优势，以国内大循环吸引全球资源要素，增强国内国际两个市场两种资源联动效应，提升贸易投资合作质量和水平。加快推进国内国际产业转移是构建国内国际双循环的重要举措，为沿边自贸试验区高质量发展带来新机遇。

1. 国内产业转移机遇

当前，我国社会的主要矛盾是人民日益增长的美好生活需要和不平衡不充分的发展之间的矛盾。发展不平衡不充分包括东部、中部和西部地区之间的区域发展不平衡问题。党和国家在世纪之交提出了西部大开发战略，党的十八大以来，西部地区经济社会发展取得重大历史性成就，贫困人口集中的西部地区实现了贫困县全部脱贫、贫困人口全部摘帽，西部地区与东、中部地区的差距逐步缩小。西部地区在发展过程中，积极对接长江经济带、粤港澳大湾区等国家重大区域发展战略，东、中、西地区协同发展稳步推进。

我国东部地区的发展优势是市场规模大，消费能力强，高技术产业、现代服务业发达，企业创新能力强，产品出口竞争力强，但产业发展的空间相对不足；交通便利，运输成本低，但土地、劳动力成本偏高；产业发展基础好，产业链较完备，配套产业支撑能力强，但市场竞争较为激烈。因此，对生产成本较为敏感，原料地位于中、西部地区的企业在东部地区发展前景有限，有向中、西部地区转移的动机。

我国沿边地区则相反，市场规模相对较小，消费能力偏弱，资源型、高耗能企业多，企业整体创新能力不强，高科技产业、战略性新兴产业比重较低，但空间相

① 黑龙江前三季度对“一带一路”沿线国家进出口同比增38.5%［EB/OL］,［2022－10－26］. http://www.chinanews.com.cn/cj/2022/10－26/9880352.shtml.

对较广阔；交通条件相对较差，运输成本偏高，但土地、劳动力成本相对较低；产业发展基础相对薄弱，产业链不完备，配套产业支撑能力弱，但同类企业相对较少，竞争不激烈。因此，沿边地区对于生产成本较为敏感的企业有较强的吸引力。

根据产品生命周期理论和产业梯度转移理论，当一个产品进入生命周期的中后期时，产品已经成熟，市场相对固化，企业对生产成本较为敏感，有从经济较发达的高梯度地区向经济不发达的低梯度地区转移的动力。随着技术发展步伐加快，技术创新呈指数级增长，一大批新技术、新产业不断涌现，产品生产周期相对于20世纪大大缩短，东、中部地区引进新技术、新产业需求迫切，有强烈的产业升级动力，同时现有产业需要向外转移。沿边地区具有的独特区域优势、沿边开放优势，对国内转移产业具有较强吸引力。国内产业转移将为沿边自贸试验区承接国内转移产业、优化产业结构带来新机遇。

2. 国际产业转移机遇

自改革开放以来的40多年间，中国制造业从弱到强的快速发展，与中国承接了大量的国际产业转移密不可分。在中国承接国际产业转移的早期阶段，国内资本有限，为国际直接投资提供了大量的优惠政策，吸引了大量劳动密集型企业，包括一部分高污染和低附加值的外资制造业企业到沿海地区投资。随着中国工业化发展到一定阶段，劳动力成本逐步上升，低技术水平和低附加值的外资企业对经济增长、技术创新的贡献越来越少，而且由于沿海地区产业发展空间有限，技术含量较低的外资企业在沿海地区发展面临一定困难。在中国人口红利逐渐削减的大背景下，劳动力成本进一步上升、土地资源紧缺、生态环境恶化、治理压力大等发展问题逐渐显露出来，以往依靠大规模投资拉动经济增长的情形无法持续，中国传统产业面临转型升级的严峻挑战。因此，中国积极推动供给侧结构性改革，并在“去产能”“去库存”“去杠杆”方面取得了显著进展，极大提升了中国经济发展质量。

当前，在新一轮全球产业转移浪潮中，中国依然是全球对外直接投资的重要目的地。中国尽管要素成本上升明显，但拥有全球最完备的制造业体系，对全球范围内的高技术产业、现代服务业等跨国企业仍具有较强吸引力，加上中国已经成为全球重要的消费市场之一，对中国进行直接投资可以享受显著的规模经济效应。我国沿海和中部地区对低成本追求型外资的吸引力下降，但沿边地区在共建“一带一路”过程中，已经成为对外开放的前沿地区，特别是广西、云南和黑龙江自贸试验区沿边开放基础较好，土地、劳动力等要素成本相对低廉，特色农牧业资源、文化旅游资源丰富，对外开放平台建设初显成效，既拥有进行制度创新先行先试的优势，也享受着国家的税收优惠等扶持政策，跨境加工、跨境金融、跨境旅游、跨境医疗等对外合作新业态发展空间广阔。目前，一部分外资企业选择到南亚或东南亚地区投资，利用当地较为丰富且相对低廉的劳动力资源获得竞争优势。与南亚或东南亚地区相比，外资企业在我国沿边地区投资，不仅可以拥有中国政治局势稳定的外部环境，还可获得国内东、中部地区产业链的支持，能够更好地应对国际政治格局动荡和突发事件对供应链的冲击。因此，追求低成本优势，或农牧业、文化旅游业竞争优势强的国外直接投资将为沿边自贸试验区承接国际产业转移带来新机遇。

（四）西部陆海新通道的发展机遇

西部陆海新通道在我国区域发展格局中具有重要战略地位，是中国内陆地区利用南北向的陆海空交通网络衔接“一带一路”、实现与东盟及世界其他地区联动的复合型开放大通道，向南可联通新加坡等国际物流枢纽，衔接21世纪海上丝绸之路，辐射大洋洲、非洲和欧洲等地区，向北通过中欧国际班列衔接丝绸之路经济带，辐射中亚、中东欧等地，是推动我国陆地经济与海洋经济协同并进的动脉通道。随着西部陆海新通道的建设和拓展，我国沿边自贸试验区将迎来重大发展机遇。

广西作为西部陆海新通道四个“两端枢纽”之一和三条主通道的共同终点，不仅是面向东盟开放合作的窗口，还是“一带一路”的重要门户。广西提出了“高水平共建西部陆海新通道，大力发展向海经济”的口号，对外贸易规模持续增长，2021年广西对外贸易总额近6000亿元，但还存在外向型产业基础薄弱、边境贸易占比过大、贸易市场过于集中、产业集聚度不高的问题。广西出口商品中本地货源产品占比不足50%；边境贸易在广西外贸进出口总额中的占比高达30%～40%；对越南贸易在广西外贸进出口总额中的占比超过35%；商务部在全国认定的300多家国家级外贸转型升级基地，广西仅占6家。① 而西部陆海新通道建设发展能够有效地促进广西北部湾地区港口建设，推进广西向海经济发展，促进广西对东盟诸国对外贸易，优化广西对外贸易方式，加快对外贸易市场多元化；助推广西与马来西亚、文莱、新加坡等国跨境工业园区建设，拓宽出口商品种类；有助于与重庆、贵州、陕西等内陆地区联动发展，加强与粤港澳大湾区、长江经济带的产业合作，优化产业结构。

云南是我国面向南亚、东南亚和环印度洋地区开放的前沿，具有独特的沿边优势、区位优势、通道优势。随着“一带一路”建设持续推进，云南与周边国家互联互通基础设施条件大幅改善，成为我国连接南亚、东南亚的重要通道。“十三五”时期以来，

① 《广西推进贸易高质量发展的实施意见》政策解读[EB/OL]，[2020－05－25]. http://www.gxzf.gov.cn/xwfb/t5451917.shtml.

云南积极融入“一带一路”建设，持续加强与周边国家和地区的“五通”建设，面向南亚、东南亚对外贸易取得显著发展，但云南省对外贸易还存在总体规模不大、外向型产业不发达、对外资吸引力不强、经营主体少小散等问题。2021 年云南外贸进出口总额只有 3143.8 亿元，远远落后于广西对外贸易总额；边境贸易比重不高，占对外贸易总额的 13.2%；2021 年，RCEP 对云南投资大幅增长，但全省实际利用外资仅 8.88 亿美元。“一带一路”倡议提出以来，云南将与南亚、东南亚国家基础设施互联互通作为对外开放的优先领域，实施了一批铁路、公路等建设项目。在铁路方面，中越铁路境内段已建成并实现全线准轨电气化；中缅方向大理—临沧铁路建成通车，大理—瑞丽铁路大理—保山段建成通车，中缅新通道海公铁联运实现集装箱运输零的突破；在公路方面，中越、中老、中缅国际通道高速公路境内段全线贯通，境外段中老高速万象—万荣段已建成通车。[①] 加快建设西部陆海新通道能够更有效地发挥云南自贸试验区的沿边优势、区位优势和通道优势，助力云南构建对外贸易高质量发展格局，优化云南外向型产业结构。

四、沿边自由贸易试验区面临的挑战

尽管沿边自贸试验区发展机遇广阔，发展潜力大，但同时也应当注意到，当前沿边自贸试验区发展还面临国际局势急剧变化、新冠疫情影响仍未消散、自身经济发展基础比较薄弱等不利因素。

（一）国际局势急剧变化

近几年，国际形势发生急剧变化，尤其是 2022 年俄罗斯乌克兰局势恶化，截至目前冲突仍在持续。国际形势变化对我国沿边自贸试验区的建设、发展造成了一定负面影响。

1. 俄罗斯乌克兰局势

俄罗斯和乌克兰的地理位置十分重要，是“一带一路”沿线上连通中国与欧盟的关键节点，俄乌局势直接影响到中欧陆路运输和航空运输的安全，对“一带一路”沿线及中国沿边自贸试验区产生了复杂且深远的影响。从短期来看，一是丝绸之路经济带的陆路运输与航空运输受到明显波及，目前乌克兰货物运输基本中断，中乌之间直达班列目前已经停运或改道，经乌克兰抵达匈牙利的长安号班列也已改

① “云南这十年”·建设面向南亚东南亚辐射中心专场发布会[EB/OL],[2022-08-15]. https://www.yn.gov.cn/ynxwfbt/html/twzb/931.html.

道。俄罗斯已经关闭了对欧盟的领空，中欧航空运输将不可避免地受到影响，抑制了黑龙江自贸试验区拓展对外贸易。二是我国与俄罗斯的贸易结算受到严重限制。自2022年俄乌冲突爆发以来，美国及欧盟各国不断加大对俄罗斯的制裁，其中就包括禁止俄罗斯部分银行使用国际资金清算系统（SWIFT）。SWIFT在国际贸易中的应用十分广泛，也是国内外贸企业最为普遍的结算方式。俄罗斯无法使用SWIFT，对中俄之间的一般贸易、边境贸易会造成一定影响。目前人民币国际化进程还处在起步阶段，人民币支付占全球支付的比例仍然较低，人民币跨境支付系统（CIPS）还无法取代SWIFT。黑龙江自贸试验区对俄贸易虽然有境内外汇账户（NRA账户）结汇业务、跨境人民币外商直接投资（FDI）和对俄直接投资（ODI）业务的基础，但规模仍较小。

从长期来看，俄乌冲突对地缘政治格局将造成深远影响，中欧、中俄、中亚之间的双边及多边合作格局将变得更加复杂，贸易保护主义和逆全球化趋势可能深化，对各国经济发展前景产生不利影响。俄罗斯与乌克兰是国际上重要的农产品出口国，俄罗斯还是化肥、原油、天然气的重要出口国，目前俄乌局势前景不明，乌克兰农业生产以及粮食出口受阻，俄罗斯的粮食、化肥、原油、天然气出口面临诸多限制，对我国以及全球的粮食和能源安全造成明显影响，沿边自贸试验区建设发展也将受到拖累。

2. 国际反华势力的遏制

近几年，国际形势发生显著变化，美国利用其技术优势，泛化国家安全概念，滥用出口管制等措施，动用国家力量扩大打击中国企业，对我国进行技术限制和封锁，并干预其他国家与我国开展技术、贸易和投资合作。自美国前任总统特朗普2016年执政以来，中美经贸摩擦迅速加剧。自2018年3月22日至2022年12月12日，美国政府及其以商务部、国防部、财政部为主的职能部门，共把885家中国公司、机构及个人纳入到各类管制名单中。① 此外，国际反华势力还借口人权问题，对我国新疆生产和出口的棉花及其制品进行无理打压。国际反华势力对中国的限制在短期内确实会对中国相关产业的发展造成一定不利影响，中国沿边自贸试验区的发展也会受到波及。

（二）新冠疫情暴发

新冠疫情暴发后，全球正常的生产、贸易活动受到了极大的影响，疫情导致的

① 1054家！被美“拉黑”的中国企业完整清单[EB/OL]，[2022-12-12]. https://3g.163.com/dy/article/HODMML6505386WWT.html.

停工停产对全球产业链和供应链造成了巨大冲击，引发了全球性经济衰退。国际货币基金组织（IMF）2023 年 1 月发布的《世界经济展望》预测，2022 年全球经济增速将仅为 3.4%，比 2021 年下降了 2.9 个百分点。目前，新冠疫情对经济活动的影响逐步减弱，但新的变异毒株可能会继续产生威胁，沿边自贸试验区发展仍然不能完全忽略新冠疫情的影响。

一是跨境贸易需求下降。我国沿边地区的主要贸易伙伴是俄罗斯和东南亚各国。受疫情冲击，各国经济生产活动都处于收缩状态，需求端的收窄将会导致各大贸易伙伴对我国沿边自贸试验区的货物贸易需求、服务贸易需求大幅萎缩。

二是边境贸易交通物流成本上升，通关效率下降。新冠疫情暴发后，海上、陆地和航空运输均遭受沉重打击，尤其是空运，出现了严重中断和货运运力大幅下降的严峻局面。此外，部分陆路口岸关闭，部分口岸实施严格的卫生防疫措施，严格的人员跨境流动措施、非接触式货物交接模式使得交通物流成本急剧上升，通关效率显著下降。自 2023 年 1 月 8 日起，我国对新型冠状病毒感染实施“乙类乙管”，疫情防控措施的进一步优化将大幅降低边境贸易交通物流成本、提升通关效率，但仍需一段时间才能恢复到疫情发生之前的状态。

（三）沿边自贸试验区发展基础薄弱

一是产业基础薄弱。沿边地区是我国沿边开放的窗口和门户，但由于地理位置远离经济发达地区，开发开放起步晚，长期处于国民经济末梢。沿边地区自然地理条件相对较差、山区多、产业发展条件先天不足，导致长期以来产业结构单一、缺少具有辐射带动作用的支柱型企业和引领性企业，经济发展水平较东、中部地区有明显差距。较弱的产业发展基础制约了沿边地区与周边国家进行更高水平的经贸合作。

二是通道经济比重高。目前，沿边自贸试验区对外贸易规模逐年增加，但出口商品主要来自东、中部地区，进口商品也多销往东、中部地区；依托进出口商品的加工制造业尚处在起步阶段，尽管发展势头迅猛，但比重仍不高，通道经济特征仍较为明显，毗邻周边国家的独特区位优势未能充分转化为经济发展优势。

三是专业技术人才匮乏。沿边自贸试验区要获得快速发展，离不开大量专业技术人才的支持，但长期以来，沿边地区经济发展基础薄弱，收入水平与公共服务水平距离东、中部地区还存在显著差距，对专业技术人才吸引力不强，人才引不来、留不住的问题普遍存在。专业技术人才严重匮乏是长期以来困扰边疆地区经济发展的重要因素，也将制约沿边自贸试验区的高质量发展。

四是跨境交通物流网络有待改善。沿边地区是我国与陆上邻国开展经济社会交流的重要窗口，地缘优势明显，却并未像沿海地区那样对周边区域产生强烈的辐射带动效应，原因除了经济发展基础薄弱，还有交通物流基础设施落后，运输成本偏高，仓储能力、技术相对落后，专业的冷链物流设施不足。如云南与缅甸、老挝和越南接壤，进出口贸易增长很快，有发展跨境物流的优势和条件，但较为落后的冷链运输设施导致30%以上的农产品在运输过程中遭到损耗。①

（四）易受地缘政治变动的影响

在共建“一带一路”的过程中，我国始终坚持共建、共商、共享的原则，积极发展与“一带一路”沿线国家，特别是邻国的睦邻友好合作。我国不断创新合作模式，积极推进政策沟通、设施联通、贸易畅通、资金融通和民心相通，区域大合作进入新阶段。但我国由于陆上邻国多达14个，是世界上陆地接壤最多的国家，邻国国情迥异，部分邻国政治局势动荡，面临较为复杂的地缘政治环境。沿边地区地处沿边开放前沿，更容易受到地缘政治的影响。

一是周边国家政治体制、民族构成、经济发展水平差异巨大，部分国家与我国的合作存在一定摇摆性，一方面希望搭乘中国经济发展的“快车”，另一方面又希望中国给予更多的援助和支持，帮助本国发展经济。二是反华势力炒作“中国威胁论”“中国责任论”，引起部分周边国家对中国和平崛起的担忧，与中国的经济合作始终处于不温不火状态。此外，部分国家与我国还存在争议海域，容易影响到沿边自贸试验区的正常对外经贸合作。

五、推进沿边自由贸易试验区高质量发展的思考和建议

沿边自贸试验区发展既面临前所未有的历史机遇，也面对一系列新变化、新挑战，为推进沿边自贸试验区加快发展，成为沿边地区高水平对外开放的重要阵地，提出如下对策建议。

（一）加快交通物流基础设施网络建设

基础设施是一个地区发展的动脉，对区域经济发展起着至关重要的作用。良好的交通物流基础设施是经济落后地区发挥后发优势、实现赶超的先决条件。沿边自贸试验区要想推动更高水平的对外开放，辐射带动周边省区发展，不仅要补齐基础设施短板，还应当建设高水平的综合交通物流基础设施网络，降低企业跨境交通物流成本，延伸跨境物流运输半径，开辟新型物流模式，助力沿边自贸试验区实现跨

① 杨慧瀛，郭佳，廉永生．沿边地区自由贸易试验区跨境物流网络构建[J]．商业经济研究，2021(12)：91－94.

越式发展。

沿边自贸试验区要提升改造口岸和通道基础设施，加快数字化改造，提升口岸通关信息化、智能化水平，提高进出口货物的整体通关效率；加快建设以北部湾为核心的国际陆海联运基地，创新发展多式联运；积极建设航空、航运、物流区域中心，开展国际中转、中转集拼等服务；加快沿边省区至关中平原城市群、成渝经济圈、环渤海经济圈、粤港澳大湾区的通道建设，实现沿边自贸试验区与东、中部区域的联动发展；依托中老、中越、中哈、中俄、中蒙铁路通道，不断提高与邻国的基础设施互联互通水平，提升物流运输能力，打造铁路沿线国际性综合交通枢纽节点；加强与缅甸、吉尔吉斯斯坦等国政府的沟通，吸纳各类意见，加快推进中缅、中吉乌铁路从规划到落地，为沿边自贸试验区发展注入新通道、新动能；加快保山至瑞丽、南宁至东兴等沿边省区中心城市至边境口岸城市的铁路通道建设，提高边境口岸与沿边地区中心城市的基础设施互联互通水平；积极推进沿边省区高速公路建设，形成安全、畅通、便捷的公路运输大通道，扩大自贸试验区辐射范围，形成沿边开放新型经济带；沿边地区，尤其是边境地区多山地，交通物流等基础设施建设成本高，要在充分发挥省级国有投融资平台主体功能的基础上，积极拓宽融资渠道，吸引社会资本、国外资本、国际多边机构参与投融资，加快沿边地区交通物流基础设施建设。

（二）积极推进战略性新兴产业发展

战略性新兴产业是处在经济科技发展最前沿、正在兴起的高科技产业，是经济发展相对落后地区实现跨越式发展的重要支撑。沿边自贸试验区要加快推进以数字经济为核心的战略性新兴产业发展，优化沿边地区产业结构和产业布局，提升产业整体竞争力，激活沿边自贸试验区独特区位优势、制度优势和发展潜力，带动沿边地区高质量发展。

沿边自贸试验区发展战略性新兴产业，首先要围绕国家战略性新兴产业发展方向，围绕前沿性关键产业，如以5G为核心的新一代信息技术产业、以生物制药为核心的现代医药产业、新能源产业、新材料产业等，高起点规划建设自贸试验区重点发展产业；其次要服务沿边地区经济发展战略，依托沿边省区已有发展基础，让自贸试验区产业发展能够更好地获得当地相关产业支持；最后要考虑到与国家重大区域发展战略相匹配，充分利用好粤港澳大湾区、长江经济带、环渤海经济圈等国家重点区域的产业优势，实现区域间产业协同发展。如广西自贸试验区可重点发展跨境金融、信息技术、新能源汽车、智能制造等战略性新兴产业，云南自贸试验区可重点发展生物制药、高端制造、新能源等战略性新兴产业，黑龙江自贸试验区可重点发展新材料、生物制药等战略性新兴产业。

沿边自贸试验区在发展战略性新兴产业的过程中，一是要抓住国内国际产业向沿边地区转移的历史机遇，积极引进国内国际战略性新兴产业的龙头企业，围绕这些创新力强、技术领先的龙头企业形成沿边自贸试验区战略性新兴产业集群；二是依托区位优势、产业基础、资源禀赋，积极培育“专精特新”中小企业，实施中小企业梯度培养工程，打造一批具有创新示范作用的“专精特新”企业和领军企业。

（三）发挥独特区位优势，深化制度创新

沿边自贸试验区拥有独特的区位优势，与沿海和内陆自贸试验区相比，跨境贸易对象和商品不同、产业发展基础不同、战略定位和发展目标差异明显。沿边自贸试验区既要积极借鉴上海自贸试验区等东、中部自贸试验区在政府职能转变、管理模式创新、贸易和投资便利化等方面的制度创新成功经验，又要发挥自身独特的区位优势，因地制宜地深化制度创新，推动高水平对外开放。

一是要做好政府管理职能领域的创新，提高管理效率，营造良好营商环境。要围绕简政放权、放管结合和优化服务推进“放管服”改革，持续优化营商环境，不断为自贸试验区市场主体松绑减负，加快推进向服务型政府的角色转变；建立公平竞争审查制度，清理一批不利于维护市场公平的规章制度，切实维护好自贸试验区公平竞争的区域市场环境；强化信用监管，把市场主体的信用记录作为事中事后监管的依据，提高监管精准性；建立自贸试验区相关管理部门的联席会议制度，及时解决自贸试验区企业的共性问题，为企业纾难解困。

二是要做好贸易便利化领域的制度创新，提高跨境贸易便利化水平。要加快建设“电子口岸”，提升国际贸易“单一窗口”功能；探索实施互市贸易“集中申报、整进整出”的通关新模式，压缩通关时间，降低通关成本；支持企业全面拓展特殊监管区域国际中转、转口贸易、货物存储、集拼分拨等保税物流功能，便捷保税商品仓储、中转、配送环节，提升企业供应链弹性；支持企业开展保税维修、保税研发、保税再制造等新业务，帮助企业拓展业务，提升竞争力。

三是要做好投资便利化领域的制度创新，提高投资便利化水平。全面落实外商投资准入前国民待遇加负面清单管理制度，进一步完善自贸试验区内外商投资负面清单，实施“非禁即入”；促进内外资企业公平竞争，扩大物流运输、教育、医疗、中介等领域的对外开放；充分利用 RCEP 签署带来的机遇，积极吸引 RCEP 成员企业来沿边自贸试验区投资。

四是要做好金融开放领域的制度创新，提高金融服务水平。在跨境人民币结算、边民互市结算、跨境人民币现钞调运等方面继续探索创新，不断提高金融服务水平；

拓宽人民币国际化业务，支持区内金融机构开发境外人民币贷款、人民币债券业务，探索境外金融机构在区内开展人民币业务，支持区内金融机构探索开发数字人民币境外业务；鼓励开展跨境保险、融资租赁等新型金融服务。

（四）抓住新通道建设机遇，提高对外开放水平

西部陆海新通道北接丝绸之路经济带，南连21世纪海上丝绸之路，东接长江经济带，在构建以国内大循环为主体、国内国际双循环相互促进的新发展格局中占据重要战略地位。西部陆海新通道建设已经上升为国家区域发展战略。沿边自贸试验区要抢抓西部陆海新通道建设机遇，加强陆海联动，加强与内陆地区、长江经济带的联动，提高沿边地区对外开放水平。广西自贸试验区要立足广西独特的沿边、沿海区位优势，利用好广西在跨境贸易、跨境物流、跨境加工、跨境旅游等方面已经形成的良好发展基础，与广西重点开发开放试验区、跨境旅游试验区等对外开放平台形成协同效应，努力建设以海铁联运为主的多式联运体系，加快与RCEP成员在港口建设、产业园区建设、供应链建设、认证认可等方面的合作，不断推进跨境国际合作向纵深发展。云南要积极将自贸试验区建设融入西部陆海新通道，加强云南自贸试验区与广西自贸试验区的深度合作，大力发展经广西钦州港出海通道班列，扩大云南自贸试验区进出口贸易规模。

中蒙俄经济走廊作为中国“一带一路”、蒙古国“草原之路”和俄罗斯“跨欧亚大通道”三大倡议对接和落实的载体，是中国、蒙古国和俄罗斯三国开展次区域合作的重要通道。在当前国际形势剧烈变化的背景下，中俄经贸关系进入新阶段，2022年中俄贸易额同比增长29.3%，增幅居于前列，中蒙俄经济走廊建设将进入快车道。黑龙江是中蒙俄经济走廊的重要沿线省份，也是中国对俄经贸合作的重要窗口和对外开放门户。黑龙江自贸试验区要推进综合改革创新，增强自贸试验区吸引力；要继续推动中俄跨境基础设施互联互通，加快面向欧亚的物流枢纽区建设，着力发展跨境产业链，建设跨境产业园区，构建对俄全方位开放的新格局，将对俄经贸合作向俄罗斯腹地拓展延伸。内蒙古要发挥与蒙俄地域相邻、发展战略契合和合作基础牢固的优势，积极推进自贸试验区建设前期工作，借鉴沿海、内陆和沿边自贸试验区制度创新成功经验，深化体制改革，扩大对外开放领域；提高投资和贸易便利化水平，积极对接中欧班列，提高对外开放水平。

第二章　广西自由贸易试验区发展情况

作为中西部唯一拥有出海口的省份，广西壮族自治区背靠大西南、毗邻粤港澳、面向东南亚，区位和开放优势明显。2015 年，以习近平同志为核心的党中央赋予广西构建面向东盟的国际大通道、打造西南中南地区开放发展新的战略支点、形成“一带一路”有机衔接的重要门户的三大使命。2017 年，习近平总书记在广西考察时指出，广西发展的潜力在开放，后劲也在开放。在此背景下，2019 年 8 月，中国（广西）自由贸易试验区获批并正式揭牌成立，在推动广西融入共建“一带一路”、促进经济高质量发展、推进高水平对外开放等方面发挥了重要作用。本章将在介绍广西自由贸易试验区发展历程的基础上，分析广西自由贸易试验区的制度创新、产业发展、贸易高质量发展、辐射带动作用，并针对广西自由贸易试验区面临的机遇和挑战提出下一步的建设思路。

一、广西自由贸易试验区发展历程

自 2019 年 8 月国务院批复成立中国（广西）自由贸易试验区，广西成立了中国（广西）自由贸易试验区工作办公室专门负责自贸试验区建设，出台了《中国（广西）自由贸易试验区条例》《促进中国（广西）自由贸易试验区高质量发展支持政策》等系列政策举措和规划方案，推动了自贸试验区平稳运行。

（一）战略定位和发展目标

2019 年 8 月 2 日，《国务院关于同意新设 6 个自由贸易试验区的批复》同意设立中国（广西）自由贸易试验区，并在 8 月 30 日正式揭牌运行。作为我国唯一与东盟国家海陆相接的省份，广西在发展自由贸易方面拥有天然的区位优势。广西自由贸易试验区自设立起便明确了自身的战略定位和发展目标——充分发挥广西与东盟国家相邻的独特优势，努力完善、创新各项政策制度，形成可复制推广的成果，全面落实中央关于打造西南中南地区开放发展新的战略支点的要求，着力建设西南中南西北出海口、面向东盟的国际陆海贸易新通道，形成丝绸之路经济带和21世纪海上丝绸之路有机衔接的重要门户。经过3～5年的改革探索，努力建成贸易投资便利、金融服务完善、监管安全高效、辐射带动作用突出、引领中国—东盟开放合作的高标准高质量自由贸易园区。①

（二）片区及发展规划

广西自由贸易试验区总体实施面积为119.99万平方千米，包括钦州港、南宁、崇左3个片区。其中钦州港片区实施范围最大，为58.19平方千米；南宁片区次之，为46.80平方千米；崇左片区为15.00平方千米。3个片区各具特色，依据自身优势设定了不同的发展规划。

1. 钦州港片区

钦州港片区实施范围共计58.19平方千米，划分为3个区域——钦州港经济技术开发区（32.14平方千米）、中马钦州产业园（16.05平方千米）、钦州保税港区（10.00平方千米）。钦州港片区重点发展产业包括：港航物流，主要发展航运交易、国际中转等业务；国际贸易，主要建设跨境电商平台、汽车集散、大宗商品交易等平台；绿色化工，主要发展烯烃、芳烃、炼化一体化等精细化工产业及石化产业链；高端制造，主要发展新能源汽车、智能制造、船舶装备等产业。

2022年4月13日，广西自由贸易试验区钦州港片区管理委员会发布《中国（广西）自由贸易试验区钦州港片区"十四五"发展规划和2035年远景目标纲要》，指出钦州港片区的发展定位是打造国际陆海贸易新通道门户港、建立中国—东盟开放合作示范区、形成向海经济集聚区。发展目标是显著提升经济综合实力，到2025年地区生产总值达到630亿元，2020—2025年年均增长率达16%；基本形成现代向海产业体系，到2025年片区内规模以上工业产值翻两番，向海经济产业规模突破2500亿元；建设自贸试验区取得显著成效，"中马两国双园"、钦州综合保税区充分发挥相应功能；显著提升国际门户港能级，进入全国沿海港口前十位；建设自贸新城取得重大进展，基础设施完善、生活环境及质量显著提升。远景目标是到2035年成为国际一流海港，集装箱吞吐量超3000万标箱；在经济实力、绿色产业基地建设、重点发展产业集群、优化营商环境、保护生态环境、提高人民生活水平等方面取得重大突破。

---

① 中国（广西）自由贸易试验区网站[EB/OL]，[2023-03-24]. http://gxftz.gxzf.gov.cn/index.php?case=archive&act=list&catid=169.

2. 南宁片区

南宁片区实施范围共计46.80平方千米，按照功能划分包括加贸物流（19.81平方千米）、数字经济（11.04平方千米）、现代金融（8.04平方千米）及文化体育医疗（7.91平方千米）四大板块。

2021年5月，南宁市人民政府发布《南宁市国民经济和社会发展第十四个五年规划和2035年远景目标纲要》，提出要高质量发展广西自由贸易试验区南宁片区，将南宁片区打造成为引领东盟高标准、高质量开放合作的自由贸易试验区。“十四五”期间，南宁片区的重大项目工程包括中国—东盟跨境汽车产业链、跨境电子信息产业链、经贸中心建设等面向东盟的贸易投资先导项目，中国—东盟金融城、大宗商品交易平台及多式联运平台等现代服务业开放创新项目，五象新区国际化社区、一站式政务服务中心等市场化、国际化环境建设项目。

3. 崇左片区

崇左片区所在的凭祥市，地处中国南大门，与越南接壤，是中国陆路口岸较多的城市之一，在发展跨境产业方面具有天然优势。广西自由贸易试验区崇左片区实施范围共计15.00平方千米。片区重点发展跨境贸易、跨境物流、跨境金融、跨境旅游及跨境劳务合作等产业。

2022年1月25日，广西自贸试验区崇左片区管委会发布《中国（广西）自由贸易试验区崇左片区产业发展“十四五”规划（2021—2025年）》，提出到2025年，崇左片区生产总值、固定资产投资总额及进出口贸易额争取实现倍增，其中生产总值达140亿元，年均增长率超过10%，固定资产投资总额达60亿元，年均增长率超过15%，进出口贸易额达2000亿元，年均增长率10%以上；初步建成与中国—东盟自由贸易区发展需要相匹配的现代产业体系。

（三）建设成果

2019年广西自由贸易试验区的建立是新时代广西全面深化改革发展具有里程碑意义的一件大事，给广西深化对外开放发展带来了机遇。经过几年的发展，广西自由贸易试验区取得众多制度创新成果。截至2022年第一季度，广西自由贸易试验区已经全面实施国家赋予的120项任务试点，其中“推进跨境金融创新改革试点”成功入选中国改革2021年度地方全面深化改革典型案例。国务院复制宣传到各地推广的经典改革试点经验中，涉及海关工作的60余项已全部部署适应性复制推广。共有“广西边民互市贸易集成改革”等5项在监管制度领域的创新举措获得中国海关总署工作备案，在全国20余个地方自贸试验区中位居前列。跨境人民币双向流动便利化成效显著，已在全区复制推广。全国首个陆路启运港退税试点政策已落地实施。广西自由贸易试验区已先后创新 84 项制度，并获批在全区复制推广。广西自由贸易试验区的建设极大推动了广西经济高质量发展和对外开放。截至 2022 年 7 月，已有 7.6 万家企业入驻广西自由贸易试验区，是设立前的 20 倍，包括 57 家世界 500 强企业或中国 500 强企业。①

各片区建设成果显著。钦州港片区累计形成超 130 项制度创新成果。南宁片区累计形成 104 项制度创新成果，其中 23 项全国首创、1 项国务院办公厅通报表扬、2 项海关总署创新举措备案、1 项人社部认可和推广、34 项自治区级制度创新成果。② 崇左片区共形成 17 个在全国、全区复制推广的制度创新经验案例，25 项走在全国前列的工作经验做法。

二、广西自由贸易试验区制度创新

自 2019 年成立以来，广西自由贸易试验区立足实际、发挥特色、敢闯敢试，积极对标国际一流规则标准体系，在制度创新方面取得了一系列丰硕成果，涌现出许多在全国或全区可复制、可推广的制度创新案例（见表 2－1）。

表 2－1　广西自由贸易试验区典型制度创新案例

制度创新案例名称	创新点
广西互市贸易制度创新发展改革	1. 全国首创实现互市监管全链条、全领域通关作业模式； 2. 全国首创实现越南输华水产品检验检疫证书联网核查； 3. 全国首创提出在互市领域推广应用 H986 集中审像和智能审图系统； 4. 全国首创开展互市查验作业“1＋N”模式； 5. 全国首创实行互市进口商品分类管理； 6. 全国首创允许边民互助组（合作社）进行集中申报； 7. 全国首创开发边民互市贸易手机申报 App； 8. 全国首创开展落地加工产品直通式通关
国际邮件、快件、跨境电商“三合一”集约式监管新模式	1. 实现集约化监管； 2. 实现集聚化发展
全信息化智能通关及“提前审结、卡口验放”监管创新模式	1. 在全国沿边口岸实现一个卡口通道、自动验放 8 种业务类型（其中 4 种为全国首创）的“多卡合一”创造性突破； 2. 海关、边检等联检部门放行指令合并到一条杆上，一站式验放； 3. 边检验放方面，人脸生物特征识别验放取代证件验放

① 中国(广西)自由贸易试验区举行设立三周年建设成果新闻发布会[EB/OL],[2022－08－31]. http://qzftz.gxzf.gov.cn/zwdt/xwdt/t13018902.shtml.

② 广西自贸试验区设立 3 年来取得良好成效[EB/OL],[2022－09－02]. http://www.gxmzb.net/szb/html/2022－09/02/content_44933.html.

续表

制度创新案例名称	创新点
“信用+智慧”电子诚信卡场景应用	1. 全国首创电子诚信卡； 2. 创新“信用评价+诚信贡献”认定诚信卡授予对象； 3. 诚信卡覆盖对象广； 4. 惠民便企措施激励多
“互联网+”不动产登记模式	1. 全国首创“24小时不打烊”不动产自助办证登记模式； 2. 创新推动办理不动产登记电子证照； 3. 创新构建跨部门一体化服务机制
未获准入动植物产品及动植物源性食品类展品监管模式创新	1. 突出“现场办公”，保障展品“通得快”； 2. 突出检验检疫技术优势，确保“管得住”，维护国门安全； 3. 突出政策优势，使未获得我国检疫准入的东盟国家农产品可以用于博览会展示，丰富博览会参展农产品种类
土地征收“净地交付”新模式	1. 创新实施主体； 2. 创新土地交付模式
外籍驾驶证验真快办	1. 创建“外籍驾驶证换证助手”系统，成功破解、翻译多国驾驶证信息； 2. 创建外籍驾驶证换领临时驾驶许可无须提交翻译件模式，现场办结，核发临时驾驶许可资料全国最简； 3. 通过系统有效防范使用假驾驶证办理业务
陆海新通道海铁联运集装箱服务模式创新	1. 国际海铁联运铁路集装箱装载货物直接上船出口，实现“原箱出口、一箱到底、海外还箱”； 2. 建立以钦州港为枢纽的陆海新通道全程物流定价和服务机制，创新推行海铁联运“一口价”全周期成本管控
铁路口岸设立水果进境指定监管场地	1. 成为全国唯一铁路口岸水果进境指定监管场地； 2. 凭借铁路运输长距离、全天候、大批量、运费低、较安全的优势，缓解公路运输拥堵现状
援企惠企补贴“免申即办”兑现服务模式	1. 破除政策桎梏； 2. 强化数据聚用； 3. 改变服务生态
创建保险综合试验区	1. 全国首创； 2. 推行创建制； 3. 创新跨境保险业务； 4. 保险业改革创新取得突破
创新企业开办涉税事项“智能+”服务	探索企业开办涉税事项“智能+”服务，提高办税效率，减轻征纳双方负担，开启政务服务由“互联网+”向“智能+”迈进的步伐
承诺制全覆盖审批新模式	1. 整合资源，实施承诺制改革全覆盖，有效突破了承诺制改革单点化、碎片化的做法； 2. 将承诺制覆盖到企业准入、项目审批、行业许可、企业退出的全生命周期，并通过信用体系建设实现闭环管理

资料来源：中国（广西）自由贸易试验区工作办公室网站。

（一）边民互市贸易制度创新

广西自由贸易试验区以“边民合作社＋落地加工”为核心，将信息系统一体化作为促进边民互市贸易的技术支撑，通过无纸通关促进通关便利化，实行集中统一防控、互市商品分类管理，提供精准、便利的通关服务。如广西自由贸易试验区崇左片区在开展边民互市贸易的过程中采用“分类管理＋委托申报＋直通式通关”的模式，充分利用现代信息技术，实现“云”上监管、“云”上办事，不仅促进了通关效率的提高、通关成本的降低，还提高了全程监管的有效性，推动了互市贸易健康有序发展。

互市贸易制度创新具体表现在：①对互市进口商品实行分类管理。对于原产地属于周边国家、获得我国准入资格、属于边民合作社及协议内落地加工的商品采取委托申报、监管、放行等措施促进通关便利化。②对于符合条件的商品，允许采用“委托申报”的方式进行通关，实行货物拼车运输、批量办理海关业务。③直通式通关。对于符合条件的商品采取便利化通关措施，简化通关流程，已进境报关的货车可直接通向对应工业园区。④全覆盖监管。全国首创互市监管全链条、全领域通关作业模式。将各作业链条全部嵌入系统，使所有互市商品可溯源，优化检测方式，在全国范围内率先使用H986集中审像审图系统，提高了监管的有效性。⑤全程“云”上办。充分利用信息技术，在全国范围内首次发布边民互市贸易手机申报App，充分利用现代信息技术，实现边民互市“一次申报、一次布控、一次查验、一次处置、一次放行”。

（二）通关便利化模式创新

广西自由贸易试验区在全国范围内率先采用全信息化智能通关及“提前审结、卡口验放”的新模式，使口岸卸货、卸货转关、跨境电商等业务能够在智能卡口自动验放，大大减少了通关时间和通关成本：车辆通过卡口时间由原来的2～3分钟减少至30秒；不须查验的进口货物通关时间由原来的2～3小时减少至10分钟；关口通关能力由原来的日均800辆车提升至1600辆；口岸内因过驳、吊装等产生的费用降低超九成。[①]

通关便利化模式创新具体表现在：①“多卡口合一”作业，一站式通关。通过跨部门通关协作，联合各检查部门实行信息互换、监管互认、执法互助，将多部门的通关作业连接在同一个卡口，实现一站式通关。②全信息化通关。利用互联网信

① 全信息化智能通关及“提前审结、卡口验放”监管创新模式[EB/OL]，[2020-07-09]. http://gxftz.gxzf.gov.cn/index.php?case=archive&act=show&aid=1531.

息技术，采用车牌识别、人脸识别、指纹识别等互联网识别技术，取代原来的下车刷卡、下车盖章，大大降低了卡口通行时间。将所有查验信息录入智慧查验系统，提升监管的有效性。③对进出口货物实行“提前申报、卡口放验”。将原本需要在口岸内完成的部分工作，如舱单申报、缴税等，提前至货物到达口岸前完成。④首创多业务在智能卡口自动放验工作新模式。这极大满足了企业个性化、口岸业务多元化的需求。

（三）跨境物流制度创新

广西自由贸易试验区开创集装箱多式联运一站式全自动化模式，解决航运过程中的瓶颈问题。与西部陆海新通道沿线区域开展紧密合作，推动《合作共建西部陆海新通道框架协议》的签署落地，与沿线省区市建立合作、共享网络，打破“西部货、广西货不走广西港”的困局。搭建港航服务一体化平台，在全国范围内率先使用远程自动装卸智能模式，实现铁路集装箱场与码头的无缝对接，打破海运联运“最后一公里”瓶颈。在全国范围内率先建成海运联运自动化集装箱码头，进一步提升跨境物流的通行效率。加速与重点航运企业的合作，采用“偏港挂靠”“铁海联运+内外贸同船运输”等模式，促进联运贸易一体化。健全口岸通关一站式体系，利用现代信息技术深化港口、海关、铁路三方信息数据的共享机制，提高联运监测效率。打造联运协同“一港通”模式，促进广西各港口与国内外口岸贸易“单一窗口”互联互通。创新陆海新通道物流定价机制，优化成本管控“一口价”机制，实现“一份合同一票清算”的联运服务，促进跨境物流的现代化、便利化。

（四）金融制度创新

广西自由贸易试验区在全国范围内率先提出在自贸试验区内创立保险综合试验区，以带动当地金融服务业的发展。广西银保监局联合人民银行南宁中心支行等部门发布了《关于金融支持中国（广西）自由贸易试验区建设的若干政策措施》，针对跨境金融合作、金融便利化、面向东盟的跨境金融协作等方面提出了20条政策措施。此外，广西银保监局出台了《关于简化自贸区内银行业保险业市场准入方式的实施细则（2020年修订）》，围绕简化银行类准入方式、优化试验区许可服务等方面提出了35条准入实施细则，为广西自由贸易试验区金融服务水平的提升奠定了基础，促进了自贸试验区内银行、保险市场准入工作的规范化，提高了行政许可审批的效率。截至2021年末，总计107家银行保险机构在广西自由贸易试验区落地。自贸试验区内2021年跨境外汇收入达17亿美元，支出总计36亿美元，跨境外汇收支规模达 53 亿美元。[①] 广西自贸试验区与辖区内银行创新融资模式，赋予广西陆海新通道多式联运“一单制”金融属性，成功实现“一单制”提单项下的跨境人民币商业发票融资。

2019 年，南宁市人民政府与当地金融监管局联合印发《广西建设面向东盟的金融开放门户南宁核心区规划（2019—2023 年）》《关于加快建设广西面向东盟的金融开放门户南宁核心区的若干措施》，明确打造中国—东盟金融城，创新金融服务的目标。中国—东盟金融城的建立极大地推动了广西金融服务的发展，入驻中国—东盟金融城企业的数量也不断增加。截至 2022 年 6 月，入驻企业已经超过 1.3 万家，其中金融类企业 352 家。[②]

（五）跨境人民币使用改革创新

广西跨境贸易活跃，边民跨境金融相关业务需求旺盛。为促进中越边境企业、人民的交易便利化，广西自由贸易试验区主要进行了以下创新：首先，在人民币对越南盾的资金清算机制方面进行了创新，完善了两国之间货币汇率的定价机制；其次，推出“口岸贸易结算信息服务平台”，边民可通过该平台自助申请办理互市结算卡，促进边境贸易的安全、高效运行；最后，通过创新中越相关银行的信息沟通机制，促进双边现钞跨境调运业务的顺利进行。2022 年上半年，广西跨境人民币结算量达 1187.35 亿元，同比增长 35%，累计总量达 1.5 万亿元，在 9 个边境省区中排名第 1。[③] 中马钦州产业园区是跨境人民币使用创新改革的重要试点地区，园区通过创新人民币对柬埔寨瑞尔头寸平盘的结算模式，在一项民营企业铁矿石交易中实现以人民币作为最终结算货币，推动了人民币国际化进程。[④]“跨境人民币使用改革创新”入选中国自由贸易试验区第四批“最佳实践案例”。

（六）税收优化制度创新

广西自由贸易试验区充分利用现代信息技术，简化税收相关业务流程，通过“智能 +”服务实现税收相关事务的自主办理。纳税人可在智能客户端实现涉税事务的自动受理、审核、登记、认定、审批和反馈，大大减少了涉税事务的办理时间，

---

① 广西银保监局强担当善作为 积极助推自贸试验区建设取得新成效［EB/OL］,［2022 - 03 - 11］. http://www.cbirc.gov.cn/branch/guangxi/view/pages/common/ItemDetail.html? docId = 1042163&itemId = 1609.

② 中国—东盟金融城入驻企业超 1.3 万家［EB/OL］,［2022 - 08 - 01］. https://baijiahao.baidu.com/s? id = 1739959464331573560&wfr = spider&for = pc.

③ 广西 2022 年上半年跨境人民币结算量 1187.35 亿元 累计总量已达 1.5 万亿元［EB/OL］,［2022 - 07 - 27］. https://gx.cnr.cn/cnrgx/jingjishenghuo/20220727/t20220727_525935040.shtml.

④【制度创新成果推广复制】创新发展人民币对柬埔寨瑞尔银行间市场区域交易［EB/OL］,［2021 - 05 - 26］. http://gxftz.gxzf.gov.cn/index.php? case = archive&act = show&aid = 2376.

为纳税人提供了极大的便利条件。

广西自由贸易试验区南宁片区税务部门开展了一系列改革创新活动。一是创新线上办税模式。在南宁税务服务号、广西电子税务局、钉钉等平台开通线上办理涉税事项的渠道，超过95%的涉税事项可在网上办理。“智能+”的运用优化了税务事项办理流程，同时关联事项能够“集成办”，纳税人可一次办理多项相关纳税事务，为纳税人节省了宝贵时间。“无纸化退税”系统的上线、“单一窗口”的推行也为涉税事项的办理提供了极大的便利，提升了纳税人的体验感。二是优化发票申领审批管理。建立“白名单”制度，“白名单”内的企业在申领发票时可按照每月经营情况申领并且享受线上“秒批”的服务。三是优化汇算清缴退税办理流程。自贸试验区内的小微企业相关税务办理方式由传统的“依纳税人申请”转变为“由税务机关主动发起，纳税人确认”的模式，同时推行退税“免申请、主动办、批量办”，使涉税事务办理时长大幅减少。四是建立“税务服务专员”制度。组建专门服务部门为大中小企业服务，纳税人对涉税事项存在疑问时能够及时找到专业人员解惑，精准办理相关事项。

（七）监管模式创新

广西自由贸易试验区积极开展跨境电商、国际快件、邮件监管模式创新。基于这三者监管标的物的同质化特点，广西自由贸易试验区联合试验区内的监管中心和邮件互换局，构建集跨境电商、国际快件、邮件监管于一体的“三合一”集约化监管新模式，实现了多种业务在同一场地统一作业，同时也满足了跨境电商多元化发展的需求，使跨境电商企业向园区集聚。南宁海关通过“现场作业”的方式，参与中国—东盟博览会的展品能够迅速在现场办理通关、检验检疫等手续，有专人对接办理进境动植物检疫许可证审批，大幅提高了通关效率。通过现场的检测实验室对展品进行检测，实现对展品的严格鉴别与监测，提高了监管的效率，丰富了展品种类。

（八）营商环境优化

广西自由贸易试验区应用“信用+智慧”电子诚信卡营造良好的信用环境。通过基本信息、履约历史、经营状态等建立评价体系，对辖区内的法人、自然人进行信用评价，为信用评分达标的自然人、法人授予诚信卡。对于获得诚信卡的自然人，在评优评先、就业等领域给予其重点支持，其在消费领域可“先享后付”；对于获得诚信卡的法人，在办理行政管理事项时可享受绿色通道，在其他方面也可享受相应优惠。

广西自由贸易试验区在全国首创援企惠企补贴“免申即办”兑现服务模式。通过人社政务信息平台，综合运用市场监管、财政等政务数据，智能识别符合条件企业，主动为企业推送社保、就业等补贴确认信息。由企业自主申请、填报、提供证明材料转变为政府主动筛选符合相应政策条件的对象，主动推送相关信息、主动准许资格、主动发放补贴，有效解决了信息不对称问题，使补贴兑现能够落到实处。

三、广西自由贸易试验区产业发展

广西积极优化自由贸易试验区营商环境，出台财税、人才、土地优惠政策，加大招商引资力度，持续做大做强核心产业集群。2019 年，广西壮族自治区政府印发《促进中国（广西）自由贸易试验区高质量发展的支持政策》，赋予片区先行先试改革优先权，支持先进制造业、现代服务业、跨境产业、总部经济集聚发展，鼓励自贸试验区创新招商引资模式、吸引优秀人才集聚、打造产城融合新高地。经过几年的努力，各片区涌现出一批代表性产业集群，有力推动了广西经济高质量发展。

（一）现代金融产业发展成效初现

现代金融是广西自由贸易试验区南宁片区的重点发展产业。在政策制定方面，南宁片区相关部门制定了 18 项相关政策与规划，包括金融开放门户南宁核心区规划、南宁核心区若干措施等，同时在基础设施建设、金融企业与人才等方面提供了全方位支持，为现代金融产业发展提供了保障。在招商方面采用“资本 + 产业”、以商招商等合作机制，吸引了大批优质金融企业，如中国太平保险集团有限责任公司东盟保险服务中心、中银香港东南亚业务运营中心等。南宁片区面向东盟的金融开放门户也取得了重大进展，已落地推广包括跨境人民币双向流动便利化、跨境人民币同业融资、境外项目人民币贷款、境内信贷资产跨境转让和简化境外机构人民币银行结算账户离岸划转业务等 5 项试点政策，出台了合格境外有限合伙人（QFLP）试点办法并落地 6 只基金，总规模超 8 亿美元。此外，南宁片区建立了政府—金融机构—企业的对接机制，引导金融资源向重点产业倾斜，使金融资源更好地为实体企业服务，助推南宁片区整体经济发展。

中国—东盟金融城是南宁片区推动现代金融产业发展的重要举措。经过几年的快速发展，南宁片区现代金融产业集聚发展初见成效，以银行、保险、证券、基金为主的现代金融产业集聚发展局面初步形成。[①] 南宁在中国金融中心指数的排名较

① 传播“自贸好声音好故事”丨南宁片区加大金融开放创新力度 中国—东盟金融城入驻企业超 1.3 万家［EB/OL］,［2022-08-04］. http://gxftz.gxzf.gov.cn/index.php?case=archive&act=show&aid=3011.

2018 年上升 7 名，上升幅度最大。在金融改革创新指数排名方面，南宁片区在第 5 批 19 个片区中排名第 3。“中国—东盟跨境金融创新”入选为中国自由贸易试验区制度创新十佳案例。

（二）数字经济产业发展迅速

促进数字经济产业发展是广西自由贸易试验区南宁片区的主要发展任务之一。近三年来，南宁片区数字经济发展取得重大进展，超 4000 家企业入驻南宁片区。2020 年中国—东盟数字经济产业园开工，吸引超 60 家数字经济企业入园，投资领域覆盖信创全产业链，金额超 60 亿元。南宁片区涌现了一批国内领军的数字经济企业，打造了一批面向东盟区域的互联网平台，为我国先进数字经济出口做了重要贡献。例如，在南宁片区数字经济政策及外部基础设施的支持下，中国—东盟信息港股份有限公司承接了超过 400 个大型数字化项目的建设与维护，公司建设运营的外贸、通信等产业互联网平台占据国内行业龙头的位置，服务的党政、企事业客户超过 3 万家，服务的个人客户超过 2 亿人。又如，南宁片区广西泛糖科技有限公司针对糖业设计的“工业互联网 + 供应链协同解决方案”成功入选 2021 年中小企业数字化转型典型案例，面向全国推广应用。公司营业收入也因此大幅提高，由 2018 年的 8.7 亿元增长到 2021 年的 105.43 亿元，年复合增长率超过 40%。公司构建的相关平台为糖业主体企业节省了至少 15% 的经营成本，增加的经济收益超过 1 亿元。[①] 在数字经济产业引领下，南宁片区现代金融、总部经济、加贸物流等生产性服务业和新兴制造业加快集聚。

（三）港航物流产业向前发展

钦州港片区作为广西自由贸易试验区唯一的临海片区，承担着发展港航物流产业的重要责任。钦州港片区为促进港航物流的发展出台了一系列政策措施。截至 2022 年第一季度，片区内 22 项涉及港航物流改革的试点任务全部实施完毕，形成了港航物流改革方面的 16 项具有全国、全区首创性的可推广应用的成果。随着改革的推进，钦州港片区港航物流产业发展成效初现。在港口通过能力方面，2021 年，钦州港港口新增集装箱生产能力 50 万标箱、新增港口通过能力 7500 万吨，总通过能力达到 1.3 亿吨，首次进入全球集装箱港口百强榜单。在产业物流通道建设方面，截至 2022 年 5 月，陆海新通道班列已经实现了与中欧班列的无缝对接，覆盖了 14 省 53 市 102 个站点，班列运行范围已经延伸至湖南、河南、湖北等中部地区。此

① 南宁片区:改革催生新气象,创新促进新发展[EB/OL],[2022 - 05 - 07]. http://gxftz.gxzf.gov.cn/index.php?case = archive&act = show&aid = 2890.

外，钦州港港口运营了61条集装箱班轮航线，能够通达全球107个国家和地区的316个港口。在港航物流产业综合服务方面，钦州港片区为促进港口通关时间的降低、物流成本的下降，采取了一系列通关便利化措施，使2021年钦州港港口货物进口的整体通关时间同比下降28%，出口通关时间减少为0.3小时。[①] 值得关注的是，平陆运河于2022年8月28日正式开工建设。该项目为西部陆海新通道骨干工程，建设完成后能够通行5000吨级的船舶，并使西江航运干线与北部海域联通，可大幅减少西江中上游地区货物入海的航程，预计沿线地区运输费用每年可减少52亿元。[②] 未来，随着相关政策措施、项目的建立实施，广西自由贸易试验区港航物流产业的发展将取得更大成效。

（四）绿色化工产业集聚发展

为推进广西自由贸易试验区绿色化工产业的发展，钦州港片区加速打造世界级绿色石化产业基地。《广西钦州石化产业园总体发展规划（2020—2035年）》对广西绿色石化产业的发展提出了明确规划：2020—2025年建成投产中国石油炼化一体化、华谊化工新材料一体化等龙头项目，同时推进聚碳酸酯、聚氨酯等关键领域的高端化工新材料项目；2026—2030年提高下游化工新材料及专用化学品的高端化水平；2031—2035年形成一批产品附加值高、契合高端消费领域需求的高端化工新材料产业集群。经过发展，钦州石化产业园内已经有超过30家石化企业，包括上海华谊、中国石油、浙江恒逸等，园区内相关落户项目实现了超过2300亿元的总投资额。[③] 例如，华谊钦州基地一期项目总投资额达162亿元，带动了大批配套企业的同步投产。法国苏伊士、美国普莱克斯等跨国公司也纷纷在此布局，促进了当地绿色化工产业的集聚发展。

（五）电子信息产业建设成效显著

钦州港片区建设落成了电子产业配套装备产业园。项目总投资额约7亿元，占地约8公顷，总建筑面积约375亩，以电子信息通信技术、卫星监测技术遥感应用、计算机信息服务等高科技产业为主体。目前，产业园生产了众多电子制造业产品，如移动智能通信设备、个人计算机、高端显示器、工业机械控制电子集成设备等。园区汇聚的鑫德利光电、凯利数码、科艺新能源、中动科技、由你造3D打印等众

---

① 广西自贸试验区钦州港片区22项港航物流改革试点任务全部实施[EB/OL]，[2022-06-28]. http://gx.people.com.cn/n2/2022/0628/c179464-40014795.html.

② 广西日报：以河为带 以运兴产[EB/OL]，[2022-08-30]. http://qzftz.gxzf.gov.cn/zwdt/mtbd/t13011260.shtml.

③ 广西自贸试验区提速打造世界级绿色石化产业基地[EB/OL]，[2021-12-08]. https://baijiahao.baidu.com/s?id=1718569138075119124&wfr=spider&for=pc.

多具有发展前景的科技企业，预计可带动形成千亿级别的科技产业集群。

南宁片区持续加大电子信息制造业的招商引资力度，充分利用综合保税区、中国—东盟信息港南宁核心基地等园区，在完善基础建设的基础上引进一批电子信息制造业项目，现已初步形成以 LED、芯片加工、电路板、半导体为主的电子信息制造业产业集群。2021 年，南宁片区内规模以上电子信息制造业企业总产值达 217.62 亿元，是 2018 年的 3 倍，占片区内规模以上工业总产值的 71.8%。2022 年，南宁片区在电子信息制造业产业建设方面的招商引资力度不断加大，现已与华芯邦电路晶圆级封测与集成创新型产业基地等 8 个电子信息制造业项目签约，项目达产后年产值预计 85.4 亿元。①

崇左片区利用地理位置优势发展跨境电子信息产业，片区内设立凭祥跨境电子产业园，下游生产线建立在越南北江、北宁两地，生产的核心部件不仅供应广西本地，也供应给越南加工厂。片区内设立“两国双园”项目，旨在充分发挥两国的区位优势、资源优势、产业优势等，共建跨境产业链。例如，三诺跨境电子产业示范园项目作为片区内推进跨境电子信息产业发展的重点项目，计划投资 100 亿元，分三期建设完成。片区内已引进台资企业良维电子有限公司，于 2020 年 10 月已开通 15 条生产线，产值达 1800 万美元；计划在崇左片区投资 5 亿元建设厂房等，进一步整合公司资源，计划到 2025 年产值达 28 亿元。②

（六）口岸产业持续推进

崇左片区为推动口岸经济从通道经济向产业经济转型，大力探索“口岸 +”产业发展模式，积极利用中越“两国双园”跨境产能合作平台吸引企业，推动“落户广西 + 转移越南”跨境布局生产。目前，崇左片区初步形成了“原材料进口 + 崇左加工”“大湾区研发 + 崇左制造 + 东盟组装”“加工生产 + 贴牌组装 + 东盟销售”等特色跨境产业链。崇左片区口岸加工产业形成规模以上企业 49 家，2019—2021 年增长了 10 倍，电子信息、农副产品、纺织、林木等产业集聚集群效应逐步凸显。③

四、广西自由贸易试验区贸易高质量发展

自设立以来，广西自贸试验区紧抓服务“一带一路”、实施 RCEP 和西部陆海

① 广西自贸试验区南宁片区提质增效发展数字经济，数字经济企业超 4000 家[EB/OL]. 南宁晚报，[2022-08-10]. http://www.wuxiangxinqu.gov.cn/article/12465.html.

② 三诺跨境电子产业示范园项目[EB/OL]，[2022-06-06]. http://pxzhbsq.gxzf.gov.cn/gzlfz/zsyz/zsxm/t10440730.shtml.

③ 广西自贸试验区崇左片区三周年：跨境产业合作示范区建设提速[EB/OL]，[2022-08-27]. https://baijiahao.baidu.com/s?id=1742320651700841372&wfr=spider&for=pc.

新通道建设的新机遇，推动投资贸易便利化改革，使进出口贸易、跨境电商走上了高质量发展的快车道。

（一）广西贸易量快速增长

依托自贸试验区释放的活力，广西进出口贸易总额稳步增长（见图2-1）。2020年，虽然受到世界范围内新冠疫情暴发影响，广西进出口总额依然迈过了700亿美元大关，出口额即将突破400亿美元大关。广西自由贸易试验区以不到全区万分之五的土地面积，分别占全区累计实际使用外资总额、外贸进出口总额的34.6%和33.5%。

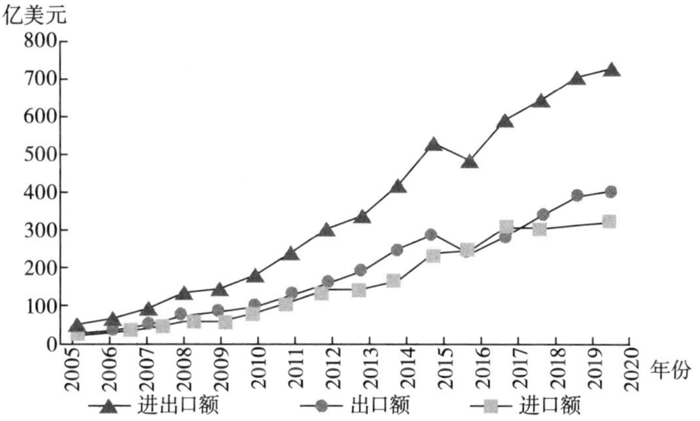

图2-1　2005—2020年广西进出口贸易总额变化

资料来源：广西统计局。

（二）投资贸易持续便利化

广西自贸试验区已形成高效便捷的跨境投资和贸易体系。广西自贸试验区率先在全国边境口岸启用全信息化智能通关，实行“提前申报、卡口验放”监管模式改革。2021年广西边境口岸整体通关时间在全国沿边地区排名第1。创新开展互市贸易“委托申报、整进整出”通关新模式，实现边民互市通关作业无纸化全覆盖。南宁片区打造了全国首个国际邮件、跨境电商、国际快件“三合一”集约式监管模式，通关时间由4小时压缩至1小时，日均通关能力由50余万件增长到100余万件。崇左片区推行跨境电商出口“简化申报、清单核放、汇总统计”通关模式，解决了跨境电商出口申报环节的最大堵点。崇左片区开展的“边境地区跨境人民币使用改革创新”，入选了全国自贸试验区开展工作示范案例的最佳实践案例，也是自贸试验区多元产业中金融产业的重要发展项目。崇左已与8家越南银行建立直接代理关系，围绕广西与越南的边境贸易、边民互市，大力推动边境地区使用跨境人民币结算，开展两国本币现钞跨境调运、汇率报价、银行间清算等金融改革业务。

（三）跨境电商成绩亮眼

广西自由贸易试验区跨境电商产业发展迅速。南宁市与崇左市分别在 2018 年 7 月、2020 年 5 月获批设立了跨境电子商务综合试验区（以下简称“综试区”）。《中国（南宁）跨境电子商务综合试验区发展规划（2021—2025）》中明确提出构建以中国—东盟（南宁）跨境电子商务产业园为核心的“1 + N”跨境电商发展格局。“1”指中国—东盟（南宁）跨境电子商务产业园，“N”指多个跨境电商重点功能集群发展区。崇左市发布《中国（崇左）跨境电子商务综合试验区实施方案》，明确崇左综试区将综合利用地理优势，构建“一区、多园、多中心”产业发展格局，打造成为高层次的开放试验区。截至 2022 年第一季度，已有数百家跨境电商企业入驻广西自由贸易试验区，其中不乏阿里巴巴、Shopee 等国际知名电商企业。跨境电商企业不断增设海外仓，将商品销往泰国、越南等东南亚国家。① 例如，电商平台来赞宝已于 2021 年完成泰国海外仓的建设，建设面积达 7000 平方米，并于 2022 年扩建至 5 万平方米。各跨境电商企业与越南、马来西亚等东盟国家驻南宁总领事馆合作，通过引入小语种人才，在抖音、Lazada、快手等平台探索直播带货新模式。2021 年区域跨境电商进出口总额达 101. 5 亿元，突破百亿元大关。2022 年第一季度，广西自由贸易试验区跨境电商进出口总额同比增长 108. 4%，达 35. 1 亿元。2021 年南宁片区跨境电商进出口总额达 77. 7 亿元，同比增长 260%。2021 年南宁综试区跨境电商零售进出口交易额达 57. 57 亿元，同比增长 177. 56%，在全国跨境电商综试区排名前列；崇左综试区为 23. 8 亿元，同比增长了 10 倍左右。②

五、广西自由贸易试验区的辐射带动作用

广西东连粤港澳大湾区，面向南海和东南亚，背靠云贵川渝等西部省份，是我国与东南亚国家陆海空“三位一体”交互交通格局的枢纽，也是我国西南地区面向东南亚最为便捷优质的通道。广西自贸试验区的建设发展，辐射带动了多邻区、多邻省、多邻国经济的协同发展。

（一）推动形成联通东南亚和西部省份的海陆空交通枢纽网络

在陆路交通上，广西自贸试验区的陆运交通辐射东盟多个国家，为广西与西南

---

① 广西自贸试验区 2022 年第一季度跨境电商进出口额超 30 亿元[EB/OL]，[2022 - 05 - 07]. http://www.100ec.cn/detail - -6611107.html.

② 跨境电商综试区为广西自贸试验区添强劲动力[EB/OL]，[2022 - 04 - 06]. https://baijiahao.baidu.com/s?id = 1729322213710404141&wfr = spider&for = pc.

地区发展注入无限潜力。钦州港片区积极依托北部湾建立连接东盟的港口海运网络，开展海上交通运输，向整个东南亚地区辐射发散影响力。钦州港是我国西南地区承载量最大的航运港口。广西自贸试验区积极打造完善北部湾地区高质量航运货运码头，打造国际物流中心，形成面向东南亚的枢纽港湾。近半数全球领先的航运公司都已进驻落户钦州港片区。目前，钦州港片区发展迅速，吞吐量直线增长，已经实现与众多国家和地区大型航运码头的货运交通运输往来，实现与东南亚地区多个国家和地区的航运港口深度连接，往来船次充足，保障了交互稳定。广西北部湾港码头实现了各宗类货物年交互近 2 亿吨，年增长近 14%；集装箱货运完成约 170 万标箱运送，同比增加近 19%。①

崇左片区所在地凭祥市，借助于陆上边境地区口岸交互便利的特点和人力资源充足的优势，打造完备的物流体系，开拓边境跨境对外往来贸易领域，陆路边境运输的跨国货物贸易规模逐渐增加。中越双方均已建设便利的高速公路，中越友谊关口岸跨国运输线路实现运行。崇左片区开通跨境公路物流线路 22 条、跨境铁路班列线路 13 条，跨境电商物流覆盖中南半岛。广西自由贸易试验区通过“陆海新通道海铁联运系统集成改革创新”，与重庆、四川等 14 个省（区、市）建立战略合作机制，合作建立铁路集装箱与海运集装箱互认机制，推动西部陆海新通道信息数据互联互通，并通过连通中欧班列，打造西部陆海新通道海铁联运核心成本优势，有机衔接“一带一路”。此外，南宁片区成功开通泰国曼谷、菲律宾马尼拉、马来西亚吉隆坡、新加坡等 10 条跨境电商空运航线。

（二）进一步密切广西与东南亚国家的区域合作关系

广西自贸试验区通过打造国际一流营商环境、提升贸易便利化、打造面向东盟的金融开放门户、畅通国际大通道，进一步密切了广西与东盟国家的区域合作关系。在自贸试验区建立之前，广西与东盟已经在经济、科技、人文等方面开展了全方位、多领域的交流合作。在定位上，钦州港片区定位于打造国际陆海贸易新通道门户港和向海经济集聚区，南宁片区定位于打造面向东盟的金融开放门户核心区和国际陆海贸易新通道重要节点，崇左片区定位于打造跨境产业合作示范区、构建国际陆海贸易新通道陆路门户。随着广西自贸试验区各项主要任务和措施的落地实施，广西与东盟的区域合作再添新动力，引领中国—东盟迈上高质量的开放合作。广西自贸试验区全面落实推进外商投资进入的招商引资工作与审核落地机制，持续深化与东

① 北部湾港股份有限公司．北部湾港股份有限公司 2021 年年度报告［R/OL］,［2023 - 02 - 14］. http://stockdata. stock. hexun. com/txt/stock_detail_1212887453. shtml.

南亚国家的经贸往来合作，推动外商投资与中国企业落地融合，提升贸易投资高效便利和金融信息服务的适应性改革，努力提升广西乃至西南地区面向东南亚的开放合作水平。加快构建面向东盟的电子信息、化工新材料、特色产品加工等跨境产业链、供应链，中国—东盟经贸中心、中国—东盟大宗商品交易平台等重大标志性工程项目落地建设。广西对东南亚国家的贸易额在自贸试验区建设初期已经迈过了年均1500亿元大关，同比增长超过10%，占同期广西外贸总量一半。在连续举办多届东盟博览会的基础上，南宁已经成为对东南亚地区影响深远的中国城市。现代化金融服务、数字化经济等现代服务业成为广西自贸试验区南宁片区重点发展的建设性项目，推动南宁逐步成为背靠中国大西南、面向东南亚的金融投资交易服务中心。

（三）推动广西全域高质量发展

自贸试验区作为广西新一轮改革开放的“排头兵”，虽然仅涵盖钦州港、南宁、崇左3个片区，但其制度创新、经验做法、产业聚集可以辐射到广西全域。广西自由贸易试验区共有84项制度创新已经在全区复制推广。广西正推动近百项金融层面改革事项的落地实施，进一步提高人民币的结算能力，促进跨境人民币双向流动便利化，提升往来货物交割效率，提高自贸试验区贸易投资的效率。同时广西自贸试验区大力推动中资外资联合金融城打造、跨境产业园区的金融信息服务完备、跨境金融产业创新示范区等建设，发挥广西自由贸易试验区的辐射带动作用，将各类产业与金融服务良好结合，实现第一产业、第二产业与第三产业进入优质配比，让各产业在发展中享受到广西自贸试验区的金融服务与经济扶持。广西自贸试验区的各项优化营商环境举措、金融财税政策也带动周边企业向广西自由贸易试验区实现产业聚集或产业连接，全方位、多领域地辐射带动广西各区域、各产业协同高质量发展。

六、广西自由贸易试验区的机遇与挑战

（一）广西自由贸易试验区的发展机遇

迈上新征程，广西自由贸易试验区面临着RCEP实施、共建“一带一路”高质量发展、促进区域协调发展等重大战略机遇。

1. RCEP生效实施的机遇

东盟是广西的第一大贸易伙伴，RCEP的生效实施为广西自由贸易试验区的高质量发展带来了重大机遇。2022年5月，广西印发出台的《广西高质量实施RCEP

行动方案（2022—2025年）》提出，要依托中国（广西）自由贸易试验区加快高质量实施RCEP，促进RCEP鼓励性条款先行先试，形成一批高质量实施RCEP重大改革、重大政策、重大工程、重大项目，为用足用好RCEP各领域政策措施形成示范。广西还在全国率先出台《广西出口RCEP零关税优势商品清单》《广西进口RCEP零关税优势商品清单》《广西优势产业货物贸易降税商品清单》，抢抓RCEP机会，努力提高开放水平。根据广西商务厅数据，2022年1—9月，广西与RCEP成员进出口额2001.9亿元，占全区外贸总额的46%，占比高于全国15.4个百分点；广西与东盟贸易额1728.8亿元，占全区的39.7%。①

2. 共建“一带一路”高质量发展赋予的机遇

广西具有融入共建“一带一路”的区位优势。党的二十大报告指出，要推动共建“一带一路”高质量发展。自2013年习近平主席提出建设丝绸之路经济带和21世纪海上丝绸之路的重大倡议，共建“一带一路”在贸易往来、互联互通、人文交流等方面取得了累累硕果，已成为深受国际欢迎的国际公共产品和国际合作平台，展现出巨大的影响力和光明的前景。2021年4月，习近平总书记视察广西时强调，广西要融入共建“一带一路”，高水平共建西部陆海新通道，大力发展向海经济，促进中国—东盟开放合作，办好自由贸易试验区，把独特区位优势更好转化为开放发展优势。这为广西自由贸易试验区主动融入共建“一带一路”高质量发展，指明了方向。作为广西对外开放的门户，广西自贸试验区更应借助于共建“一带一路”的契机，加强与东盟国家的互联互通、贸易畅通，助力广西打造成为“一带一路”有机衔接的重要门户和窗口。

3. 深入实施区域协调发展战略的机遇

党的二十大报告提出，深入实施区域协调发展战略、区域重大战略；推动西部大开发形成新格局；支持革命老区、民族地区加快发展，加强边疆地区建设，推进兴边富民、稳边固边。迈上新征程，面对与全国同步基本实现社会主义现代化的远景目标，国家将加大力度推动西部大开发，更加重视支持革命老区、民族地区、边疆地区发展，为广西自由贸易试验区主动融入新发展格局、推动高质量发展带来了新的发展机遇。深入实施西部大开发、固边兴边富民等国家重点区域发展战略，将为广西社会经济发展带来政策上的优惠待遇与经济产业发展上的新态势，为广西自贸试验区产业发展带来助力。

---

① 广西壮族自治区人民政府新闻办公室．广西举行高质量实施RCEP新闻发布会[EB/OL]，[2022-10-27]．http://www.scio.gov.cn/xwfbh/gssxwfbh/xwfbh/guangxi/Document/1732985/1732985.htm.

（二）广西自由贸易试验区面临的问题与挑战

归纳起来，广西自由贸易试验区主要面临如下三大挑战与问题。

1. 内生发展与支撑能力不足

与东部发达地区相比，广西区域经济发展能力与整体实力相对较弱。2021 年，广西地区生产总值在我国排名第 20，地方支柱产业主要是蔗糖加工、采矿、有色金属等初级加工制造业。广西没有资本市场和期货市场，制约了自贸试验区形成金融中心的货币结算量。广西地方财政收入有限，当地企业对财政收入帮助不大，同时地方财政支出较大，较多依赖中央的财政转移支付和地方的土地财政收入，自身发展能力不足。广西数字技术、现代金融、高端制造业发展基础薄弱，龙头企业缺乏，高层次科技和金融人才相对不足，企业吸纳和留住人才困难，制约了广西自贸试验区的经济产业转型与升级发展。崇左片区内产业结构相对单一，对外贸易产业升级缓慢，从事外贸的加工制造业企业规模不足、技术不足。① 自贸试验区招商引资的效果不如预期，营商环境仍需要持续改善。

2. 同质化竞争特色优势发挥不明显

在全国层面，国家级自贸试验区数量已达到 21 个，广西自贸试验区需要跟其他自贸试验区进行优惠政策、产业投资、货物贸易、人才方面的竞争。除贵州之外，广西周边的省份全部获批建设自贸试验区。② 不管是钦州港片区重点打造的港口运输与贸易，还是南宁片区重点打造的金融、数字经济和跨境电商、崇左片区的跨境贸易和产业合作，都面临来自广东、云南、四川、贵州、重庆等周边和西部省份的激烈竞争。想要在众多自贸区中脱颖而出，务必突显营商环境、差异化特色优势。但受限于广西经济基础薄弱、人才资源紧缺，目前差异化的竞争优势还不够明显。此外，钦州港片区、南宁片区与崇左片区虽然相互协调、相互补充，但在大类产业发展、产业园和优惠政策上也存在较多的内部竞争，资金、人力、资源、政策往往汇集到南宁这一优势片区，各片区之间和片区内外的衔接机制、要素流动、交通联通、产业链价值链连接不够顺畅，没能发挥出应有的经济联动效应。③

3. 跨境经贸往来存在各类潜在风险

广西自贸试验区以面向东南亚的跨境贸易、跨境电商、跨境金融为特色，但跨境经贸活动受新冠疫情影响较为严重。在钦州港片区，航运也容易受到新冠疫情和

---

① 郑国富．广西自贸区（崇左片区）发展挑战与对策[J]．对外经贸，2019（12）：24－26.

② 张国庆．广西自贸试验区建设如何后发先至[J]．中国外资，2020（23）：56－57.

③ 罗嘉琪．中国（广西）自由贸易试验区的产业布局和发展研究[J]．商业经济，2021（10）：48－52.

逆全球化的影响而波动。另外，跨境金融容易因监管不足导致资本外流、非法跨境洗钱等问题。随着跨境资本往来账务流动、离岸金融汇兑、投融资汇兑业务逐渐开放，其带来的金融风险增加了实施监管的困难。① 新冠疫情和经济增长放缓使各地财政压力增加，各片区普遍面临建设压力大、财税产出低、政府债务风险增大等问题。

七、广西自由贸易试验区高质量发展的思考与建议

党的二十大报告中指出，实施自由贸易试验区提升战略。迈向全面建设社会主义现代化国家的新征程，推动广西自由贸易试验区高质量发展可以从如下几个方面着手。

（一）不断夯实自贸试验区产业基础

广西自贸试验区要积极利用国家政策深化经济体制改革，打造服务型政府，优化自贸试验区的营商环境，承接周边地区尤其是发达地区的产业转移，努力吸引更多前景好、后劲足、带动作用强的龙头企业和项目，打造自贸试验区高端产业链，壮大自贸试验区各个片区的实体经济。以全产业链为导向，强化自贸试验区产业引入与产业集聚，做优做强特色产业，构建自贸试验区现代化经济体系。依托广西的区位优势重点发展面向东南亚的跨境电商产业，大力推动自贸试验区由流通经济升级为产业经济、实体经济，提升贸易外溢效应及自贸试验区内部的产业集聚协作。加大同东南亚各个国家和地区的跨境交易交互力度，加强跨境多元合作，共同打造跨境产业链模式，形成对其他地区的辐射带动作用与示范效应。更广泛地让东盟各国参与到广西自贸试验区的开放口岸打造建设上来，引入东南亚及海外产业主体入驻园区产业基地，共同分享“一带一路”建设背景下广西自由贸易试验区发展带来的效益。

（二）敢闯敢试高水平贸易新规则

立足广西自贸试验区面向东南亚的战略定位和区位特色优势，对标更高标准的国际经贸规则，发挥好高水平贸易新规则“排头兵”的示范引领作用，推动形成全方位、多层次、宽领域的全面开放新格局。尤其是，广西自贸试验区要充分利用与东南亚国家的密切经贸往来关系，敢闯敢试 RCEP 中投资、透明度、流程优化、国

---

① 申韬，曹梦真，徐静怡．金融开放门户建设背景下广西与东盟跨境金融合作研究[J]．金融理论探索，2020(3)：60－69.

有企业、政府采购等方面的鼓励性条款，持续扩大贸易和投资自由化便利化。这些条款虽然暂时没有强制性实施，但会在未来时机成熟或形成更高水平贸易协议的时候推开。广西自贸试验区要争取国家层面和东盟国家的支持，承担起先行先试“升级版 RCEP”的任务，积累实施、监管的经验，以便于全国层面铺开和下一步对外谈判。

（三）持续完善自贸试验区软硬件设施与内部治理

加大基础设施建设，提高信息化、智能化水平，构建宜居优质的园区工作和生活环境。加快三大片区的互联互通和运输体系建设，构建科学合理的产业布局，提高大宗货物的往来效率，增加中外铁路、空运、海运的往来频率。优化自贸试验区投融资环境，不断完善自贸试验区内产业用地、项目申报、贷款贴息、退税补贴制度。增强与中外海关、边境防务机构、公安警务机构、金融信息机构、电子通信机构、国土资源管理机构等部门的联系沟通，确保产业园区的项目合法有序、高效实施落地。立足广西地方产业特点与产业结构，加强与地方高校及研究所的“产学研”三位一体合作，出台创新人才福利政策，汇集人才资源进入自贸试验区产业园区，建立自贸试验区产业发展的一流人才中心。利用现代科技手段建立健全广西自贸试验区内部监管体系，探索创新金融监管新模式，确保自贸试验区的金融服务有序高效安全运营。加大广西自贸试验区对外舆论宣传与推介，宣传自贸试验区产业园区特色与市场竞争优势，提高国内外知名度。

第三章 云南自由贸易试验区发展情况

随着“一带一路”建设的不断推进和 RCEP 的生效，云南自由贸易试验区迎来了新的发展机遇。云南自贸试验区在发展跨境贸易上具有得天独厚的区位优势，是沟通中国与南亚、东南亚的桥梁，是推动云南省融入“一带一路”和新发展格局的重要载体。云南自贸试验区建设肩负着推进云南省贸易转型升级、贸易高质量发展和深化改革开放的特殊使命和作用。

一、云南自由贸易试验区发展历程

云南地处我国西南边陲，总面积 39.41 万平方千米，占全国总面积的 4.1%，居全国第 8 位。东与广西和贵州毗邻，北以金沙江为界与四川隔江相望，西北隅与西藏相邻。云南共有 26 个口岸，其中一类口岸 20 个、二类口岸 6 个，与缅甸、越南、老挝三国相接，与泰国和柬埔寨通过澜沧江—湄公河相连，并与马来西亚、新加坡、印度、孟加拉国等国邻近，是我国边境线较长以及毗邻周边国家较多的省份。历史上著名的“史迪威公路”和“驼峰航线”就经过云南境内。

（一）战略定位和发展目标

2020 年 1 月，习近平总书记考察云南时要求“高标准推进中国（云南）自由贸易试验区改革创新发展”。云南地处中国与南亚、东南亚三大区域的接合部，是中国通往南亚、东南亚的窗口和门户。作为中国全方位对外开放战略的重要节点，云南自贸试验区自 2019 年 8 月挂牌成立以来，重点打造面向南亚、东南亚辐射中心，积极探索沿边经济社会发展新模式，形成了以开放促改革、促发展、促创新的良好局面，取得了一系列制度创新成果，全面深化改革和扩大对外开放试验田作用得到有力彰显。

根据《中国（云南）自由贸易试验区总体方案》，在战略定位和发展目标上，云南自贸试验区将着力打造“一带一路”和长江经济带互联互通的重要通道，建设连接南亚东南亚大通道的重要节点，推动形成我国面向南亚东南亚辐射中心、开放前沿。经过3~5年改革探索，对标国际先进规则，形成更多有国际竞争力的制度创新成果，推动经济发展质量变革、效率变革、动力变革，努力建成贸易投资便利、交通物流通达、要素流动自由、金融服务创新完善、监管安全高效、生态环境质量一流、辐射带动作用突出的高标准高质量自由贸易园区。

（二）片区发展规划

云南自贸试验区的实施范围119.86平方千米，涵盖3个片区：昆明片区76.00平方千米（含昆明综合保税区0.58平方千米），红河片区14.12平方千米，德宏片区29.74平方千米。昆明片区将加强与空港经济区联动发展，重点发展高端制造、航空物流、数字经济、总部经济等产业，建设面向南亚东南亚的互联互通枢纽、信息物流中心和文化教育中心；红河片区加强与红河综合保税区、蒙自经济技术开发区联动发展，重点发展加工及贸易、大健康服务、跨境旅游、跨境电商等产业，全力打造面向东盟的加工制造基地、商贸物流中心和中越经济走廊创新合作示范区；德宏片区重点发展跨境电商、跨境产能合作、跨境金融等产业，打造沿边开放先行区、中缅经济走廊的门户枢纽。

云南自贸试验区在自身建设过程中，还积极与云南省内跨境经济合作区联动发展，发挥各地优势，使各项政策相互补充、相互协调，努力实现要素保障、政策支撑和制度创新效益最大化，推动云南省贸易高质量发展。

1. 昆明片区

昆明片区覆盖面积76.00平方千米，东至东绕城高速公路，南至广福路、南绕城高速公路，西至盘龙江、明通河，北至人民东路。涵盖经开区、官渡区、昆明综保区、空港经济区、王家营国际陆港，在云南自贸试验区3个片区中面积最大、范围最广。昆明是云南省政府所在地，是全省政治、经济、文化、教育、科研、社会事业发展中心和交通、通信枢纽，是西部地区重要的中心城市，也是中国面向南亚、东南亚开放的前沿。

“十三五”期间，昆明片区地区生产总值由2015年的304.4亿元增加到2020年的520.4亿元，年均增长10.2%；主营业务收入由2015年的1320亿元增加到2020年的2218亿元，年均增长10.9%；地方一般公共预算收入由2015年的29.8亿元增加到2020年的42.3亿元，年均增长6%；规模以上工业增加值年均增长9.7%；规模以上固定资产投资累计完成680.7亿元。经过5年的快速发展，昆明片区经济总量自党的十八大以来实现了翻番，成为昆明市乃至云南省重要的工业聚集区和经济增长极，在全国 217 个国家级经开区综合排名中位于上游水平。①

2021 年 5 月，中国（云南）自贸试验区昆明片区管委会与中老磨憨—磨丁经济合作区管委会在合作区签订了《联合创新合作协议》。磨憨—磨丁经济合作区作为国家级跨境经济合作区之一，地处中老铁路、昆曼公路及老挝南北公路关键节点，两地联动发展将使这里成为面向南亚、东南亚拓展市场的理想起点。两地将在创新跨境商事服务、推进跨境产能合作、促进跨境电商发展、联通跨境物流通道、推动教育医疗旅游合作、加强人才交流合作、推进服务贸易发展、推进跨境园区建设等 8 个方面创新联动发展。2022 年 5 月，昆明市托管西双版纳州磨憨镇共同建设国际口岸城市的工作正式启动。这一战略部署能够围绕中老铁路加强区域联动发展，积极推进中国（云南）自由贸易试验区昆明片区、国家级昆明经济技术开发区、昆明综合保税区和中国老挝磨憨—磨丁经济合作区“四区”产业互补、资源共享、政策联动。

2. 红河片区

红河片区选址红河哈尼族彝族自治州河口瑶族自治县，实施范围 14. 12 平方千米，东至南溪河岸边，南至南溪河口岸，西至红河岸边，北至坝洒农场七队。河口县内红河公路大桥、老街—河内高速等接通中越两国，滇越铁路、泛亚铁路隔河相望，自古就是“南方丝绸之路”的第二条通道，处于昆（明）—河（内）—海（防）经济走廊的“咽喉”，北距昆明 406 千米，南距越南首都河内 260 千米，距越南北方最大出海港口海防市 360 千米，是我国与越南等东南亚国家进行经济文化交流的重要门户。昆河高速、中越口岸公路大桥等线路联通南北，货物运输便利。河口口岸是云南省三大重要口岸之一，具有“县城即口岸，口岸即县城”的特点。

“十三五”期间，红河地区生产总值跨上 2000 亿元台阶，2020 年达 2417. 48 亿元。进出口贸易额从 2015 年的 12. 82 亿美元提高到 2020 年的 58. 70 亿美元，增长了约 3. 6 倍。中国—东盟多式联运国际班列正式开通运行，跨境电商物流产业园（一期）开园以来入驻企业 153 家，累计实现销售额 12. 15 亿元，现代物流运行体系加速构建，口岸城市的开放成果与发展活力日益凸显。②

---

① 中国（云南）自由贸易试验区昆明片区（昆明经济技术开发区）国民经济和社会发展第十四个五年规划和二〇三五年远景目标纲要[EB/OL]，[2021 - 06 - 22]. https://jkq. km. gov. cn/c/2021 - 06 - 22/5332166. shtml.

② 红河哈尼族彝族自治州国民经济和社会发展第十四个五年规划和二〇三五年远景目标纲要[EB/OL]，[2021 - 08 - 09]. http://www. hh. gov. cn/zfxxgk/zcwj_15822/qtwj/hzfl/202112/t20211216_559464. html.

3. 德宏片区

德宏片区选址瑞丽市现建城区、姐告边境贸易区，实施范围 29. 74 平方千米，东至芒良村民小组，南至瑞丽江、姐告国境线，西至贺哈村民小组、乘象路，北至北门村民小组、芒喊村民小组、帕色村民小组、允岗村民小组、姐勒村民小组。德宏片区内联外通，三面与缅甸接壤，是中国离印度洋最近的自贸试验区，处于中华经济圈、南亚经济圈、东盟经济圈的交汇处，处于“一带一路”建设与中缅经济走廊交汇地带，是中缅经济走廊最重要、最关键的起点和门户枢纽，距曼德勒 445 千米、内比都 670 千米、仰光 1138 千米、皎漂 866 千米。瑞丽市是中国西南最大的内陆口岸、中国国家重点开发开放试验区、中国距离南印度洋最近的陆路口岸城市。

德宏片区“十三五”期间，经济结构持续优化，经济实力跃上新台阶。2020 年，德宏州生产总值达到 575. 5 亿元，实现翻番，地方一般公共预算收入达到 42. 3 亿元、年均增长 5. 7%，固定资产投资年均增长 14. 8%，常住人口城镇化率、户籍人口城镇化率分别达到 49. 4%、28. 2%，强边与固防、经济与社会、城镇与乡村、人与自然发展更加协调、更加平衡、更加可持续，与内地发展差距进一步缩小。①

4. 自贸试验区“十四五”建设规划

2022 年 7 月 4 日，云南省人民政府官网发布《“十四五”中国（云南）自由贸易试验区建设规划》，② 明确了中国（云南）自贸试验区战略定位：将自贸试验区建成国内大市场与南亚、东南亚及环印度洋地区国际市场之间战略纽带的先行示范区，我国面向南亚、东南亚和环印度洋地区国际市场之间沿边开放的重要前沿，云南高质量跨越式发展的特殊经济功能区和核心增长极。确定了“五大发展任务”：加快夯实高质量发展根基、打造更高水平制度创新试验田、打造更高水平现代产业发展引领区、打造更高水平制度型开放新高地、打造更高水平沿边开放新支点。

根据《“十四五”中国（云南）自由贸易试验区建设规划》，到 2025 年，云南自贸试验区主要经济指标要在“十三五”末的基础上实现大幅增长，进出口额达 2675. 78 亿元，吸收外资达 13. 7 亿美元，一般公共预算收入达 190. 94 亿元，固定资产投资达 1376. 59 亿元，工业总产值达 826. 95 亿元；新设企业数达 59053 家，其中新设外资企业数达 276 家。总的来说，到“十四五”末，云南自贸试验区在制度创

① 德宏州国民经济和社会发展第十四个五年规划和二〇三五年远景目标纲要[EB/OL]，[2021-03-04]. http://www.dh.gov.cn/Web/_F0_0_59SL0MNDD2A094BB5CE642F699.htm.

② “十四五”中国(云南)自由贸易试验区建设规划[EB/OL]，[2022-07-04]. https://www.yn.gov.cn/wap/zfxxgkpt/fdzdgknr/zcwj/zfxxgkptzxwj/202207/t20220704_243831.html.

新、投资环境、经济实力、功能拓展、辐射带动等方面成效将更加明显，成为推动云南高质量跨越式发展的新引擎、我国面向南亚东南亚辐射中心和环印度洋地区开放的前沿窗口。

云南自贸试验区将着力构建“一区引领、三片协同、多极联动、全面融合”的空间布局。坚持以制度创新为核心，以可复制可推广为基本要求，对照最高标准大胆试、大胆闯、自主改，不断增强创新能力，发挥示范引领作用。3 个片区实行统一规划、领导和协调，合力打造具有竞争优势的产业链和产业集群。探索“自贸试验区 + 联动创新区”协同发展模式，完善“自贸试验区 +”联动创新的体制机制，推动自贸试验区与昆明国家高新技术产业开发区、曲靖经济技术开发区、大理经济技术开发区、普洱国家绿色经济试验示范区、中国老挝磨憨—磨丁经济合作区联动创新区项目落地，充分发挥自贸试验区与第一批 5 个联动创新区的双向支撑作用。探索“自贸试验区—工厂”“自贸试验区—市场”“自贸试验区—城市”“自贸试验区—乡村”等融合发展形式。

（三）建设成果

云南自由贸易试验区建设以来，各片区对外贸易高速发展。

昆明片区重点发展总部经济、高端制造、数字经济等产业，实现新设外资企业数、进出口总额、实际利用外资、工业总产值、一般公共预算等主要经济指标翻番。其中，官渡区域引进中铁建等 21 个总部项目，培育华能澜沧江等总部企业 37 户；经开区域引入上海临港科技城、中通跨境物流项目等项目，签约中粮集团、华为数字创新中心等企业和项目，签约项目内资投资总额 156.6 亿元。

红河片区共签约合作项目 56 个，协议总投资 411.7 亿元，已完成公司注册 37 个项目，22 个项目落地运营。8 个平台经济型合作项目吸引 400 余家企业入驻，中国—东盟（河口）跨境电子商务产业园自主创新“电商跨境 + 边民互市”的互市电商跨境出口模式，吸引入驻企业 153 户，实现网上销售额 13.16 亿元。

德宏片区创新推进中缅跨境农业合作，建立境外甘蔗、肉牛种养基地 143 万亩，农产品年进口 100 余万吨。建成跨境电商监管场站，实现交易额 26.66 亿元。瑞丽市荣获“电商示范百佳县”，排名全国第 4、云南省第 1。梯度推进中缅双边银行的银行间代理行清算模式，跨境人民币结算量连年突破百亿元。突出专业招商、精准招商，签约项目 68 个，协议资金 547 亿元，实际到位资金 315.29 亿元。

二、云南自由贸易试验区制度创新

云南自贸试验区始终坚持以制度创新为核心，以可复制可推广为基本要求，对标总体方案和实施方案明确改革试点任务，截至2022年9月，共形成276项制度创新成果，其中上报国家84项、46项省内复制推广、属沿边跨境特色53项、属全国首创46项。①

（一）边境人员往来便利化

云南自贸试验区积极推进与毗邻国家签署跨境人力资源合作协议，探索建立外籍务工人员管理长效机制。研究外籍员工办理就业许可、签证及居留许可便利措施。进一步为来自贸试验区开展商贸、旅游等活动的外国人提供入出境便利。开辟境外人员入境就医紧急救助通道。自贸试验区经贸、科技人员可向审批机关申请办理一次审批、一年多次有效出国任务批件。在国际会议、对外邀请、使节来访等需审核审批事项上，建立外事审核审批直通车制度。

昆明片区与中国老挝磨憨—磨丁经济合作区加大教育医疗领域的深度合作，对接昆明市内优质医疗和教育机构落户口岸，为口岸企业的人才及其子女或亲属提供就业、就读、就诊等优质公共服务；共同迎接开放合作、互惠发展的美好未来，合力创新沿边经济社会发展新模式，努力成为云南省区域合作的典范，助力国家南向开放。

红河片区深化跨境劳务合作。设立外籍人员管理服务中心，对跨境劳务合作提供一站式服务。建设境外边民入境务工管理系统，促进外籍人员入境务工管理信息化、规范化建设。鼓励和支持发展跨境劳务派遣公司。按照“属地管理”原则，把入境务工人员纳入派出所实有人口管理，将跨境劳务外国人证件签发工作前移到片区公安机关，简化办证流程。允许入境务工人员凭办理的中华人民共和国外国人停留证件在片区内停留。为外籍人员入园务工开辟绿色通道，简化手续，在工作、居留等方面提供便利，大力发展人力资源服务业。探索外籍劳务人员服务管理模式，规范劳务管理程序，提高劳务管理服务水平，保护劳动者和用人单位的合法权益。

德宏片区对劳动力密集型、出口外贸型和原料市场两头在外的重点企业，在用工方面出台相应扶持政策。依法规范和维护外籍务工人员合法权益，在外籍劳工通关、社会管理服务和企业用工等方面适当给予便利。针对劳动密集型产业的发展，德宏州制定出台了缅籍工人的便利管理措施。

（二）人才政策创新

云南自贸试验区将“外国人来华工作许可”等外籍及港澳台人才省级管理权限

① 抓特色有亮点 云南自贸试验区制度创新成效显[EB/OL],[2022-09-19]. https://jkq.km.gov.cn/c/2022-09-19/6214002.shtml.

统一下放至3个片区，截至2022年7月，各片区办理外国人来华工作许可777件。①完善“外国人来华一站式办理”模式，整合外商投资企业设立、外国人来华工作许可、外国人来华居留许可3个审批事项，在区政务服务中心设置“外国人来华投资工作专窗”，将3个事项统一纳入“一件事”专窗办理，提供一站式集成服务。

昆明片区投资1.62亿元建成中国（云南）自由贸易试验区昆明片区丹槿园人才公寓项目。昆明片区出台《中国（云南）自贸区昆明片区（昆明经开区）人才公寓管理办法（暂行）》（昆自贸管〔2021〕5号）和《中国（云南）自贸区昆明片区（昆明经开区）丹槿园人才公寓管理办法》。目前，人才公寓已经进入申报入住阶段。人才公寓创办“创客空间”，引进精品超市、运动健身、美容美发、中餐美食、精致日餐、品牌书店等多业态商家，能够满足人群更多需求，尽享一站式生活服务。人才公寓设计有4个空中花园，作为公共休闲区域，将结合人才广场和空中花园的空间，定期举办主题活动。

（三）政务服务优化

2022年3月，云南省印发《云南省2022年深化“放管服”改革工作要点》，加大政府职能转变和“放管服”改革力度，优化营商环境，助力云南高质量跨越式发展：深化简政放权，放宽市场准入，激发市场活力；健全监管方式，规范市场秩序，提升监管效能；优化政务服务，助力企业发展，方便群众办事；营造创新创业生态，增强发展活力。

云南自贸试验区推进行政管理职能与流程优化。推进“证照分离”改革全覆盖，突出“照后减证”；调整完善省级管理权限下放内容和方式；全面推进行政审批和行政服务标准化，推行“互联网+政务服务”模式，拓展“一部手机办事通”一网通办功能；全面开展工程建设项目审批制度改革；精简投资项目准入手续，实施先建后验管理新模式；大力建设政务服务平台，为云南自贸试验区企业发展提供各种便利化服务，推动自贸试验区企业发展。

云南自贸试验区积极开展商事主体登记确认制改革试点工作，深化商事制度改革，推进市场主体住所与经营场所分离登记改革，推行“企业住所承诺制”，完善“企业名称自主申报”机制；持续深化工程建设项目审批制度改革，提高跨部门、跨层级并联审批率，2022年一般政府投资项目审批时间压缩至50个工作日以内。对涉企经营许可事项实行分类分级管理，建立清单管理制度，积极推进“一业一

① 三年来，中国（云南）自贸试验区取得这些开放建设成效[EB/OL]，[2022-09-01]. https://jkq.km.gov.cn/c/2022-09-01/6164285.shtml.

证”“一企一证”“证照联办”“一照多址”等改革试点；严格实施市场准入负面清单制度，持续开展市场准入效能评估。

（四）监管体制创新

云南省市场监管局印发了《云南省市场监管局优化营商环境促进市场主体健康发展若干措施》，围绕做好“六稳”工作、落实“六保”任务，紧扣“办事不求人、审批不见面、最多跑一次”和“全程服务有保障”的目标要求，把保市场主体作为主要任务，明确了优化营商环境5个方面24条具体措施，着力激发微观主体活力和创造力，提高企业生存和发展能力，推动市场主体健康发展。

云南自贸试验区积极探索司法保障贸易投资便利化。明确探索赋予多式联运单证物权凭证功能、完善仲裁司法审查等举措。统筹推进地方性立法项目，做好各个监管环节和监管领域法律制度的协调衔接。强化执法监督，基本实现各级市场监管执法机关及时准确公示执法信息、执法全过程留痕和可回溯管理、重大执法决定法制审核全覆盖。建立完善纠纷解决机制和容错机制，探索建立轻微违法行为告知承诺制，对市场主体首次、轻微且没有造成明显危害后果的违法行为建立容错机制，实行“首错免罚”。

云南自贸试验区打通市场监管、税务、人力资源社会保障、商务、海关等部门信息共享通道，进一步优化企业注销“一网服务”。持续提升办理破产质效，推动股权、知识产权登记系统向破产管理人开放，方便破产管理人依法清收查控相关财产。

云南自贸试验区完善涉企信息归集共享机制，推动各有关部门在履职过程中产生的行政许可、行政处罚、抽查检查等信息“应归尽归”。加强食品药品、产品质量、特种设备等重点领域监管，对公众聚集场所、事故多发和问题反映集中的特种设备，实施重点监督检查。探索推进信用风险分类监管，对有不良信用记录、风险高的加大抽查力度，对信用较好、风险较低的可适当减少抽查频次。完善信用约束和信用修复机制，鼓励和引导严重违法失信企业主动改正违法行为，实施信用修复。协同推进“互联网+监管”。健全完善知识产权保护和运用体系。推动知识产权运营平台建设，为广大创新主体提供一站式知识产权综合服务。

（五）营商环境优化

昆明片区高质量政策体系由3个部分组成，即“1+4+N”。“1”是指《促进产业高质量发展若干政策》，作为统领性、普适性文件，明确了本次政策的总体目标、政策框架和适用范围。从招商引资、企业成长、外贸促进、绿色低碳、降本增效等方面制定了具体的扶持措施，明确了奖励范围和标准。“4”是指要素保障政策，在原有人才、知识产权、科技服务3个要素政策基础上，新增了法律服务政策，为招商引资和产业发展提供有力支撑。“N”是指重点产业政策，在装备制造、数字经济、生物医药、跨境电商、航空物流、金融服务、文化产业、生命健康8个产业的基础上，突出装备制造、数字经济、航空物流和生命健康产业，新增了花卉服务贸易发展政策，产业政策增加到9个。原有的8个产业政策，根据各行业特点和行业标准，在项目入区、投资奖励、房租补贴、行业奖励等方面也进行了加强。

红河片区持续深化行政审批制度改革以及加大简政放权力度。推行企业投资项目全程网上即时办理，政府投资项目“网上办”“最多跑一次”办理，探索推行投资建设项目“先建后验”改革，实现“承诺即开工”，全流程办理时间压缩至5个工作日。在办税方面，推出财产和行为税10个税种合并申报。红河片区全面推进“双随机、一公开”监管，以智慧监管为方向的综合监管效能不断增强。深入推行包容审慎监管，建立健全数据归集处理、信用修复长效机制，切实提高信用修复的效率和满意度。

德宏片区“证照分离”改革实现全覆盖，企业登记注册实现全程网办，营业执照实现自助打印，企业开办时间压缩在1个工作日内。德宏片区率先在云南省试点实施工程建设领域项目“先建后验”改革；成立德宏片区对外经贸投资服务中心、知识产权运营服务中心、国际商事调解中心，建立公职律师和法律顾问制度，实施公平竞争审查制度，市场服务功能不断完善；片区多家商业银行开发“银税互动”金融产品，有力解决了中小企业融资难、融资贵问题。2019年8月—2022年8月，德宏片区新增市场主体19010户，平均每天新增约17户；新设企业4512户，新设外资企业42户，固定资产投资89.34亿元，工业总产值96.97亿元，一般公共预算收入11.48亿元，有力助推了地方经济蓬勃发展。①

（六）投资促进创新

云南自贸试验区进一步优化外商投资环境，全面落实外商投资准入前国民待遇加负面清单管理制度。优化企业开办服务，持续升级开办企业“一窗通”服务平台，优化办事流程，全面推行“一表申报”模式；探索实现“办”“取”同步网上完成。2022年企业开办时间压缩至1个工作日以内；2022年底前将正常出口退税业务平均办理时间压缩至6个工作日以内。加快推进智慧税务建设，2022年基本实现

① 云南自贸试验区德宏片区设立三周年——奋力推动自贸试验区建设取得新突破[EB/OL]，[2022-08-26]. https://m.thepaper.cn/baijiahao_19633440.

法人税费信息“一户式”、自然人税费信息“一人式”智能归集。稳步实施发票电子化改革，24 小时在线免费为纳税人提供电子发票申领、开具、交付、查验等服务。积极提升投资便利度，明确加大对港澳投资开放力度，开展网络游戏属地管理试点，提高土地资源配置效率。

云南自贸试验区打造中小微企业“金融画像系统”，提升银企能见度，设立中小微企业满意评价指标体系，依据企业评价结果对融资服务进行“纱窗”式管理，既保证了各方信用数据有序共享，又做到企业数据全程脱敏脱密、安全合法使用，对银行服务内容坚持透明化、可追溯原则，确保中小微企业安心经营、省心融资。昆明片区创新采用智能解析技术，以税务数据为先导，叠加工商、社保、电力、信用等实时数据，在分类分级、风险评估、优化整合基础上，对企业的历史交易情况、经营变化情况、产品竞争力、行业排名等进行大数据分析，形成企业交易信用评价金融画像，为机构提供更加全面、完整的参考信息，打破以往贷款银企间“兵不识将，将不知兵”的信息鸿沟。

云南自贸试验区通过推行大数据征信排查，破解企业贷款瓶颈。构建“双线”互动平台，推动贷款服务数字化。创建“金融超市”，激励融资产品推陈出新。在政银企三方融资服务平台上，邀请片区银行机构在金融超市“晒”产品、“晒”服务、“晒”价格，形成企业“下单”、银行“接单”的服务闭环。各行结合片区发展实际和自身业务特点上架金融产品，企业既可货比三家、照单点菜，又能个性定制、量体裁衣。银行可针对企业需求，提供“抢单”服务，追加提供优惠条件，实现政府监管下的银企双向互选，有效提升金融产品匹配度。

2021 年 1 月，昆明片区发布《促进产业高质量发展若干招商引资政策》，就企业入区奖励、租购楼宇补贴、高级人才奖励、基金招商等方面制定了具体的扶持措施。其中，内资企业实缴注册资金超过 1000 万元的，按照 2.5% 以内给予奖励；世界 500 强、中国 500 强含分支机构和大型央企入区，最高奖励 2500 万元。外资企业实际到位 300 万美元以上的，按照 3% 给予奖励，单个企业最高奖励 6000 万元。对用地类项目给予“三免三减半”政策，非用地项目按地方财政贡献给予 40% ~60% 奖励。

红河片区面向符合条件的外资创业投资企业和股权投资企业开展境内投资项目，探索实施管理新模式。吸引跨国公司在片区设立研发中心、离岸服务中心、经营总部，通过人才引进、技术引进、合作开发等方式开展合资合作。鼓励行业龙头骨干企业跨国布局原料生产加工，建设棉花、羊毛、化纤等境外原料基地，稳定原料供应，通过扶持政策引导片区企业向纺织业产业链高端迈进，鼓励企业开发和生产高附加值产品，在现有优惠政策的基础上，对运往内地销售的纺织服装产品实施分类补贴，高端产品给予销售额4%的补贴，中低端产品维持现有3%的补贴标准。

德宏片区实施企业在所得税地方分成部分的“五免五减半”政策，州级层面加大对引进企业的资金扶持力度。鼓励金融机构加大对符合国家产业政策和节能环保要求的转移产业的信贷投放力度，积极为产业园区建设和发展提供有效信贷支持。对达到一定投资规模的鼓励类产业的重大项目，新增建设用地指标争取由省统一调剂，同时对符合德宏州重点发展产业的项目用地实施土地相应优惠政策。引入企业落户德宏州后首次获得中国驰名商标、中国名牌等国家级品牌的，给予一定的扶持奖励。对符合国家产业政策，符合云南省、德宏州产业发展需要的项目，由政府按照实际到位资金的一定比例给予相应奖励。

（七）跨境金融创新

云南自贸试验区不断完善金融组织体系，提供多元金融服务，提升金融服务实体经济便利度。明确创新账户体系管理、开展融资租赁公司外债便利化试点、开展知识产权证券化试点、完善期货保税交割监管政策4条举措。云南自贸试验区积极开展跨境投融资业务创新，促进跨境资金流动，创新构建跨境金融保障体系。积累经验案例10项，开展外汇管理、投融资便利化新业务9项，形成云南省推广的案例、试点工作、业务模式4个，云南省沿边州（市）推广案例1个。截至2022年7月，云南自贸试验区四至范围内共有银行保险机构网点367个。

云南自贸试验区通过搭建“外贸综合服务平台”，帮助中小企业在通关、退税及收汇方面享受大企业的优惠及贸易便利化政策。云天化联合商务是云南省第一家通过认证的外贸综合服务平台，通过为中小企业提供进出口环节相关服务，降低了中小外贸企业的成本，壮大了外贸企业主体，对促进外贸转型具有积极意义。

除了外贸综合服务平台，云南自贸试验区还获得国家外汇管理方面多项创新政策支持，大大促进了跨境投融资便利化。针对跨境车辆实际需求完成了车险平台改造，出具小于7日超短期保单，成为云南自贸试验区的独创政策。

“银税互动”签约银行不断增加，纾困小微企业，实现银税合作渠道多样化，将银税信息互动由“线下”搬到“线上”。富滇银行“跨境通”系统与海关“边民互市管理系统”实现互联互通，在线即可完成边民进出境申报、货物进出境申报、结算等。在各方的共同努力下，跨境融资持续增长。国家外汇管理局云南省分局简化办理流程，优化服务措施，助推云南省利用外资水平迈上新台阶。根据云南省金融办提供的数据，截至2021年9月底，云南省共办理外债签约登记59笔，签约金额折合26.11亿美元，同比增长215.1%，累计提款19.46亿美元。其中，人民币外债签约等级20笔，签约金额累计42.85亿元，折合6.61亿美元，同比大幅增长92.8%。①

昆明片区对跨境发债、跨国企业开展跨境资金集中运营业务、跨境人民币结算等业务给予专项奖励和费用支持，鼓励中小微企业通过融资租赁等方式开展融资。昆明片区鼓励从事金融业务的内外资银行、保险、证券、公募基金管理公司、金融租赁等持牌类金融机构，以及融资租赁、保理公司、地方资产管理等非银行金融机构入驻开展业务，对入驻的金融机构最高给予每年150万元的租金补贴。2021年共2家金融机构申请房租补贴共70.16万元。

红河片区建设自贸试验区加工贸易结算中心业务试点，制定外汇管理和投融资便利化专项扶持措施，吸引跨国公司入区设立加工贸易结算平台。为探索建立红河片区金融统计机制，红河片区自主编制了相关金融统计报表，综合统计金融服务数据，包含指标184个、数据量5466条。同时，红河片区在云南省率先开展货物贸易电子单证审核业务，积极推进货物贸易电子单证审核工作，复制成功地区经验，让数据和流程跑起来，足不出户服务实体经济，体验快捷的跨境速度。截至2022年3月末，3家试点银行共为25家企业办理货物贸易电子单证审核业务397笔、13595.9万美元。②

德宏片区大力拓展“银税互动”受惠面。深化跨境金融合作，持续推进非居民账户管理创新和跨境银行结算账户合作，推动跨境代理结算。稳步推广边民互市结算、跨境电商结算、市场采购贸易结算、跨境融资，拓展人民币跨境结算服务。积极争取实施差异化监管政策，成立担保公司或资金池，支持建立跨境融资机制。积极稳步引进周边国家银行分支机构、外资非银行金融机构。探索发展跨境保险，推进与南亚东南亚国家保险业合作。创新面向开放活动的境内保险服务。

三、云南自由贸易试验区产业发展

云南自贸试验区依托当地发展基础，不断优化政策体系和营商环境，在夯实经济发展基础的同时发展现代化产业体系，打造了许多特色产业，区域协同发展格局不断巩固，为云南省经济高质量发展打下了坚实的基础。

（一）数字经济产业发展

2021年，云南省数字经济核心产业实现营业收入1939.68亿元，增速22.8%，

---

① 自贸区昆明片区跨境金融业态不断丰富[EB/OL]，[2021-12-17]. https://jkq.km.gov.cn/c/2021-12-17/5647877.shtml.

② 深耕金融创新云南自贸试验区红河片区亮点频出[EB/OL]，[2022-08-24]. http://yn.news.cn/topic/2022-08/24/c_1310655402.htm.

云南省信息产业主营业务收入突破 2080 亿元，2017—2021 年年均增速达 20%，一批龙头企业落地云南，昆明、玉溪、红河等信息产业核心聚集区快速发展，智能产品实现云南造。“一部手机游云南”成为全国旅游业转型和智慧旅游标杆，“一部手机办事通”持续打造政务服务新环境，党建、医保、市场监管等数字化管理水平不断提升，智慧边防建设走在全国前列；云南省义务教育阶段 1.68 万所学校实现光纤网络全覆盖，5G + 急诊救治、远程诊断、远程治疗等方向的 28 个项目入选国家医疗健康试点项目。①

云南自贸试验区积极推进面向南亚东南亚辐射中心数字枢纽建设，探索区块链技术在数字关境中的应用，探索数字贸易海关特殊监管试验，推动数字贸易监管制度创新。2022 年 10 月，云南省印发《关于加快全省制造业数字化改造 推动数字化转型发展的实施意见》，提出培育企业数字化转型能力、筑牢数字化转型新基础、加速生产制造关键环节数字化、加快重点行业数字化转型、推进大中小企业数字化融通、推进产业园区数字化转型、推动产业链供应链数字化升级、推动工业大数据创新发展、培育新产品新模式新业态、夯实数字技术和产业基础、完善数字化转型服务体系、提升企业安全保障能力等 12 个方面的重点工作。

云南自贸试验区加快建设“数字经济、数字政府、数字社会、数字城市”，建立“数字云南自贸试验区”全景地图以及产业热力地图。建立健全跨区域资源基础设施网络共享机制，鼓励第三方公平使用。建立国际互联网数据专用通道，扩容国际通信出口宽带。云南自贸试验区陆续建成 13 条与老挝、缅甸连通的跨境陆地光缆，建设完成昆明国际互联网数据专用通道。②

云南自贸试验区不断加强数字产业的国际交流与合作，建设面向南亚东南亚的网络与信息安全产业集聚基地和人才培育基地；建设面向南亚东南亚的跨境技术转移交易平台，推动前沿产业集群急需的“卡脖子”技术、装备和材料等重点领域跨越发展；创建国家多语种软件及多语种人工智能产业示范园，发展软硬件研发制造、信息技术服务、文化内容服务等产业，壮大面向南亚东南亚的多语种软件及多语种人工智能产业。

2019 年 8 月，云南自贸试验区昆明片区（昆明经开区）管委会与华为技术有限公司签订合作框架协议，共同投入资金、技术、资源和人才，打造集技术赋能、技术创新、人才培养、生态聚集和品牌建设五大功能于一体的数字经济创新中心。

---

① 段晓瑞，王思佳．我省数字经济发展进入快车道[N]．云南日报，2022－08－27(003).

② “十四五”云南省信息通信行业发展规划[EB/OL]，[2021－12－31]．https://www.yn.gov.cn/ztgg/ynghgkzl/sjqtgh/zxgh/202203/t20220320_239180.html.

2022年5月18日，数字经济创新中心揭牌，成为华为技术有限公司在全国自贸试验区中建立的首个数字经济创新中心，也是自贸试验区昆明片区（昆明经开区）打造工业4.0智能制造标杆和示范区、促进产业数字化转型升级的主要载体。

（二）旅游业高速发展

云南自贸试验区支持引进国内外高端医疗资源，建设区域性国际诊疗保健合作中心；建立孟中印缅经济走廊旅游合作机制，支持打通连接多国的边境旅游环线，推出自驾游等跨境旅游产品，鼓励设立边境旅游试验区和跨境旅游合作区；开辟境外人员入境就医紧急救助绿色通道，建设区域性国际诊疗保健合作中心；建设药物研发公共服务平台，引进高端技术人员团队开展检验检测、制剂生产服务，面向南亚东南亚国家提供符合人用药品技术要求国际协调理事会（ICH）技术标准的研发服务；立项建设现代化中药创新研发平台，搭建现代化中药开发研究中心，建立现代中药安全性评价体系、云南道地药材品质评价体系，构建欧盟中药CACP、DAC、CEP认证注册体系和南亚东南亚中药注册体系；打造消费中心城市和沿边特色商圈，吸引国内外商旅人群消费。

昆明片区集成“四区”政策，为跨境旅游度假提供有力支撑。跨境康养医疗产业以昆明托管磨憨口岸为契机，积极学习对照“博鳌乐城国际医疗旅游先行区”，打造面向全国、辐射南亚东南亚的区域性国际康养旅游产业高地。昆明片区加强对行业人才的培训工作，提高康养旅游服务质量，打造国际化、高端化、特色化、智慧化康体休闲体验园、健康旅游示范基地和养老养生示范基地等高质量康养旅游项目，提升产业竞争力。昆明片区（官渡区）积极支持跨境旅游发展，对年营业收入在800万美元以上外联创汇并按国家规定结汇的旅行社，一次性给予50万元补助；当年营业收入在2000万美元以上，按其当年形成地方可用财力的0.5%给予最高不超过100万元的一次性补助。①

红河片区努力提升跨境旅游开放和便利化水平。允许设立外商独资旅行社，支持片区内符合条件的中外合资旅行社从事台湾地区以外的出境旅游业务。支持国际大型旅游开发和运营主体以独资、联合经营、设立分支机构、并购重组等方式落户片区。在片区增设免税店，允许开设网上销售窗口，采取“店内购物提货一体化”的海关监管模式，旅游购物可“即购即提”。加快建设新型免税购物区，打造越南进口免税商品的综合性展销中心。鼓励在旅游景区、购物商场、土特产商店、宾馆

① 中国(云南)自由贸易试验区昆明片区(官渡区)促进经济高质量发展若干政策措施[EB/OL],[2022-04-14]. https://www.km.gov.cn/c/2022-04-14/4358314.shtml.

酒店、商务会展现场等服务网点开设特产专项物品寄递服务。给予口岸签发外国人个人旅游、探亲、访友签证的签证权，对第三国入境人员实施144小时免签，将自驾车跨境旅游政策纳入与周边国家的双边或多边旅游合作协议，推动跨境车辆牌证互认、车辆救援、健全保险等交通便利化，简化自驾车办证手续，方便自驾车出入境。推动建设中国河口—越南老街跨境旅游合作区和河口边境旅游试验区，探索中越双方在旅游规划统筹、旅游标准制定、旅游项目建设、旅游联合执法等方面建立合作新机制。

德宏片区瞄准具备文化旅游项目开发经验的旅游行业龙头企业，重点开展高星级酒店、半山酒店、精品旅游饭店、户外旅游营地、康养度假旅游、研学旅游基地、3A级以上景区、旅游度假区、旅游名镇、民族文化体验、旅游名村建设等项目招商，推进“旅游+”，推动旅游资源整合、产业融合、区域合作，增加高品质供给，全力提升德宏旅游的吸引力。积极引进大健康产业新模式、新业态企业，推进大健康产业特色化、规模化、集群化、高端化和国际化发展，形成经济增长新引擎新动能，构建以中医药种植、中医药、生物医药、中药化妆品、特色保健品为支撑的大健康医药产业，以医疗服务、健康管理、养身旅游服务、养老服务为支撑的健康养老服务产业。

（三）全力打造能源支柱产业

能源是发展的关键性要素，能源产业是云南第一支柱产业，是保障其他经济产业可持续发展的基础性产业。2018年，云南省能源工业增加值首次突破1000亿元大关；2019年达到1300亿元，较2012年几乎翻了一番，占云南地区生产总值的比重达5.6%，能源产业跃升为云南第一支柱产业；2021年，能源工业占云南地区生产总值的比重提升至6.2%，支柱地位持续巩固增强。

与此同时，云南加快推进国家清洁能源基地建设。云南水电装机由3499万千瓦提升至7820万千瓦，装机规模居全国第2，全国排前10位的水电站，云南有7座。金沙江、澜沧江两大水电基地基本建成，有效改善了电力供应结构，大幅提升了电力供应能力。云南全面提速新能源开发建设，风电、光伏发电装机规模由153万千瓦提升至1278万千瓦，增长7.35倍，未来3年还将新增5000万千瓦。截至2021年底，云南电力总装机达到1.06亿千瓦，其中，清洁能源装机超过9000万千瓦，是2012年的2.5倍，电力供给能力和质量不断提升，绿色能源优势不断扩大。

一批新能源电池产业链相关项目和企业快速在云南自贸试验区落地聚集，天安化工30万吨磷酸铁前驱体项目、云聚能20万吨磷酸铁前驱体项目、云南氟磷电子5000吨六氟磷酸锂项目、云南杉杉30万吨锂离子电池负极材料项目、云南友天50万吨磷酸铁锂项目等已经加入安宁新能源电池产业版图中。截至目前，在安宁已开工建设7个新能源电池项目，总投资达560亿元，达产后产值预计超过1638亿元。

云南自贸试验区还深入发展跨境能源合作。2013年，中缅天然气管道建成投产；2017年，中缅原油管道和中石油云南1300万吨/年炼油项目相继建成投产。中缅油气管道成为我国第四大能源战略通道，累计输送原油超过5000万吨、输送天然气超过350亿立方米，中石油云南炼油项目累计加工原油超过5000万吨、生产成品油超过4000万吨，昭通页岩气累计产气超过5亿立方米，云南“缺油少气”的历史彻底改变。云南油气管道总里程超过6000千米，原油、成品油、天然气三大管网格局初步形成。①

云南开具了全国首张基于区块链溯源的“绿色用电凭证”，累计溯源绿色电量1028亿千瓦·时，绿色电量折合节约标煤约3393万吨，折合减排二氧化碳9026万吨；签署中老115千伏双向电力贸易协议，实现中老丰枯期电力双向贸易。中缅230千伏电力联网加快推进。建立“互联网+”电力交易平台，打造电力零售交易淘电网，大幅降低跨境电力交易成本，昆明电力交易中心注册的跨境主体超过百家。②

（四）物流产业日趋完善

截至2022年第二季度，云南物流产业市场主体2.21万户。2021年，现代物流业总收入实现7083.10亿元，同比增长20.7%；2022年1—7月，现代物流业总收入3417.22亿元，同比增长10.3%。③

昆明片区联动官渡区、空港经济区和昆明综合保税区，协同驻地海关支持昆明铁路港枢纽站与磨憨站推动“监管互认、执法互助、信息互换”，进一步激活铁路枢纽优势，打造“仓仓联动、一体通关”高效通关新模式，打通我国内陆经昆明至老挝的西部陆海新通道，并串联起沿线区域，组成面向南亚东南亚、服务和融入新发展格局的“高铁阵列”。搭乘上这组“高铁”，享受着“一址多照”“一照多址”互通互认等一流跨境商事服务，各类市场主体将抢占更多先机、赢得更多主动、实现更大发展。2021年12月，中老昆万铁路全线通车运营；截至2022年9月1日，

---

① “云南这十年”系列新闻发布会·绿色能源专场发布会[EB/OL]，[2022-08-22]. https://www.yn.gov.cn/ynxwfbt/html/2022/zuixinfabu_0819/4893.html.

② 中国（云南）自由贸易试验区建设起步三年，硕果累累[EB/OL]，[2022-08-30]. http://www.customs.gov.cn/kunming_customs/611304/611305/4561413/index.html.

③ “云南这十年”系列新闻发布会·云南自贸试验区专场发布会[EB/OL]，[2022-08-29]. https://www.yn.gov.cn/ynxwfbt/html/twzb/949.html.

中老铁路累计发送旅客671万人次。其中，国内段587万人次，老挝段84万人次。累计运输货物717万吨，其中跨境货物128万吨。目前，中老铁路国际货物列车从开通初期的每天1对增加至每天5~6对，货运量从开通初期单月24万吨增长至2022年8月单月117万吨，货运量稳步提升。国内已有21个省份先后开行了中老铁路跨境货物列车，货物运输已覆盖老挝、泰国、缅甸、马来西亚、柬埔寨、新加坡等国家和地区，运输货物品名从开通初期的100余种，增加到1200余种。①

红河片区推进国际物流大通道建设。加快建设中越国际物流大通道，实施河口北—山腰国际联运功能提升改造工程，构建内连滇中、两广、大西南，外接越南老街延伸至河内、海防的综合交通体系。依托中越国际物流大通道，试点跨境物流公路直达运输，允许试点企业在周边国家运营（或参与运营）的货运车辆进入片区停靠和装卸货。完善多式联运运输组织一体化解决方案，加快多式联运货运枢纽、多式联运海关监管建设，培育以公路为主导的多式联运经营主体，探索实行“一票到底”的联运服务。加快开展河口跨境快件监管中心建设，促进与南亚东南亚地区乃至全球跨境电子商务的发展。推进道路货运无车承运人试点，提高运输组织化、规模化水平，赋予符合条件的无车承运企业运输经营资质，按照交通运输服务征缴增值税。推动物流行业“云服务”公共信息平台建设，整合现有货运交易平台、城市配送信息平台、电子商务平台等物流信息资源，建立各种应用服务平台互联互通机制，实现数据资源的相互共享与综合利用，构建面向南亚东南亚的物流大数据平台。

德宏片区正全力补齐交通基础设施短板，加强立体化交通网络建设，改善运输结构，对现有道路升级改造，提升中缅国际通道境内段的运输能力与运输服务水平，加快中缅国际公路、铁路、航空、陆水联运、现代信息、国际能源通道建设。以中缅跨境物流为基础，德宏将建设一批重要边境国际物流节点和配送中心，吸纳我国沿海—印度洋国际物流产业聚集，把德宏打造成全国沿边最大物流换装基地。德宏片区还积极打造现代物流产业，大力发展多式联运、国际物流、保税物流、第三方物流、快递物流、冷链物流和农产品物流等。同时，完善城乡物流配送体系，优化城市物流配送，健全乡村物流网络。

上述系列举措，有效承接了“一带一路”倡议、RCEP和新发展格局，促进国内、国际物流便捷化，为云南自贸试验区打造跨境物流中心奠定了坚实基础。

（五）跨境人民币业务发展迅速

云南自贸试验区积极推进跨境人民币业务，推进人民币国际化进程，各金融机

① 林子涵．中老铁路打通一条开放合作“黄金路”[N]．人民日报(海外版)，2022-08-16(010)．

构积极发挥自身优势，在跨境人民币结算、边民互市结算、跨境人民币现钞调运等方面推出了各具特色的产品和服务。截至2021年10月末，云南跨境人民币结算累计6462.34亿元。2021年1—10月，云南自贸试验区内银行发生跨境人民币结算共168.1亿元，占全省结算总量的29.14%，助力自贸试验区发挥龙头开放作用。跨境人民币继续保持云南省第二大跨境交易结算货币和第一大对东盟结算货币地位。①

昆明全市共有23家银行的300余个机构开展了跨境人民币结算业务，参与跨境人民币结算的市场主体达1500余家；与60多个国家开展跨境人民币结算业务，其中“一带一路”国家21个，泰铢、越南盾、老挝基普、缅币4个小币种已在区域银行间柜台挂牌交易，实现周边国家全覆盖。②

红河片区实现落地RCEP首笔跨境人民币结算业务、首笔远期购汇原价展期业务。挂牌成立3年来，红河片区以制度创新大抓招商引资工作，推动项目落地见效。2022年1—6月，红河片区新设企业133户，新增外商投资企业2户，实际利用外资35万美元，完成进出口总额19.4亿元。③

德宏片区开创跨境金融“小同城”模式，设立我国对缅首个非现金跨境结算服务点，边民互市贸易结算平台成功上线运行，率先开通缅币挂牌与即期现汇交易业务，融资租赁业务实现零的突破，跨境贸易人民币结算量持续保持云南省前列。创新发布中缅货币兑换“瑞丽指数”，设立我国对缅首个非现金跨境结算服务点，率先开通缅币挂牌与即期现汇交易业务。德宏片区跨境人民币结算量10年累计达1205.9亿元。④

（六）国际科技合作不断加强

云南自贸试验区支持各类创新主体与“一带一路”沿线国家合作，对国际联合创新平台项目予以立项，支持100万~300万元，建设国际联合创新平台19个，新建海外科技示范园/基地8个，在生态环保、现代农业和绿色能源等领域实施国际科技合作项目148项；对跨境产学研合作项目予以立项，支持新建国际技术转移中心5个，建立专业科技成果孵化转化特色平台15个。截至2022年7月，向南亚东南亚国家实现技术转移超过200项，培养国际职业技术转移经理人400余名。

---

① 云南自贸试验区金融改革创新亮点纷呈[EB/OL],[2021-10-14]. http://yn.news.cn/hot/2021-10/14/c_1310244679.htm.

② 倪瑗．昆明将着力打造金融“五大高地”[N]．昆明日报,2021-09-24(001).

③ 刘宇丹,何容．自贸试验区红河片区引进7个项目协议总投资17.15亿元[N]．云南日报,2022-08-18(005).

④ 德宏:位居全省前列！跨境人民币结算量10年累计达1205.9亿元[EB/OL],[2022-08-03]. https://yn.chinadaily.com.cn/a/202208/03/WS62ea2676a3101c3ee7ae228e.html.

昆明片区与俄罗斯、印度、缅甸、泰国、越南、老挝、柬埔寨、马来西亚等国家的企业（机构）建立畅通的国际科技合作交流机制，金砖国家技术转移中心、中国南亚技术转移中心、中国东盟创新中心“三驾马车”齐头并进的国际科技合作平台融合发展局面逐渐形成。昆明万象（老挝）科技创新中心、昆明暹粒（柬埔寨）科技创新中心、昆明海阳（越南）科技创新中心、昆明曼德勒（缅甸）科技创新中心等国际城市间科技创新中心建设成效初显，中国昆明南亚东南亚科技服务业合作中心、面向南亚东南亚知识产权服务中心等国际科技服务平台建设迈出坚实步伐。光伏发电技术、畜牧技术、种植养殖技术、检测检验技术、农产品深加工技术、灾害防治技术等一批先进科技成果走向南亚东南亚国家。

红河片区加强国际科技合作与成果转移。按照市场化方式，加强与国家科技成果转化引导基金、战略性新兴产业创业投资引导基金、国家中小企业发展基金的对接，设立专业化创业投资子基金，促进科技成果转移转化，加速科技型企业成长。加快促进跨境研发活动便利化。对于加工贸易项下的进口料件和进口商品，推动实行进口检验检疫免检和在进口环节免去检验检疫强制提供3C认证的要求，加快通关速度。建立合理的科研激励制度。实施和深化科技成果处置权和收益权改革、科研项目经费管理、研发经费加计扣除、职工教育经费税前扣除、股权激励个人所得税递延等相关政策。落实跨境应税服务免征增值税，以及技术贸易、影视服务、离岸服务外包等出口服务适用增值税零税率政策。

德宏片区每年安排科技经费1400余万元、科技交流经费400万元。建设德宏泛亚国际众创空间，通过科技部国家级众创空间认定。取得科技部中美孵化器、中美科技转移基地资质。建立中缅科技合作交流办公室，与外交部、科技部联合举办孟中印缅现代畜牧科技合作论坛、第26届世界咖啡科学技术大会、德宏创新驱动国际合作论坛、中缅现代农业技术培训、中缅“互联网+培训”等国际科技活动。

四、云南自由贸易试验区贸易高质量发展

自2019年8月成立至2022年7月，云南自贸试验区新设企业5.6万户，占同期全省新设企业的11.98%；完成外贸进出口2791.36亿元（含边民互市），占同期全省外贸进出口的32.58%；实际使用外资5.87亿美元，占同期全省使用外资的28.71%。[①] 在此基础上，云南自贸试验区着力提升发展质量和效益，推进贸易高质

① 云南自贸试验区跑出发展“加速度”[EB/OL]，[2022-09-01]. http://yn.people.com.cn/n2/2022/0901/c378439-40105607.html.

量发展，培育贸易竞争新优势。

（一）贸易自由化

在提升贸易便利化水平上，云南自贸试验区明确开展进口贸易创新、释放新型贸易方式潜力等举措，以“三智”理念为引领，制定出台智慧口岸建设总体方案，加快口岸功能、口岸城市、口岸经济“三位一体”融合发展，并率先在德宏片区创新实施“一口岸多通道”管理模式，拓展和丰富口岸功能。同时，云南自贸试验区建立提前申报、集中申报、快速通关等便利化通关模式，简化通关手续。2021 年云南省口岸进口、出口整体通关时间分别为 7.93 小时、0.15 小时，不到全国平均通关时长的 1/4、1/10，分别列各省（区、市）第 3 位、第 2 位。①

云南自贸试验区创新实施“互联网 + 边民互市贸易”监管模式，上线“边互通”手机 App，2020 年 4 月至 2022 年 7 月，线上结算 29.83 万笔业务，总金额 23.23 亿元。加快口岸指定监管场地建设，创新“出境低风险竹木草制品检疫监管”模式，施行符合条件的农产品、水产品快速检验检疫模式，试行动植物及其产品检疫审批负面清单制度，审批时间缩短至 3 个工作日。针对疫情期间的跨境物流特点，推出分段运输、非接触式货运交接模式等海关监管方式，全力做好“保货畅通”，河口公路口岸 2021 年进出口货运量实现疫情下同比增长 11.2%。

云南自贸试验区着力提升货物通关效率。磨憨铁路口岸采取一体化通关、运抵直通、提前申报、两步申报、转关等多种货物通关便利化举措，提升货物通关效率，整体通关时间已缩短至目前的 4 ~ 5 小时，中老国际货运列车开行频次实现平均每天 6 列稳定运行；不断提升物流服务能力。加快推进中老铁路沿线智慧物流综合信息平台建设；开展中老铁路多式联运“一单制”和单证物权凭证功能改革试点，实现“一次委托、一次付费、一单到底”的全程管控服务，并以铁路跨境物流融资模式创新，降低物流成本，促进跨境物流便捷化、集成化、标准化、规模化及服务多元化。

（二）贸易转型升级

云南自贸试验区积极推进外贸转型升级基地提档升级，增强出口导向型产业竞争能力，构筑开放型现代产业体系。自贸试验区不断落实东西部合作机制，承接东部产业转移，推动云南自贸试验区与经开区、综保区、边（跨）合区等开放型平台联动发展，促进要素合理配置，引导绿色能源、绿色先进制造业、数字经济等产业

① 云南:实现沿边跨境有机集成[EB/OL]. 瞭望,[2022 - 11 - 01]. http://lw.news.cn/2022 - 11/01/c_1310672159.htm.

集聚集约发展，充分利用 RCEP，推进与境外园区跨境产能合作。

云南自贸试验区数字经济、跨境电商、生物医药等新业态加速聚集，开通海关“9610”和“1210”特殊监管查验线，O2O 新零售保税展示交易中心正式运行。当前，昆明、红河、德宏获国务院批准设立跨境电商综合试验区；完成德宏、红河片区边境仓改革任务创新，搭建中缅、中越跨境电商优进优出的载体平台；创新跨境电商监管和服务方式，开通国际邮件、商业快件、跨境电商“三场合一”“同场作业”新模式。2019—2021 年，云南省跨境电商进出口额同比增速分别为 1213%、217%、317%，2022 年 1—7 月同比增长 238%。

昆明片区内跨境电商企业于 2021 年 7 月 31 日完成了首票 9710 出口业务试单，截至 2021 年 11 月 8 日，昆明片区跨境电商 9710 业务已完成 51 票业务试单，货值 1427.50 万元。2021 年 11 月 8 日，昆明片区 9810 出口业务也成功试单，标志着片区跨境电商 4 种业务监管模式（9610、1210、9710、9810）均可开展。①

云南自贸试验区积极建设现代种业基地和国家级种质资源引进中转基地，培育大型跨国农业企业，增强云南重要农产品种质资源竞争力，推动云花、云茶、云菜、云药、云咖、云菌、云果等特色产品“云品出滇”。红河片区加强农业国际交流合作，鼓励企业与越南等周边国家共同开展水稻、橡胶、香蕉、木薯等特色作物的种质创制与新品种的选育推广，取消蔬菜新品种选育和种子生产外资股比限制。推进与周边国家农业政策对接和标准互认，鼓励企业在境外建设粮食、天然橡胶、咖啡、甘蔗等资源型农产品生产基地，稳步解决跨境农业合作返销农产品检验检疫准入。对越南输入自贸试验区的农产品、水产品、海产品和花卉苗木等产品实行快速检验检疫模式。加强与周边国家农业技术交流、农业人才培训、动植物疫情监测防控等方面的多双边合作，鼓励企业在河口边境沿线与周边国家合作建设一批农作物优良品种试验站、示范基地和监测站。

德宏片区推进跨境电子商务产业发展，规划建设“瑞丽市跨境电商产业园”，建设进口商品落地加工基地、电子商务监管中心、中心仓、跨境商品展示中心、创业大楼以及办公场所。将原跨境电商海关监管场所重新规划升级为快件监管中心、跨境电子商务、国际邮件监管中心三个监管场所合并的“三场合一”监管作业场所。充分利用互联网优势及瑞丽跨境口岸政策、物流优势等便利条件，实现跨境贸易的便利化、规范化。

---

① 昆明综保区经开片区首单跨境电商 B2B 出口海外仓货物通关[EB/OL].[2021-11-10]. http://yn.news.cn/hot/2021-11/10/c_1310302387.htm.

（三）跨境经济合作区建设

中缅边境贸易中心项目于2015年提出，根据缅政府的详细项目计划，在建设木姐—瑞丽边贸合作区的过程中，将木姐—瑞丽设为核心区，把九谷—畹町—金三角—瑞丽设为出口生产加工和仓库区，把色兰—色林—弄岛—南坎作为进口加工和仓库区域。2020年初，中缅两国正式签署《关于加快推进协商瑞丽—木姐边境经济合作区框架协议的谅解备忘录》。规划内容包含产业规划和总体发展规划，对边合区的产业细分、空间落地、发展目标等进行深化，制定分期发展策略，同时关注同缅甸方面的协调对接。

2017年，中越双方签署《中国商务部与越南工贸部关于加快推进中越跨境经济合作区建设框架协议谈判进程的谅解备忘录》。中越跨境经济合作区的建设，是两国拓展经贸合作渠道、创新边境合作新模式、增进边民福祉的重要举措。双方重点推动经贸、产能与投资、基础设施、货币金融等领域合作，推进农业、水资源、环境、科技、交通运输等领域合作，扩大文化、媒体、卫生、民间等领域合作。加强对两国地方特别是边境省区开展友好交流和互利合作的指导和支持。

2015年8月，中老双方签署《中老经济合作区建设共同总体方案》，中国老挝磨憨—磨丁经济合作区成为继中哈霍尔果斯国际边境合作中心后第二个国家级跨境经济合作区。中老经济合作区规划中方区域面积为4.83平方千米，老方区域面积为16.4平方千米，合计21.23平方千米，有力推动了磨憨实现口岸功能、口岸经济、口岸城市建设相统一，推动了中老经济合作区发展升级。打造“两区一节点”——中老产业合作示范区、RCEP中老合作先行区、融入和促进“双循环”的重要节点，在做大物流、人流、资金流的进程中推动中老命运共同体建设。2021年，全区进出口贸易总量完成358.22万吨，同比下降15.64%；进出口贸易总额完成217.78亿元，同比增长16.84%。①

五、云南自由贸易试验区的辐射带动作用

云南自贸试验区全面落实中央关于加快沿边开放的要求，着力打造“一带一路”和长江经济带互联互通的重要通道，建设连接南亚东南亚大通道的重要节点，推动形成我国面向南亚东南亚辐射中心、开放前沿。

（一）国内区域合作

云南自贸试验区充分发挥区位优势，加快构建以云南为战略支点，面向南亚东

---

① 根据调研时地方政府提供的相关资料整理。

南亚和环印度洋地区，衔接长三角、京津冀、粤港澳大湾区、成渝地区的战略大通道，以大通道带动大物流、以大物流带动大贸易、以大贸易带动大产业，形成要素高效流动、高效聚合的强磁场。具体有以下措施：

积极参与西部陆海新通道“13＋1”合作、对接“两廊一圈”，构建“1 核、1 带、3 走廊、4 通道”的“1134”发展空间布局，全面推动面向南亚东南亚和环印度洋地区的辐射中心建设取得新突破。

“1 核”是指以昆明为中心，以滇中城市群为支撑的核心圈。重点发展跨境电商、加工贸易、市场采购、保税维修等贸易新业态新模式，布局高原特色农业、生物医药、先进制造、数字经济、新材料、光伏、烟草等产业。

“1 带”是指依托正在建设的沿边高速公路、沿边铁路，打造以沿边州（市）为重点，以口岸城市、物流枢纽及开放平台为支撑的沿边跨境产业合作带。培育边境贸易、加工贸易、边民互市、市场采购等贸易业态，布局跨境农业、跨境能源、跨境金融、跨境旅游、进口商品落地加工等特色产业。

“3 走廊”，一是中老泰马新走廊。利用好 RCEP，沿线布局食品加工、机械制造、跨境旅游等产业，巩固农产品、金属材料、工程机械、化肥等出口优势，扩大橡胶、粮食、水果等进口。二是中越走廊。沿线布局特色农业、绿色铝、电子信息等产业，扩大通信设备、水果蔬菜、电力、金属矿、五金建材等进出口贸易。三是中缅“X”形走廊。沿线布局纺织服装、石油化工、商贸物流等产业，促进发展轻纺、家电、日化等生活用品和金属材料、化肥等生产资料出口，巩固原油天然气、金属矿产品等资源进口。

“4 通道”，一是与中欧班列、陆海新通道实现互联互通。完善智慧口岸支撑体系，与周边国家创新开展“执法互助、监管互认、信息互换”等业务实践，以昆明为集结中心打造面向南亚东南亚铁路国际班列品牌；建立陕西、四川、重庆、云南、广西西部自贸联盟，更好服务西部大通道互联互通、物流贸易产业协作。二是连接京津冀通道。沿线布局高原特色产业、绿色能源和加工业、装备制造、商贸物流等产业。三是连接长三角通道。沿线布局新能源、新材料、硅化工、电子信息等产业。四是连接粤港澳大湾区通道。沿线布局绿色农业、生物医药、先进制造、有色金属及新材料产业。

（二）国际开放大通道

云南自贸试验区以建设面向南亚东南亚的互联互通枢纽和信息物流中心为目标，推进“互联网＋物流”融合发展，鼓励建设跨境物流公共信息平台。云南省持续加快基础设施建设，为云南自贸试验区成为国际开放大通道创造条件。在铁路方面，中老铁路建成通车；中越铁路境内段已建成并实现全线准轨电气化；中缅方向大理—临沧铁路建成通车，大理—瑞丽铁路加快建设，其中，大理—保山段建成通车，中缅新通道海公铁联运实现集装箱运输零的突破。在公路方面，中越、中老、中缅国际通道高速公路境内段全线贯通，境外段中老高速万象—万荣段已建成通车。在水运方面，澜沧江—湄公河国际航运稳步发展，实现了集装箱运输零的突破。在航空方面，基本实现南亚东南亚国家首都和重点旅游城市全覆盖，与南亚东南亚通航城市数量居全国第 1。在能源方面，中缅油气管道全线贯通运行，成为我国第 4 大能源通道；建成 13 条跨境电力联网通道，实现与越南、老挝、缅甸局部电力联网。在通信方面，中老、中缅实现网络设施互联互通，国际通信服务覆盖越南、老挝、缅甸、泰国等 8 个周边国家。

云南省不断加强与周边国家战略对接，提高云南自贸试验区的国际影响力与地位。澜湄合作和大湄公河次区域合作全面深化，滇老、滇泰、滇马（马尔代夫）等双边合作持续深化，双边合作机制实现湄公河国家全覆盖，国际友城关系增至 103 对，遍布五大洲 36 个国家，与南亚东南亚国家缔结国际友城数量居全国首位。依托与 9 个国家搭建的 12 个多双边合作机制以及中国—南亚博览会、商洽会、湄公学院理事会、澜湄合作周系列活动、中越扶贫经验座谈会等，打造与南亚东南亚国家全方位合作新格局。建立云南省与越南老街、河江、莱州、奠边省省委书记年度会晤机制并成功召开 2 次会议。孟中印缅地区合作论坛机制内涵不断丰富，孟中印缅经济走廊由概念变为现实。邀请越南北部 6 省市外事厅开展对口交流活动，就加强友好合作、边界管理、发挥双边机制平台作用等达成共识。

昆明片区与红河片区、德宏片区、磨憨—磨丁口岸及空港经济区强化联动，打造港口、综保区、口岸“三位一体”的对外开放新平台。鼓励冷链仓库等基础设施建设，打造通往南亚东南亚快速冷链通道。依托泛亚铁路等项目和国际陆路通道，构建面向南亚东南亚的海陆空物流轮转集散中心，形成海陆空“立体式”物流服务格局。加快推进以“省会 + 口岸”为核心的昆明—西双版纳州磨憨镇托管共建模式，抢抓中老铁路开通运营重大历史机遇，推进面向南亚东南亚国家的国际多式联运试点建设，推进国际道路运输便利化进程。

红河片区建立了大宗产品战略资源储备基地。研究粮食、肉类、天然橡胶等资源性产品储备制度改革，探索依托现有交易场所开展有色金属、咖啡、水果、橡胶等优势产品交易，设立农产品、有色金属拍卖中心和大宗期货交割中心。

云南自贸试验区正努力建成国内大市场与南亚东南亚及环印度洋地区国际市场之间战略纽带的先行示范区，努力建成我国面向南亚东南亚和环印度洋地区国际市场之间沿边开放的重要前沿，推动形成云南高质量跨越式发展的特殊经济功能区和核心增长极。

（三）跨境物流中心

云南自贸试验区依靠区位优势大量开展区域跨境物流中心建设，构建物流大动脉。重点建设5个国家物流枢纽、10个省级物流枢纽，遴选创建10个省级示范物流园区，打造物流枢纽经济门户区；支持省内企业到南亚东南亚和环印度洋地区主要节点城市设立物流公司，完善境外物流服务网络；加快冷链物流、智慧物流、航空物流、城乡物流等专业化发展，推动县、乡、村三级物流网络实现全覆盖。

云南公路、铁路、航空和水运网络日趋完善，初步形成通往东南亚、南亚、东亚国家的3条便捷的国际大通道。一是西路通道，沿滇缅（昆畹）公路、中印（史迪威）公路和昆明至大理的铁路西进，有多个出境口岸，可分别到达缅甸密支那、八莫、腊戍等地，并直达仰光；还可经密支那到印度雷多，与印度铁路网连接后通往孟加拉国的达卡、吉大港和印度的加尔各答港。二是中路通道，由澜沧江—湄公河航运、昆明至打洛公路、昆明至曼谷公路和西双版纳机场构成，通往缅甸、老挝、泰国并延伸至马来西亚和新加坡。2008年3月21日，昆明至曼谷国际大通道中国路段全线贯通；2021年12月2日，泛亚铁路中线中老铁路（昆明至万象）建成通车，从昆明至景洪仅需3小时左右，至老挝万象10小时左右。从昆明通往老挝、越南和缅甸的高速公路境内段已全线贯通，境外段中老高速万荣至万象段已建成通车。三是东路通道，以现有滇越铁路、昆河公路及待开发的红河水运为基础，通往越南河内、海防及其南部各地。2009年11月1日，中越双方联合设计建造的中越红河公路大桥正式通车，该桥与新河高速、蒙新高速相连接。红河公路大桥与中越铁路大桥、南溪河公路大桥一起构成连接中越两国交通网络的重要枢纽。泛亚铁路东线中越通道境内段全线建成通车，境外段实现米轨直通、准米轨换装联运。2013年5月30日，中国第四条能源进口战略通道中（滇）缅油气管道全线贯通，包括原油管道和天然气管道，使海上进口原油和缅甸天然气资源原油运输绕过马六甲海峡，从西南地区输送到国内。同年9月30日，中（滇）缅油气管道开始输送天然气。全省运营民航机场15个，始发航线近500条，开通南亚东南亚通航点数量居全国第1，实现南亚东南亚国家首都和重点旅游城市全覆盖；澜沧江—湄公河国际航运货运潜力持续释放。

云南自贸试验区推动在昆明、磨憨口岸新设6条“一带一路”专用通道，新增磨憨铁路、河口公路、河口铁路、天保公路4个口岸为泰国过境第三国进出口水果口岸。2019年8月—2022年8月，对越南增加山竹、榴莲、凉粉草的进口，对缅甸增加香蕉、玉米、蚕茧、青贮玉米的进口，对老挝增加百香果、柑橘属水果、西瓜、甘薯进口，9 种植物源性中药材、13 种植物源性食品获得检疫准入。

云南省大力推进国际航空枢纽建设。昆明长水国际机场是我国辐射南亚东南亚通航点最多的机场，2022 年成功获批第五航权 7 条航线，并开展国际航线货邮空空中转、空地中转业务。2021 年，昆明机场国际货邮吞吐量 6 万吨，同比增长 154%；2022 年 1—7 月，国际货邮吞吐量 5. 7 万吨，同比增长 125%。①

六、云南自由贸易试验区的机遇与挑战

云南自由贸易试验区的设立源于国家发展战略以及云南沿边区位条件，得天独厚的地理优势使其在新时代获得了发展的新机遇。但也要看到，云南自身发展基础与“开放前沿”的战略要求还存在差距。

(一) 云南自由贸易试验区的发展机遇

1. 疫情防控进入新阶段

随着疫情防控进入新阶段，新冠病毒感染正式实施“乙类乙管”，边境口岸逐步开放，运输成本下降，货物流动通畅，边境城市的货物通关效率提高。跨境商业人员流动、跨境旅游也逐步回暖，自贸试验区建设初期的许多项目能够继续进行，企业复工复产，产能逐步恢复。在新阶段，跨境运输的常态化管理恢复，贸易便利化将取代公共卫生防疫，成为跨境货物贸易的主要驱动力，以市场竞争促进国际贸易网络提质增效将重新成为影响各国经济行为的主要方式。在此背景下，云南自贸试验区也将迎来发展机遇。

2. 区域经济一体化发展

随着“一带一路”建设的稳步推进、RCEP 的生效，货物贸易自由化、便利化，服务贸易和投资双向扩大开放以及优化营商环境给云南自贸试验区的发展带来了更多的机遇。在区域经济一体化发展的背景下，通过构建制度型开放平台，能够促进产业更充分参与国际国内市场竞争，加速区域内价值链形成与深化，在推动全要素生产率增长、促进产业结构转型升级和扩大就业方面发挥了重要作用。自贸试验区能够发挥自身沿边区位优势，抓紧政策机遇，成为区域经济一体化发展的前沿与枢纽。

---

① 中国(云南)自由贸易试验区建设起步三年,硕果累累[EB/OL],[2022 - 08 - 30]. http://www.customs.gov.cn/kunming_customs/611304/611305/4561413/index.html.

3. 东部地区产业转移机遇

随着中西部地区的进一步加快开放，基础设施条件日趋完善，承接东部产业转移的能力不断增强。东部地区的土地、劳动力、水、电等成本不断上升，亟须产业转型升级，西部地区面临着承接东部地区产业转移的战略机遇期。云南自贸试验区主动服务和融入“一带一路”建设、长江经济带发展、成渝地区双城经济圈建设，努力构建云南全方位开放新格局，联通中国与东南亚、南亚、东亚三大市场，与邻近国家建立互利共赢合作关系，更深程度地融入世界经济体系。

（二）云南自由贸易试验区面临的挑战

1. 国际政局不稳定

当前，世界正处于百年未有之大变局，国际贸易的发展面临着更大的调整。俄乌局势深刻地影响着国际贸易环境，粮食、能源、矿产等大宗商品领域的出口限制，导致全球出口额进一步下降，原材料价格上涨，国际供应链压力增大，人民币汇率压力上升。缅甸国内政权动荡也冲击着云南省的对外贸易。新冠疫情改变了国际贸易格局，供应链、市场都不同于以往。在疫情防控新阶段，部分国家仍然采取歧视性限制人员及货物流动的措施，阻碍国际贸易正常开展。

2. 基础设施建设不足

一方面，云贵高原地形高差大，地质条件复杂，云南交通条件先天不足；另一方面，尽管云南公路、铁路等交通基础设施建设近年来硕果累累，但仍然存在空白地带需要填补。从国内交通来看，各种道路里程较少，道路运力较低，物流成本较高；从国际交通来看，各类跨国道路建设相对独立分散，未形成互联互通的区域一体化交通格局，通关效率较弱，运力仍无法支撑庞大的贸易体量。此外，云南部分地区生态环境承载力较弱，传统的粗放式经济发展方式并不适用，若选择跨越经济发展阶段的发展方式，则对地区基础设施建设有着更高的要求。

3. 产业基础薄弱

相较于经济发达的东部沿海省份，云南设立自贸试验区时间较晚，用于支持自由贸易发展的产业基础薄弱，产业结构低端，缺少产业链关键环节的核心技术，在国际贸易中的地位较低、话语权较小。云南工业化进程相对缓慢，第一产业和第二产业比重较高，第三产业比重较低，聚集性产业较少且制造业附加值低，上下游产业配套水平低，旅游、金融、物流等现代服务业发展不充分、竞争力较弱，因此面临着来自国内其他省份的竞争压力。省内产业发展也不平衡，红河片区和德宏片区的产业实力远不及昆明片区。

4. 金融业发展不成熟

当前，我国总体金融市场开放仍然面临着较大的改革压力，金融服务业开放、资本账户开放仍有较大提升空间。而云南更是金融机构数量少、网点少，民间资本也不够活跃。云南的金融机构以国有控股金融机构为主，长期以来处于垄断地位，缺乏有效竞争，股份制、地方性、集体性等金融机构所占比重不大，资产货币化、证券化程度低，产权市场发展缓慢。金融业发展的不成熟，一定程度上拉低了市场的资源配置效率，企业投融资、跨境结算等业务限制较多，降低了其推动实体经济发展的能力。

5. 管理协调性有待提高

云南自贸试验区设立采取总体方案的模式，缺乏一套完善的法律法规体系，总体方案中的事项缺少明确的实施细则，增加了政策不确定性。① 在自贸试验区建设过程中，由于政府职能分工不明确，多部门监管、多重要求等低效率现象频繁出现，各部门之间无法做到高效协调和统筹规划。此外，还存在政策透明度低的问题。各口岸政策不统一，总体发展目标难以统一，各片区之间的功能定位难以实现。而地方政府部门以及海关、检验检疫等业务管理部门的运行也相对独立，信息共享不足，无法形成跨部门协同办理，导致产业政务管理和服务效率较低。

七、云南自由贸易试验区高质量发展的思考与建议

随着“一带一路”倡议不断推进以及 RCEP 的生效，云南自贸试验区的战略地位越来越重要。疫情防控进入新阶段，云南自贸试验区的发展也走向新的篇章。面对自贸试验区建设存在的制约因素，结合自贸试验区实际情况，提出如下发展思考和建议。

（一）做好新阶段疫情防控工作

随着新冠病毒感染正式实施“乙类乙管”，疫情防控工作重心从“防感染”转到“保健康、防重症”，从风险地区和人员管控转到健康服务与管理，要深入细致开展疫情监测预警，统筹好区内各类医疗机构和疾控中心力量，同步加强监测能力建设，与应急指挥体系保持快速响应联动。要全面强化重点环节防控，继续加强重

① 李鹏飞，黄丽君．“自贸试验区”建设背景下加快云南沿边开放的对策建议［J］．中共云南省委党校学报，2021，22（2）：131－137.

点人群和重点机构防护管理，落实独居老人每日联系制度。要着力加强医疗机构能力建设，持续优化全区医疗资源布局，持续完善分级分类诊疗体系，做好队伍和资源储备，更好提升救治能力和平战转换能力。要稳妥有序做好收尾保障工作，确保各类场所功能尽早归位。在新阶段，持续优化和恢复跨境人员及货物往来，保障贸易畅通，推进贸易发展。

（二）加速跨境电商发展

加强跨境电商的自主品牌建设，出台优惠政策，支持自贸试验区电商企业打造国际化知名品牌，提高跨境电商准入门槛并加强监管，要降低跨境电商物流费用。支持企业建立海外仓，以应对疫情造成的不确定性，提升跨境订单物流时效，提高出口产品售后保障能力，促进供应链高效衔接，降低跨境电商的运营成本。加强语言、国际商务、电子信息等跨境电商人才培养与引入，为跨境电商发展提供持续动力。结合跨境电商发展的实际情况，进一步加快地方性跨境电商法规的制定，从而更好地加强法律监管，让法律法规落地执行，清除失信的跨境电商。积极参与国际合作与对话，积极参与国际贸易新规则的制定，全面提升中国在国际交易上的地位。

（三）做好承接制造业转移工作

东部地区的制造业转移是云南自贸试验区发展的一次机遇，云南自贸试验区需结合自身自然环境、经济发展、历史条件，在平衡好经济发展和生态保护之间的关系的同时，积极推动承接制造业转移的工作。引进优质资本和先进技术，加快企业兼并重组，适应新型工业化和居民消费结构升级的新形势。加强规划统筹，优化产业布局，引导转移产业向园区集中，促进产业园区规范化、集约化、特色化发展，增强重点地区产业集聚能力。加强国内国际的科学技术交流与合作，提升地方技术实力与创新能力，促进地区产业结构升级。同时，立足新发展格局，抓住“一带一路”倡议与 RCEP 带来的发展机遇，大力推进国内经济往来与国际贸易发展，实现经济规模增长和产业升级相互促进。

（四）深化金融领域开放

自贸试验区建设要求不断加快金融领域开放和改革的步伐。通过搭建融资平台与合作架构，组建功能完善、发展全面的多元化金融组织体系。有效增加沿边区域金融资源供给，加快沿边金融业务的创新，促进金融资源区域均衡协调分布。进一步完善境内外银行金融机构用于跨境人民币清算结算时的交易渠道，大力推广人民币跨境支付的使用。对边境地区边民互市的人民币结算进行规范化管理，区域性的银行总行可以利用自身优势创新人民币融资产品，境内外的金融机构还可以尝试创新跨境民生金融服务，鼓励周边国家银行来云南设立分支机构，吸引南亚东南亚地区中央银行和国际金融组织在云南设立代表处。

（五）推进政府职能转变

自贸试验区建设需要进一步厘清、规范和创新政府作为，形成高效、透明、法治的行政管理体制，建立起服务型政府管理模式。推动依法公开权力运行流程，建立起事中事后的监管模式，建立社会信用体系，打造一个公平竞争的市场环境。要尊重自贸试验区发展规律，通过创新宏观调控方式，提高政府的行政能力。尊重市场运行规律，发挥市场在资源配置中的决定性作用，理顺政府与市场的关系，加快推进要素市场化改革，大力发展民营经济，构建系统完善、科学规范、运行有效的制度体制。提供优质的公共服务，做好制度创新，加大义务教育、基础科研、社会保障、公共安全等优质公共产品的投入，强化服务意识，树立先进的服务理念。

第四章　黑龙江自由贸易试验区发展情况

中国（黑龙江）自由贸易试验区于2019年挂牌成立，作为中国“最北自贸区”和向北开放重要窗口，在成立之初便承担起建设全面深化改革开放试验田的重要使命。自成立以来，黑龙江自贸试验区以制度创新为核心，融入和服务新发展格局，体制机制不断健全、创新意识显著增强、营商环境持续优化、项目主体加速落地，进入提速发展、全面开花的新发展阶段。截至2022年6月底，黑龙江自贸试验区外贸额达690.84亿元。三大片区不断发挥各自优势特色，释放出巨大的“磁场效应”，逐渐成为辐射带动区域经济发展的新引擎。未来，黑龙江自贸试验区将立足对俄和沿边开放合作的战略定位及独特优势，实施“黑龙江自贸试验区2.0版行动计划”，加快高水平对外开放，以更大力度谋划和推进自贸试验区高质量发展，更好发挥黑龙江省改革开放“排头兵”的示范引领作用。

一、黑龙江自由贸易试验区发展历程

黑龙江地处东北亚中心区域，现有25个国家一类口岸，是我国开展对俄合作最重要的沿边省份，是中国对东北亚地区和俄罗斯开放合作的桥头堡、枢纽站，是中蒙俄经济走廊的重要支点。黑龙江得天独厚的地理位置造就了其在中国对外开放格局中的重要地位，成为推进贸易自由化的优势区域。2019年8月2日，国务院正式批准设立黑龙江自由贸易试验区；2019年9月17日，黑龙江自由贸易试验区黑河片区挂牌成立，主要任务是打造国际一流营商环境、深化投资领域改革、推动贸易转型升级、深化金融领域开放创新、培育东北振兴发展新动能以及建设以对俄罗斯及东北亚为重点的开放合作高地。

（一）战略定位和发展目标

黑龙江自由贸易试验区的战略定位是以制度创新为核心，以可复制可推广为基本要求，全面落实中央关于推动东北全面振兴全方位振兴、建成向北开放重要窗口的要求，着力深化产业结构调整，打造对俄罗斯及东北亚区域合作的中心枢纽，推动形成沿边开放的制度创新高地。发展目标是经过3~5年改革探索，对标国际先进规则，形成更多有国际竞争力的制度创新成果，推动经济发展质量变革、效率变革、动力变革，努力建成营商环境优良、贸易投资便利、高端产业集聚、服务体系完善、监管安全高效的高标准高质量自由贸易园区。①

(二) 片区及发展规划

黑龙江自贸试验区的实施范围是119.85平方千米，涵盖3个片区：哈尔滨片区(79.86平方千米)、黑河片区(20平方千米)、绥芬河片区(19.99平方千米)(含绥芬河综合保税区1.8平方千米)。从各片区功能定位上，哈尔滨片区重点发展新一代信息技术、新材料、高端装备、生物医药等战略性新兴产业，科技、金融、文化旅游等现代服务业和寒地冰雪经济，建设对俄罗斯及东北亚全面合作的承载高地和联通国内、辐射欧亚的国家物流枢纽，打造东北全面振兴全方位振兴的增长极和示范区；黑河片区重点发展跨境能源资源综合加工利用、绿色食品、商贸物流、旅游、健康、沿边金融等产业，建设跨境产业集聚区和边境城市合作示范区，打造沿边口岸物流枢纽和中俄交流合作重要基地；绥芬河片区重点发展木材、粮食、清洁能源等进口加工业和商贸金融、现代物流等服务业，建设商品进出口储运加工集散中心和面向国际陆海通道的陆上边境口岸型国家物流枢纽，打造中俄战略合作及东北亚开放合作的重要平台。

1. 哈尔滨片区

2015年12月16日，国务院批复设立哈尔滨新区，规划面积493平方千米，是中国唯一以对俄合作为主题的国家级新区。② 2018年6月7日，哈尔滨新区管理委员会正式挂牌；2019年9月28日，中国(黑龙江)自由贸易试验区哈尔滨片区管理委员会挂牌，区域范围全部位于哈尔滨新区内。今后，哈尔滨政府还将长远规划，借鉴“三区一港”[哈尔滨片区(新区)、哈尔滨综合保税区、哈尔滨临空经济区、哈尔滨内陆港]联动发展经验，将哈尔滨全境打造成自贸区，建成东北亚地区全方位开放最高地。

尽管遭受新冠疫情公共卫生事件和俄乌冲突等政治事件的影响，2020年哈尔滨片区在食品、医药、装备制造等三大主导产业方面实现工业总产值359.1亿元，同

---

① 《国务院关于印发6个新设自由贸易试验区总体方案的通知》(国发〔2019〕16号)。

② 哈尔滨新区：新起点和新发展[EB/OL]，[2021-06-22]. https://baijiahao.baidu.com/s?id=1703223503467501309&wfr=spider&for=pc.

比增长 21.7%，占全部规模以上工业总产值的 88.7%；战略性新兴产业、高技术产业总产值分别增长 25.8% 和 14.3%，拉动规模以上工业总产值增长 7.6 个、2.9 个百分点。2021 年哈尔滨地区全年生产总值高达 5351.7 亿元，同比增长 5.5%。其中，第一产业增加值为 628.2 亿元，同比增长 6.6%；第二产业增加值为 1239.2 亿元，同比增长 3.2%；第三产业增加值为 3484.3 亿元，同比增长 6.1%。①

2. 黑河片区

黑河自贸试验区管委会由原边境经济合作区管委会过渡而来，实行“一套人马、两块牌子”。1992 年 3 月黑河被国务院批准为沿边首批开放城市，同年 9 月经国务院批准成立黑河（国家级）边境经济合作区，之后与黑河辖区内的其他经济园区整合成为黑河片区。其发展大致可以划分为四个阶段：

第一阶段，1992—2002 年，重点推进产城新区建设。完成批准开发的 7.63 平方千米区域“七通一平”城市基础设施建设，成为功能完善的东部新城区。

第二阶段，2002—2012 年，重点推进产业园区开发建设。依托对俄电力合作优势，2003 年启动建设全国唯一的俄电专属供电区五秀山俄电加工区，2006 年启动建设二公河进出口加工区、引进企业近 30 家。

第三阶段，2012—2019 年，全面推动对俄跨境合作升级，推动跨境通道、平台、产业链合作。

第四阶段，2019 年至今，逐步推进自贸试验区建设。

在对外贸易方面，黑河市进出口贸易逆差呈现递增的趋势，进出口贸易受突发事件影响显著。2016 年，黑河进出口贸易总额为 6.1 亿美元，其中进口、出口额基本持平；2020 年黑河对外贸易处于停滞状态，贸易总额同比下降 84.7%，其中进口总额占比 86.7%，出口总额仅占 13.3%。2016—2019 年，边境小额贸易增加 27.4 亿美元，对俄贸易增加近六成，2018 年贸易情况达到高峰。与黑河市总体贸易发展状况相比，黑河片区贸易发展突飞猛进。2019—2021 年进出口贸易额累计完成 181.6 亿元，以占黑河城区 56.4% 的面积，集聚了全市 90% 以上的生产企业，贡献了 95% 的贸易额。2020 年，黑河片区对外贸易进出口完成 41.96 亿元，同比增长 63.70%，在全省 3 个自贸片区中增幅居首，占全市进出口总额的 82.77%；2021 年 1—8 月，黑河片区对外贸易进出口完成 38.45 亿元，同比增长 110.6%，占全市进出口总额的 93%。②

① 根据调研时地方政府提供的相关资料整理。

② 数据来源于 2016—2021 年黑河市国民经济和社会发展统计公报。

3. 绥芬河片区

绥芬河与俄罗斯远东滨海边疆区接壤，距俄罗斯符拉迪沃斯托克（海参崴）190 千米，1992 年被国务院批准为全国首批沿边扩大开放城市，是中蒙俄经济走廊和俄远东大开发战略对接的重要节点。绥芬河片区的发展始于 20 世纪 90 年代末跨境经贸合作园区建设——中俄绥芬河—波格拉尼奇内沿边贸易综合体。该综合体位于绥芬河市与波格拉尼奇内区公路口岸附近边境线两侧，总面积为 4.53 平方千米，其中俄方面积为 3 平方千米、中方面积为 1.53 平方千米。2006 年，中俄双方启动“绥—波”跨境经济合作区建设，合作区中方规划面积 3.6 平方千米，俄方规划面积 2.33 平方千米，构建了国际商贸区、旅游休闲区、进出口加工区、对俄跨境电子商务服务区、保税物流园区、国际金融服务区等 6 大功能区。2019 年 8 月，国务院批复设立中国（黑龙江）自由贸易试验区，2019 年 9 月进入具体实施阶段，设立绥芬河片区，占地面积 7.3 平方千米，包括综合保税区、边合区龙江进出口加工园区、中俄边民互市贸易区 3 个区块。

作为经济口岸，对外贸易是绥芬河经济发展的重要支柱，近些年受新冠疫情和国际因素的影响，绥芬河的贸易总额波动起伏。2018 年，绥芬河市进出口总额为 144.51 亿元，同比下降 18.87%；2019 年，绥芬河市进出口总额为 161.29 亿元，同比增长 11.62%；2020 年，受疫情影响，绥芬河市进出口总额为 133.73 亿元，同比下降 17.1%；2021 年，绥芬河市进出口总额增加 30 亿元，同比增长 21.3%。与之相比，绥芬河片区 2019—2021 年，进出口贸易额累计实现 378.8 亿元，占绥芬河市进出口贸易总额的 82.67%、黑龙江自贸试验区的 53%。在新冠疫情以及俄乌局势变化的背景下，2022 年 1—7 月，绥芬河片区仍实现进出口贸易额 87.6 亿元，同比增长 17.7%。①

（三）建设成果

黑龙江自贸试验区哈尔滨片区获批以来，紧紧把握“制度创新”这条生命线，着力将“打造东北全面振兴全方位振兴的增长极和示范区”的使命任务转化为全面发展的生动实践。2019—2021 年，累计推出 131 项制度创新成果，36 项创新经验做法先后入选黑龙江自贸试验区省级创新案例并在全省范围内复制推广，4 项创新成果被《中国自由贸易试验区发展报告（2021）》刊发，5 大特色发展亮点逐步呈现，改革策源地和示范区作用进一步彰显。

截至 2021 年 5 月底，黑河片区共安排 21 个重点建设项目，预计总投资 69 亿

---

① 根据调研时地方政府提供的相关资料整理。

元，年度计划完成投资 10 亿元。其中列入省级百大项目 4 个，年度计划完成投资 3.6 亿元。① 黑河片区不断完善和提升园区基础设施配套建设，百大项目智慧工地逐步实施，为中小企业孵化基地一期工程和互市贸易产业园项目提供 5G 可视化云技术服务，已实现远端布控。互市贸易产业园区天然气工业蒸汽热源站等其他基础设施配套建设正在顺利推进，成为全市营商环境改善、机制体制创新、产业项目发育、对外开放升级的重要引领区域。

绥芬河片区自获批以来，充分发挥互市贸易产业、边境物流节点、中俄区域合作等特色优势，发挥全面深化改革、扩大对外开放的试验田作用。2020 年，绥芬河自贸片区制度创新成果不断显现，其中构建对俄合作平台领域 6 项、提升互市贸易水平领域 9 项、提升金融服务水平领域 4 项、优化政府行政效能领域 11 项。基于黑龙江自贸试验区总体方案对绥芬河片区“建设面向国际陆海通道的陆上边境口岸型国家物流枢纽”的发展定位，绥芬河片区推出 10 项新举措力促国际贸易通道畅通，包括构建中俄车辆联检快放新模式、创建多式联运跨境货物运输模式、创新中欧班列运输模式、大宗散货铁路运输先换装后报关、创新内贸货物跨境运输查验通关模式、疫情防控中陆路口岸通关闭环管理制度创新等。

二、黑龙江自由贸易试验区制度创新

黑龙江自贸试验区成立以来，立足对俄及东北亚和沿边开放合作的战略定位，在优化营商环境、投资准入自由化、贸易便利化、金融国际化、文旅合作多样化等方面不断创新，提出了 8 个方面 89 项措施，累计生成 200 余项制度创新成果，发布 5 批 120 个省级创新实践案例，国家前 6 批适合黑龙江承接的改革试点经验，复制推广率达到 93%。制定实施《中国（黑龙江）自由贸易试验区创新发展行动方案（2021—2023 年）》，加速释放发展动能，切实发挥“为国家试制度、为开放搭平台、为地方谋发展”的试验田作用。

（一）政务服务便利化

1. 推出企业“跨域”服务新模式，促进投资便利化

哈尔滨片区通过服务前移和在线协同办公，实现企业“跨域”登记注册服务新模式，打破空间障碍，率先实现企业跨境和异地登记注册“多点可办”。一是线上线下融合，提供登记注册“云在线”服务；二是境内境外联动，实行离岸外资企业

① 构建 6+N 跨境产业集群[EB/OL]，[2021-04-20]. https://m.gmw.cn/baijia/2021-04/20/1302242407.html.

跨境登记注册，如俄罗斯投资者仅需提供护照、确认设立公司的名称、主要经营范围和管理架构等电子材料即可进行登记注册；三是深哈异地协同，实行深圳内资企业异地登记注册，实现政务服务“多点可办”，异地协同提高便利度。“跨域”登记注册服务新模式的实施，打破了窗口限制，提升了开办企业的效率和服务水平以及外商投资的便利化，拓展了区域合作新模式。

黑河专设“黑河—俄罗斯—横琴—澳门”跨境双向专区，推出四地跨境审批联动办理，通过跨省资源整合，带动跨境资源传递、互交，为跨境企业提供精准服务。

绥芬河片区在自贸试验区政务服务大厅开设了对俄企业服务的专门窗口，为境内俄籍人员提供一站式政务服务。

2. 拓展外籍自然人参贸主体登记机制，促进互市贸易

为推进互市贸易，绥芬河片区出台了《外籍自然人在绥芬河互市贸易区内经营登记管理办法》，赋予外籍自然人主体地位，外籍自然人可以在不到场的情况下通过委托人进行申请设立、变更、注销登记，改善了过去外籍自然人只能通过成立外商投资企业的形式进入市场、个人交易结汇困难等问题，破解了外籍自然人无法入境开立账户的难题，扩大了贸易空间。目前已办理的外籍自然人经营登记证涵盖俄罗斯、蒙古国、哈萨克斯坦、吉尔吉斯斯坦等。

（二）边民互市贸易模式创新

黑河自贸片区应用数字化手段，在边民组织管理、外汇管理、税务办理、市场流通管理、落地加工生产等方面探索智能化、便利化监管服务模式，建立了全产业的创新体系：推出边民互市贸易创新发展措施，建立数字边民互市贸易管理体系，成立国有平台保障运营互市贸易交易中心、建立互市贸易商品全流程追溯认证体系（见图4－1），为边民创业提供清晰的事前指导，引导边民创业，拉动地方经济发展。

绥芬河片区创建互市贸易全流程监管模式，推行“以照为主、承诺代证”“宽进严管”的市场准入制，促进政府从事前审批向事后监管、全程服务转变，重点做到了“四个规范”，实现了“三闭环一放开”：规范交易流程，实现了“操作闭环”的流程创新；规范跨境付汇，实现了“交易闭环”的结算创新；规范出口统计，实现了“数据闭环”的统计创新；规范铁路互贸，实现了“公铁放开”的路径创新。

（三）打造一流营商环境

1. 创新跨境法律服务新模式，健全涉外法律服务体系

为保护和吸引更多企业投资，提升黑龙江自贸试验区的国际竞争力，哈尔滨仲

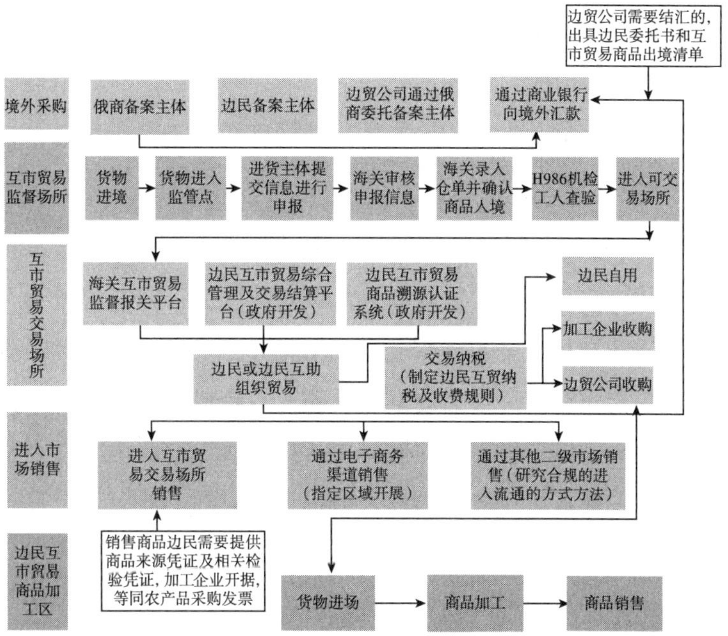

图 4－1　边民互市贸易业务流程

裁委员会整体迁入自贸片区，并在俄罗斯、哈萨克斯坦、美国、日本等国聘任海外法律专家，面向国内外各类市场主体提供精准仲裁服务。哈尔滨片区打造全流程智慧法院，推进一站式多纠纷和诉讼服务体系，建立多元化纠纷调解机制，安排专人负责网上立案及跨域立案工作，确保所有网上立案申请 7 日内审核完毕。黑河片区运用“互联网＋涉外法律服务”模式，建立中俄双方公证协会交流互助平台，开展法律跨境、跨界协作互助，创新跨境法律服务业务规则互认，实现了法律服务机构“走出去”，实现一网通办。绥芬河片区为应对涉外矛盾纠纷涉及利益主体增多、成因复杂等形势，组建了涉外人民调解委员会，成立了中俄商事调解中心，打造具有口岸特色的涉外调解纠纷模式。

2. 打造助企服务新体系，优化营商环境

黑河片区的政务服务中心将开办企业的所有流程都集中在一栋大楼中，设立“综合窗口”，推行 28 项商事制度改革举措，实行“线上＋线下”行政服务和监管模式，公开发布 1104 项政务服务事项清单，网上可办率达 90.1%，全面推行“网上办”“容缺受理”，落实“不见面”审批。行政审批局的服务指南中详细介绍了建设项目审批各个阶段的审批流程以及办理许可审批所需时间，企业基本上 3 小时就能通过所有流程，做到营业执照“立等可取”。另外，黑河片区还设立了全省首家自贸试验区专属电力机构，对标对表世界银行营商标准，对小微企业实施“三零”

服务，试行“两无一免”简化退税流程。

（四）金融服务创新

黑龙江自贸试验区成立以来，系统推进金融开放、人民币国际化，探索金融创新，促进跨境投融资便利化。

1. 境外机构境内外汇账户结汇业务，现钞跨境调运

哈尔滨银行作为东北地区首家获得外汇经营权的城市商业银行和全国银行间外汇市场人民币对卢布交易 4 家做市商之一，率先开办对俄同业人民币以及卢布现钞业务，并打通对俄卢布和人民币现钞空运、陆运等跨境调运通道，成为境内对俄现钞跨境调运规模最大且体系最完善的银行。其自主研发的跨境电商金融服务平台被国家发展改革委持续纳入“国家重大建设项目库”管理，列为“一带一路”重点建设项目。黑河片区 2021 年跨境人民币结算 22 亿元，居全省地级市首位。绥芬河片区金融机构依托广泛的对俄同业合作网络，发挥在国内国际“双循环”中的重要连接点、接合部作用，率先开通卢布现钞陆路跨境调运通道，极大缩短了卢布现钞资金回流的路径，降低了现钞跨境调运成本，促进了境内卢布现钞合法回流，实现了卢布现钞和现汇市场的有效联动；规范了卢布现钞市场秩序、规避了卢布汇率风险，扩大了人民币在周边国家的使用。

2. 创新沿边金融产品，构建产业金融服务体系

黑河片区为支持企业创新创业、发展成长和转型升级，创新金融产品，推出适合中小企业流动资金需求的“自贸 E 贷”信贷产品。其特点是抵押担保、未来收入测算与财务预估相结合，通过产业引导、基金投资、信贷、担保和政策支持，构建政、银、企、担、基等“五位一体”的金融支持体系，有效解决园区企业担保不足、资金周转慢、进口商品落地加工原材料采购难题，形成多方风险共担，提高企业效率、增加企业收入，吸引企业落户黑河。此外，为促进边贸、互市贸易和旅游等经贸活动发展，黑河片区还推出了“边民贷”“油画贷”等金融产品。黑龙江自贸试验区构建了黑龙江省边民互市贸易综合服务平台、哈尔滨银行对俄“一站式”综合金融服务平台、绥芬河片区“互贸区俄籍自然人跨境结算”“跨境金融区块链服务平台融资”等产业金融服务体系，给予企业全方位的金融支持。

（五）推动跨境物流新模式

1. 跨境电商货运物流“多仓联动”

黑河片区通过建设海外仓、边境仓、中继仓、前置仓等，建立从海外仓发货、

在边境仓清关理货，到中继仓集货快速送达的运输体系，形成“多仓联动”的数字化集运新模式，可实现货物的快速调拨，开创了黑河菜鸟中心仓和中国邮政“哈尔滨—黑河—俄罗斯叶卡捷琳堡”国际邮路深度融合、黑河保税物流中心（B 型）高效转运新模式。目前黑河片区保税中心有 15 个保税仓、34 个中心仓，中心仓大多与天猫保税仓同址，主流口岸已全覆盖，中心仓距离俄罗斯布拉戈维申斯克（海兰泡）车程半小时，可快速入境。黑河的货物入境辐射东北三省及内蒙古，120 余家电商和外贸企业入仓管理，企业物流效率整体提升 25%，企业成本降低 20%。

2. 中俄跨境物流基础设施集群建设

中俄首座黑龙江公路大桥正式通车运行，改变了过去单一水路运输受季节影响的制约，形成对俄经贸往来快速通道和口岸，运输效率大幅提升。中俄首条国际跨境索道——黑河—布拉戈维申斯克（海兰泡）跨黑龙江（阿穆尔河）索道项目正在建设当中，通过索道运输，旅客单程通关时间将压缩在 10 分钟以内。此外，索道运输可打破气候环境对口岸运输的制约，有效缓解口岸运输压力，对黑河、布拉戈维申斯克（海兰泡），乃至中俄两国旅游产业发展都将产生巨大拉动作用，是黑河发展旅游业的重要依托。另外，跨境电子商务平台、跨境电商服务平台系统、场站管理系统、全数据化监管系统等中俄跨境物流基础设施将为跨境运输、旅游、贸易、生产加工等提供便利。

（六）多样化的文旅融合发展新模式

黑龙江自贸试验区为培育旅游发展新业态，借助于地缘优势，汇集区域旅游发展要素，打造特色国际文化旅游聚焦区，实施规划引领和项目带动，探索多样性“旅游 +”融合发展方法、路径和模式，推出了“旅游 + 国际文化艺术品”“旅游 + 特色医疗”“旅游 + 体育赛事”“旅游 + 休闲农业”“旅游 + 时尚文化”等融合发展模式。

1. “旅游 + 国际文化艺术品”保税展示交易

近年来，黑河片区通过搭建黑河中俄文化大集、大黑河岛经贸洽谈会等众多文化交流和展会平台，已发展成为俄罗斯和欧洲文化艺术品对华存储、展示、创作、交易的重要窗口。黑河通过“两国双园”合作的新模式、新制度，聘请俄罗斯画家到大黑河岛进行创作。黑河片区依托边境贸易形式，在海关特殊监管区域设立中俄国际文化艺术品保税展示、存储场所，依法依规开展国际保税文化艺术品展示、拍卖、交易业务，积极探索文化艺术品出入境新模式，实现文旅资源共享。

2. “旅游+特色医疗”新模式

绥芬河片区在创建以健康体检和中医诊疗保健为主的自主医疗旅游品牌基础上，打破时空距离、服务瓶颈和国别界限，推行“互联网+医疗”、开发了“特色化+中医”优质医疗产品，形成了适合俄罗斯居民健康管理的对俄医疗服务模式，构建了对俄特色医疗旅游新模式，对俄服务半径覆盖远东地区并延伸至莫斯科、圣彼得堡等欧洲腹地和部分独联体国家，取得了良好的经济效益和社会效益。

3. “旅游+体育赛事”融合发展

黑龙江自贸试验区利用得天独厚的区位优势、区域优势和地域优势，创造出具有当地特色的体育旅游产品体系，如摩托艇赛、帆船赛、滑雪、冰雕等冰雪体育旅游活动；黑河片区通过创办寒区试车节，有效带动了餐饮、宾馆、娱乐等第三产业在冬季升温，成为集聚人气、促进消费的特色之路，为黑河经济开辟了差异化的发展新路径。

（七）以数字经济为核心，打造“数字自贸试验区”

哈尔滨片区积极对标世界银行营商环境评价模式，于2019年12月11日发布“企业登记4.0版智能审批系统”；依托片区内智慧城市大数据中心，将大数据、互联网、人工智能等技术与建筑安全管理相融合，通过大数据分析和运用，提高建设工程施工现场科学化、精细化和智能化管理水平，开创了“智慧工地”新模式；积极探索“互联网+农业”营销方式和花卉苗木科技成果转化。同时，片区针对街道工作基础薄弱、人员力量不足等问题，以“互联网+社会基层治理”为驱动，着力创新街道治理体系和服务模式，构建具有新区特色的基层社会治理新格局。绥芬河片区上线运营“绥意办”App，自主开发“绥疫控”疫情防控大数据服务平台，建立大数据应急保障平台及国有资产资源储备数据库，不断提升数字服务水平。

三、黑龙江自由贸易试验区的产业发展

黑龙江自由贸易试验区树立“最北自贸试验区”鲜明的品牌形象，立足对俄及东北亚和沿边开放合作的战略定位和独特优势，围绕自身功能定位和重点产业布局，3个片区积极搭建吸引产业集聚的政策支撑体系，通过线上线下多渠道大力招商引资，形成既错位发展又相互支撑的产业联动发展格局。

（一）构建特色功能性农业生产新格局

黑河市在《黑河市国民经济和社会发展第十四个五年规划和二〇三五年远景目

标纲要》中提出大力发展高纬寒地特色农业，打造全国重要的绿色功能性农产品生产加工基地，以质量兴农、绿色兴农、品牌强农推动农业大市向农业强市转变。黑河市以种植业、畜牧业、水产业、林下经济为产业支撑，加快构建现代农业生产新格局。为进一步优化农业产业结构和空间布局，黑河市大力发展大豆、小麦、玉米、水稻、汉麻、杂粮杂豆等优质高产粮食作物，调整优化种植结构；以“两牛一猪”为重点，优化养殖布局，打造高品质乳肉生产基地，加快提高畜牧业发展质量；规模化绿色健康养殖、大水面生态增养殖、冷水性鱼类设施养殖和稻渔综合种养等水产养殖项目，助推水产养殖绿色发展；林果、中药材、食用菌等特色林业地产业，做大做强林下经济。

（二）构建现代化工业产业体系

哈尔滨市促进创新、人才、资金等资源聚集，积极营造良好的产业生态，着力构建“1+2+3+N”的现代工业产业体系，重点打造1个世界级产业集群、3个国内领先产业集群、3个培育发展产业集群的“1+3+3”产业集群，快速形成多点支撑、多业并举、多元发展的工业新格局。自贸试验区围绕碳基材料、生物医药、石化装备、绿色食品和工业大麻等优势特色产业，通过引进龙头企业，吸引上下游产业，形成虹吸效应；新兴产业、高技术产业加速增长，新材料、装备制造、节能环保等“新”字号产业扎实推进。目前，唐山建华集团正在整体搬迁到新区，以石墨烯精深加工为主攻方向，全力打造东北亚“国际碳谷”；大型引用俄气供暖工程，也是片区首个推进的战略重点项目“气化龙江”，将有力支撑片区工业高质量发展。

（三）构建“自贸+”产业发展模式

绥芬河片区全面贯彻新发展理念，全力服务新发展格局，加快完善边境贸易产业链，通过推动制造链条、服务链条、供应链条与贸易活动的高效合一，实现贸易为产业经济全面赋能，推动边境口岸经济由“通道经济”向“产业经济”转型，打造了边境特色贸易产业体系，为边境地区创新发展提供了动力引擎，着力构建新时代中俄边境口岸城市现代化发展新格局。2020年，绥芬河互市贸易进口量实现16.8万吨，同比增长107%，约占黑龙江省互市贸易市场总量的85%。

1.“自贸+木材”

绥芬河片区逐步形成了境内外联动、上下游衔接、产业内“吃配”的发展模式，即将获批国家林业和草原局第二批国家林业产业示范园区，成为中俄林业跨境产业合作的重要基地。同时，推进“小组团滚动发展”模式，以建设百亿级木业产业基地为目标，打造中俄跨境木材加工全产业链平台，形成以森联国际中俄木材加工交易中心项目为依托的木材初加工平台，以国林木业城产业园区为依托的木材中端产品加工平台，以实木家居产业园项目为依托的木材终端产品加工平台，木材加工产业链不断延伸。

2. “自贸 + 粮食”

绥芬河片区充分利用俄罗斯农业资源优势，探索中俄跨境粮食产业“单边 + 嵌入”合作发展模式，构建境外种植养殖、口岸回运、综保区加工、区内销售等一整套跨境可溯源产业链。在境外投资方面，以俄罗斯滨海边疆区中俄农牧业产业示范园区和境外农业产业园区两个大规模综合性农牧业产业园区为基地，开展粮食境外种植和回运。在境内生产方面，以综合保税区为加工贸易集散中心，充分发挥政策优势，粮食入区加工免受配额限制，引导企业在综合保税区开展玉米、小麦精深加工，打造了“头”在境外、“尾”在境内的全产业链经济，吸引了辛巴赫、保达、良运、驰宇等一批企业落户，创新“粮头食尾”“农头工尾”的境内外联动模式，构建起完整的跨境农业产业链条。①

3. “自贸 + 互市贸易”

绥芬河片区推动创建互市贸易全流程监管模式，最大限度放大边民互市贸易政策优势，实现互市贸易规范化、便利化发展。一方面，畅通进口通道，获批全国首个铁路互市贸易点，充分发挥铁路运输运能大、便捷、经济的优势，探索开展油菜籽、亚麻籽等大宗商品的互市贸易交易，推动互市贸易规模、品类升级。另一方面，推进落地加工，成功开展了以边民合作社为参贸主体的边民互市贸易进口商品落地加工试点，打造了全国对俄口岸首个由边民互市贸易交易进口商品、通过委托综保区内企业进行落地加工的模式。

4. “自贸 + 中药材”

绥芬河片区紧抓政策机遇，以准许进口 15 种俄罗斯中药材在绥芬河片区内落地加工为抓手，形成了中药材产业发展新动能，同时积极争取申报中药材进口指定口岸。自 2020 年 11 月至 2021 年 5 月，已有国内 77 家中草药进口、加工企业和个体工商户在绥芬河市登记落户，冠硕、域外本草、鹤州药业、华世融承等进口中草药加工项目落户绥芬河综合保税区，绥芬河已成为俄罗斯中药材落地加工产业的集聚区和主阵地。

---

① 贸易赋能产业经济 构建特色口岸新格局[EB/OL]，[2021 - 12 - 22]. http://ftz.hlj.gov.cn/ZonalDynamics/1889.html.

（四）物流联通实现“产+园”融合发展

黑河片区跨境商贸物流产业蓬勃发展。中俄黑龙江跨境大桥建成通车使得沿边产业经济进入“大桥时代”。依托中俄桥头区产业平台，以跨境能源资源合作、绿色食品加工、跨境木材、跨境机电加工、跨境新型制药、跨境旅游康养为主的现代产业体系逐步形成，吸引了一批木业、粮油、食品等可持续发展、产业拉动力强的龙头企业入驻园区，推动黑河片区产业集聚区、产业园区提档升级，“两国双园”合作新模式正在形成。黑河保税物流中心（B型）建设的1210跨境电商进出口查验线启动运营，保税物流和境外运输实现零的突破，自成立以来，跨境电子商务产业园区交易额高达11.43亿元。

（五）推动生产性服务业高质量发展

在“十三五”时期，哈尔滨服务业取得了长足发展，服务业增加值占全市地区生产总值的比重保持在63%以上，成为拉动经济增长的主要力量。哈尔滨着眼于全市产业基础、资源禀赋，瞄准发展方向，加快构建优质高效、拉动力强的现代服务业“10424”产业体系，推动生产性服务业向专业化和价值链高端延伸、生活性服务业向高品质和多样化升级。

哈尔滨面向东北北部和东北亚区域，整合服务业空间资源和发展要素，构筑“一带隆起、双核引领、五区联动、多点支撑”的服务业空间发展格局，建设松花江服务业黄金产业带，依托哈尔滨新区和老城区两个服务业核心区，引领自贸服务先导区、科技创新引领区、两业融合示范区、综保商贸集聚区、临空服务先行区五区联动发展，构建“服务业增长集聚—服务业协同发展—次级服务业中心—服务业特色小镇”多点支撑的服务业空间布局网络，培育服务业空间发展新格局，推动全市服务业协调发展迈向更高水平。

（六）发展特色旅游产业

黑河市优化全域旅游空间布局，以全域旅游为引领，整合康养、生态、文化、田园等旅游发展要素，优化资源配置，构建以国际休闲城市极核与国际药泉疗养极核为核心，以醉美龙江边境风景带、古道驿站文化休闲带、“北境1号”国家风景道、原始森林生态观光带为发展带，以文化风情深度体验区、国际现代田园休闲区、原始森林生态游憩区、国际生态康养度假区为功能区的“两核四带四区”文旅产业总体布局。主推生态旅游、红色旅游、民族风情游、“旅游+”等重点旅游业态，打造精品化旅游线路，促进旅游产业与文化、生态、康养、体育、农业等深度融合，开发多元化旅游产品，推进文旅产业高质量发展。黑河片区利用区位优势，坚持全域旅游发展理念，积极推进商务、旅游等基础设施建设，完成公路大桥、大黑河岛国际游艇码头、空中缆车等项目，促进文化旅游健康深度融合，延伸文旅产业链，壮大产业规模，推动文旅产业高质量发展。预计到2025年实现旅游人数1684万人次，旅游收入突破100亿元。

绥芬河市围绕口岸历史、红色资源和异域风情打造3张“城市名片”，推出了百年口岸、红色通道、浪漫边城等特色品牌。随着交通基础设施的不断完善，绥芬河迈向高铁和空港时代，带来了中俄跨境游、候鸟式养老、避暑度假、医养结合等多种旅游形式，绥芬河旅游经济发展进程骤然加速。旅游业发展带来了商品交易的繁荣，绥芬河也成为国内购买俄罗斯商品的首选城市。

四、黑龙江自由贸易试验区贸易高质量发展

黑龙江自由贸易试验区挂牌成立以来，坚持以制度创新为核心，大胆试、大胆闯、自主改，增强开放理念，迸发创新活力。2020年，黑龙江自贸试验区进出口总值204.9亿元，同比增长12.8%，占全省货物贸易进出口总值的13.3%，推动扩大开放的作用初步显现。①

（一）投资贸易便利化

黑河片区在俄罗斯设立离岸境外中小企业孵化中心，搭建中俄法律咨询服务和金融服务平台，为企业“走出去”提供资源对接、市场环境咨询、跨国法律服务、投融资服务、保险服务等一揽子服务和支持。同时，针对现有大量俄货商超等对俄特色产业市场主体需求，筛选出需求量较大的办事目录清单，重新设计办理流程图，整合企业申报材料，制作全新服务指南，将各项业务的办结时间全部压缩至0.5个工作日内；设置线下受理窗口，由俄语导办全程受理，实现一窗受理、一口出证。自2022年6月实行此制度以来，“一件事”的套餐服务已为72家企业办理了营业执照。

绥芬河片区建立了高科技设备监管通关系统和完善的铁路口岸电子监控系统，推动“95306”数字口岸系统投入应用，在省内率先推动国际贸易“单一窗口”建设，无纸化通关比例接近100%。目前，企业从申报到海关放行的时间由原来的半天缩短至30分钟以内，且最快只需几分钟。

黑龙江自由贸易试验区的“三个强化”政策帮助企业享受RCEP政策。冰城海

① 【新闻发布会】黑龙江自贸试验区：着力打造新时代改革开放新高地[EB/OL]，[2021-08-27]. https://heilongjiang.dbw.cn/system/2021/08/27/058709603.shtml.

关不断强化政策宣传、服务效能和企业帮扶，设立 RCEP 实施重点企业帮扶机制，推广原产地证书自助打印，在辖区现场配备原产地自助服务一体机，企业可实现出口原产地证书全流程线上办理。2022 年 1—9 月，冰城海关签发 RCEP 原产地证书 283 份，货值 1091.5 万美元，RCEP 原产地证书自助打印率 90.94%。[①]

（二）培育贸易新动能

一方面，哈尔滨片区制定“国家双创示范基地三年行动计划”，搭建“融在新区·相约周五”企业融通发展平台，开展定向采购、创业加速度路演训练营、专家讲坛、政策解读等专题活动，推动深哈产业园打造龙江数字经济产业发展核心示范区。目前华为“一总部双中心”、国家工业互联网中心、思灵机器人、库柏特科技等 42 家企业正式落户园区，以新一代信息技术、人工智能为核心的数字经济产业集聚度达 78.1%，成为全省数字经济发展的“新标杆”。

另一方面，哈尔滨片区每年集中筛选一批主营业务突出、竞争能力较强、盈利水平较高、具有发展潜力的重点企业，实行“个转企、小升规、规改股、股上市”的全流程培育，出台“助企上市十条”，变事后奖励为事前奖励，降低企业上市成本。目前，上市培育库企业达 44 家，龙版传媒实现首发上市，标志着黑龙江省文化企业实现了主板上市的历史性突破。

除此之外，哈尔滨片区还创新打造龙江教育与产业融合发展先行先试区，构建以深哈产业园区为引领，利民、江南园区和科技创新城片区为集聚，产教融合企业、职业学校和公共实习基地为支撑的“一核三区多点”的产教融合发展格局，联合建立产教融合园区和技术创新创业孵化园，打造产教融合信息服务综合平台。

（三）发展跨境合作贸易

黑河片区重点推进中药材加工品类，打造集收购、销售、质量检测、加工于一体的全国最大进口药材综合服务平台，组建片区中药材集团公司，吸引中药化妆品和保健品等领域龙头企业集聚，已先后吸引国药集团等 6 家进口中药材加工企业落户片区。

绥芬河片区引导 15 家企业入驻俄自由港和超前发展区，建设境外农业、林业和渔业等产业园区，并整合综保区等政策类园区和边合区等产业类园区承载功能，打造木材、食品及中药材产业集群。目前，已建成全省最大的对俄进口木业加工产业基地，综保区年加工能力突破 100 万吨，77 家中草药进口加工企业落户片区。在农

① 黑龙江自贸试验区发布第六批省级创新实践案例[EB/OL]，[2022-11-22]. https://finance.sina.cn/2022-11-22/detail-imqqsmrp7087898.d.html.

业方面，培育境外农业重点产业园区，带动对俄农业投资合作项目15项，投资总额0.63亿美元。围绕小麦、大豆、亚麻籽、混合饲料、食品等发展粮食精深加工产业，打造集仓储交易、保税加工、委托加工于一体的“境内外联动、上下游衔接”的跨境农业产业链条。目前，已有北大荒丰源、保达等10余家粮食加工企业落户，总投资7亿元，年落地加工总量12.6万吨，年综合产值达20亿元。①

五、黑龙江自由贸易试验区的辐射带动作用

黑龙江自由贸易试验区的设立，可以推动区域内部在投融资和经济合作等方面实现进一步的拓展；同时，其沿边口岸城市能够在自贸试验区环境下得到良好的国际市场对接，通过创新区域开发模式，扩大国际经济合作领域与范围，与周边国家实现政策沟通、设施联通、贸易畅通、资金融通、民心相通。②

（一）促进东北全面振兴全方位振兴

黑龙江自贸试验区成立以来，以占全省万分之三的面积，贡献了全省近20%的实际使用外资和12.5%的外贸进出口。截至2022年6月底，自贸试验区外贸额达690.83亿元，占全省同期外贸总额的12.8%，其中，进口508.26亿元，占全省同期的12.1%，出口182.57亿元，占全省同期的23.8%；新设企业16539家，比挂牌前增长96.8%，其中外资企业75家，比挂牌前增长56%，占全省新设外资企业总数的21.1%；实际利用外资3.4亿美元，占全省的19.7%。③

1. 哈尔滨片区以贸易模式转型带动全面振兴

哈尔滨片区充分利用《黑龙江省哈尔滨新区条例》赋予的先行先试机遇，加大对外资、外贸企业的奖励力度，通过自贸试验区建设带动东北地区对外贸易企业积极“走出去”参与跨境贸易活动，推进东北地区实现重工、机械化企业发展模式向服务型企业发展模式的转型；加快外向型产业聚集，对进出口贸易所涉通关、保险、运输给予补助，为东北地区进行进出口贸易提供更加方便快捷的通关渠道，降低通关以及运输成本，通过践行“降成本”“强聚集”“促合作”三大理念，加快打造龙江自贸试验区的特色竞争优势和开放型产业集群。

---

① 根据调研时地方政府提供的相关资料整理。

② 李凌艳．自贸区时代黑龙江省发展对外贸易的优势及领域[J]．中国市场，2021(36)：41－42.

③ 黑河贡献亮眼！黑龙江自贸试验区三年生成制度创新成果200余项[EB/OL]，[2022－08－28]．https://www.thepaper.cn/newsDetail_forward_19653393.

2. 黑河片区利用“多区联动”辐射区域发展

自启动建设以来，黑河片区全面落实中央关于推动东北全面振兴全方位振兴、建成向北开放重要窗口的战略定位，发挥辐射带动作用，确定多元联动发展目标。黑河片区进出口贸易额累计完成181.6亿元，以占黑河城区56.4%的面积，集聚了全市90%以上的生产企业，贡献了95%的贸易额。[①] 片区通过“区区互动”模式促进创新发展，明确差异化“片区协同”发展思路，与哈尔滨片区、绥芬河片区在培育新动能、打造对外开放高地等方面开展合作，推动跨合区、边合区、互贸区“多区联动”发展。

黑河片区通过探索“圈层辐射带动”发展模式，按照特色优势突出、跨境功能集聚、区内区外联动发展原则，进行分级创新带动，充分发挥片区辐射带动效应，针对市域各市县产业园区，创新合作机制，加强产业关联配套，打造黑河片区与其他开放载体有层次的梯度开放格局。接下来，黑河片区将积极面向东北亚地区进一步扩大开放，在对外商贸合作、金融改革、离岸业务等领域深化改革，国际区域性综合枢纽地位显现，联合哈尔滨等片区共同打造成为自由贸易港，打造沿边口岸物流枢纽和中俄交流合作重要基地，引领高质量发展，助推黑河全面振兴、全方位振兴。

3. 绥芬河片区赋能产业转型振兴地方经济

绥芬河片区以占全市4.34%的面积，集聚了80%的企业，贡献了80%的税收、82%的贸易额，各项工作取得阶段性成效。片区以产业集聚为目标，通过自贸试验区先行先试的制度设计，破解产业发展痛点、堵点和难点，探索形成“自贸+产业”发展新模式。通过聚焦产业定位，进一步延伸产业链、提升价值链、优化供应链、建立创新链，加快形成更多经济增长点和支撑点；发挥开放园区、产业平台优势，形成多点支撑、多业并举、多元发展的产业体系，变“过顶贸易”为“过埠增值”；强化区域协同，提高政策溢出效应，推进制度创新触角向牡丹江全域延伸，变“创新试点”为“创新驱动”。

（二）深化对俄罗斯及东北亚区域合作

黑龙江自贸试验区对外贸易以对俄为主，2022年1—6月，自贸试验区对外贸易额166.87亿元，占自贸试验区对外贸易额约81%，同比增长72.8%，其中对俄

① 打造向北开放新高地！黑河自贸片区为全国自贸区建设奉献“黑河样本”[EB/OL],[2022-09-01].https://m.thepaper.cn/baijiahao_19713919.

贸易达 135.03 亿元，高于全省对俄贸易额增幅 30.8%。2019 年 9 月 17 日至 2022 年 8 月 29 日自贸试验区范围内共注册 2558 家企业，注册资本 107.9 亿元。新设企业 2694 家，其中外资企业 8 家，占全省新设外资企业总数的 16%；实际使用外资金额 3303 万美元，占全省实际使用外资总额的 12.4%。①

1. 哈尔滨片区成为面向俄罗斯“四链”融通的承接高地

哈尔滨片区作为对俄经贸合作以及贸易往来的承接高地，不断升级对俄的“四链”融通策略，建设对俄罗斯及东北亚全面合作的承载高地和联通国内、辐射欧亚的国家物流枢纽。在新冠疫情的影响下仍实现外贸逆势上扬，截至 2021 年，片区实际利用外资额、外贸进出口额年均分别增长 42%、100%，进出口贸易伙伴由 21 个增至 73 个，带动主要经济指标增速持续领跑全市、全省；2022 年 1—6 月哈尔滨片区进出口总额高达 29.54 亿元，同比增长 7.5%。②

（1）持续升级产业链

通过整合对俄企业资源，组建“对俄企业联盟”，为片区对俄企业提供物流、金融、法律等多领域的专项支持，促进对俄企业产业集群发展；与俄罗斯多家企业分别签订框架合作协议，推动签署 6 个中俄重点项目合作协议，促成中俄双方 22 家企业签署贸易合同，双方达成多项贸易共识，推动贸易活动的开展。万科中俄产业园、对俄进出口农产品交易中心、对俄科技成果转化基地等一批开放型功能平台项目先后落户，实施推动产业集群的优化策略，为中俄双方产业功能区的建设奠定基础。

（2）持续升级金融链

哈尔滨片区成为中方与俄罗斯银行联盟等三方共同主办“中俄金融合作圆桌会议”的永久会址，为中俄双方就金融方面深化合作打通道路；中俄金融联盟与片区开展全方位合作，联盟成员数量已扩展至 72 家，推动对俄金融合作进一步拓展至资金清算、跨境结算、外汇交易、现钞调运等领域。同时，推动哈尔滨银行成立全国首家对俄结算服务中心，开通 NRA 账户，并获得 CIPS 直接参与者资质，目前已与近 30 家俄罗斯银行互建了本外币账户，与 14 家俄罗斯银行签署了 CIPS 合作协议，跨境电商在线支付平台累计交易结算量超 160 亿元。“金融链”的持续升级为哈尔滨片区开展对俄金融结算、外汇贸易、资金融通等业务提供了便利，同时能够疏解中方金融业务压力，构筑双方领域合作的新境界。

① 根据调研时地方政府提供的相关资料整理。

② 根据调研时地方政府提供的相关资料整理。

（3）持续升级科创链

哈尔滨片区大力开展创新企业培育工程，借助于自贸试验区的科技研发及成果转化平台优势，引导和支持各类创新要素加速向企业集聚。为提升科创功能和水准建设的哈工大卫星产业基地探索一号、快舟一号均已进入产品应用阶段，哈尔滨航天恒星开发的智慧农业、智慧城市、智慧社区系列产品已形成“人工智能+”高科技产业集群，科创事业已成为哈尔滨片区对俄交流活动的重要组成部分。同时，哈尔滨片区探索推出“国际协同孵化”模式，在莫斯科格林伍德设立了离岸孵化器，为深化与俄罗斯的科技成果交流和转化开辟了新路径。

（4）持续升级物流链

积极推进保税物流中心（B型）建设，发出全省首张中国国际货运代理协会（CIFA）跨境多式联运清单。物流链的完善和进阶化建设，使得中—俄运输服务体系日益完备，提高了串联俄罗斯城市群的辐射范围，大大增强了中国与俄罗斯物物交换的效率和质量，提升了双方贸易活动的便捷性和高效性。

2. 黑河片区以边民互市为依托，深化对俄经贸、文化往来

商务部批准黑河纳入国家首批边民互市贸易商品落地加工试点地区后，黑河片区互市贸易商品进出口取得新突破。2021年1—10月黑河自贸区实现对外贸易进出口61.29亿元，同比增长143.4%。2020年，黑河片区获批跨境电商零售试点城市、跨境电子商务综合试验区和国家级电子商务示范园区，保税物流中心（B型）“1210”业务顺利开通，跨境电子商务交易额完成15.01亿元，网络零售额完成4.18亿元，黑河对俄商品进出口的物流及销售网络得到进一步完善。①

（1）边民互市贸易创新

黑河片区出台边民互市贸易创新发展9条措施，在互市贸易商品溯源、边民证数字化、互贸金融等方面先行先试，创新发展“互市贸易+跨境电商”新业态，推出“边民创业担保贷款”，开发“海关税款担保”等金融产品。在产业方面，黑河片区与俄方联合打造跨境能源资源综合加工、绿色食品、商贸物流、旅游、健康、沿边金融和跨境木材、俄电加工、绿色新材料制造、机电制造“6+N”跨境产业集群，已形成以跨境电商及物流、跨境机电制造、跨境农产品加工、进口能源综合利用、康养文旅为代表的产业体系。多区叠加的重大政策优势，成为自贸区黑河片区发展的新机遇，改革创新红利不断释放，成为向北开放的“新名片”。

① 自贸区黑河片区 强能力 转作风 促发展 谱新篇丨创新发展跨境产业 构筑向北开放新高地[EB/OL]，[2022-07-14]. https://baijiahao.baidu.com/s?id=1738293580439049972&wfr=spider&for=pc.

（2）基础设施互联互通深化对俄合作

近年来，黑河市对俄互联互通基础设施建设快速推进，跨境互联互通网络不断提档升级，为黑河高水平对外开放打下坚实基础。中俄东线天然气管道的正式投产通气对黑河市发展下游相关产业、培育新增长点、形成发展新动能意义重大；国际公路通道——黑龙江大桥以及中俄首条跨境索道的建设，缩短了游客通关时间，成为促进边境地区繁荣发展的新桥梁和巩固深化传统友谊的新纽带，将对中俄经济合作人文交流产生深层次的拉动效应。

（3）打造对俄经贸合作和文体交流的桥头堡

中俄新业态发展迅速，黑河地区跨境电商园区边境仓、海外仓“双仓”联动，新冠疫情促进了线上线下融合发展等新业态不断涌现，产业链逐步实现上下游联合延伸，黑河片区与哈尔滨片区、绥芬河片区共同构成“一核两翼”的总体布局。与此同时，黑河对俄文化艺术交流活动逐渐形成协作性、机制性、规模性、综合性和民众参与兼具的特点。黑河与俄布市合作打造了多个文化交流的品牌项目，取得了良好的效果；疫情期间，中俄青少年民族器乐演奏竞赛等多项活动转为线上开展，中俄文化交流形式更加与时俱进。

3. 绥芬河片区深度参与融入中蒙俄经济走廊

绥芬河片区立足国家确定的发展定位，以“大胆试、大胆闯、自主改”为理念，释放对俄、沿边、口岸的特色优势，积极承担好服务国家沿边开放、促进黑龙江振兴发展、带动区域经济升级的改革任务。

（1）探索深化对俄开放合作新模式

绥芬河片区强化“自贸区”与“自由港”融合发展思路，实施“单边试验＋嵌入发展”，以自贸试验区为引领的 7 个国家级园区与境外园区形成跨境多区联动、多产融合新模式，木材、粮食、中药材等跨境产业链逐步形成；同时，支持境外企业“引进来”，利用两种资源、两个市场，形成资源境外储备、口岸回运、落地加工的中俄跨境产业合作供应链。

（2）探索畅通跨境物流运输新通道

绥芬河片区充分发挥跨境物流通道战略前沿和桥梁纽带作用，深度融入共建“一带一路”并参与中蒙俄经济走廊建设，借助于俄罗斯符拉迪沃斯托克（海参崴）等港口，实现通海达洋，与国内 16 个沿海港口建立了内贸货物跨境运输体系，畅通了黑龙江出海口。片区以“自贸＋园区平台”“自贸＋互市贸易”“自贸＋电子商务”等“自贸＋”模式建立跨境全产业链经济发展链，推动数字化通关服务平台的进一步完善，使得互市贸易商品进口加工产业逐步扩大，成功推进“一港、一园、五基地、五中心”建设以及跨境电商交易业务的孵化升级；构建贸易加工中转港、国际物流枢纽港、进境商品免税港、中俄金融服务港，推进中俄边境口岸城市现代化经济体系，进一步打造新时代中俄合作先行示范区，为对俄跨境业务创造新的物流渠道。

六、黑龙江自由贸易试验区的机遇与挑战

黑龙江自贸试验区正在成为对俄开放和东北亚区域经贸合作的桥头堡、优势和特色产业的集聚地、制度创新和优化营商环境的“排头兵”。“十四五”时期是我国新发展格局建设的重要时期，自贸试验区将成为联通国内国际双循环的重要纽带和载体。然而，随着国际贸易保护主义不断抬头、全球产业链和价值链重构等，全球经济格局发生深刻变化，黑龙江自由贸易试验区建设同时面临着前所未有的机遇和挑战。

（一）黑龙江自贸试验区的发展机遇

黑龙江自贸试验区依托黑龙江良好的资源禀赋、独特的发展条件、巨大的发展潜力，呈现出快速发展的良好势头。在国内国际双循环新发展格局以及我国深入推进“东北全面振兴全方位振兴”和“更高水平对外开放”多重政策叠加下，黑龙江自由贸易试验区将迎来新的机遇。

1. 多层面的战略支持

党的二十大报告提出“实施自由贸易试验区提升战略”，包括“扩围、提质、增效”三个维度，旨在建设面向全球的高标准自贸试验区网络。“十四五”规划提出，“实施自由贸易区提升战略，构建面向全球的高标准自由贸易区网络”，“深化同周边国家关系”，从加快推进制度型开放、提升对外开放平台功能和健全开放安全保障体系等方面构建更高水平开放型经济新体制，就推动共建“一带一路”高质量发展提出“加强发展战略和政策对接”“深化经贸投资务实合作”“架设文明互学互鉴桥梁”等要求。黑龙江“十四五”规划提出，要深度融入共建“一带一路”，打造对外开放新前沿；强化对俄开放合作第一大省地位，推动对俄贸易扩量提质、培育对俄贸易新业态，打造跨境产业链和产业聚集、建设境内外联动、上下游衔接的跨境产业合作基地和产业园区体系，强化对俄科技创新合作，打造全国对俄合作综合服务高地、构建面向俄罗斯和东北亚的数字交通走廊，加强对俄人文交流合作。这些都为黑龙江自由贸易试验区发展提供了政策支持和方向指导。

2. 多元叠加的政策红利

为进一步促进产业集聚、培育发展新动能、做强实体经济，加快黑龙江自贸试验区建设，推动哈尔滨新区高质量发展，根据《哈尔滨新区总体规划》的产业定位和省市支持哈尔滨新区改革创新推进高质量发展的意见措施，哈尔滨新区制定了《哈尔滨新区暨黑龙江自由贸易试验区哈尔滨片区关于鼓励产业集聚推动高质量发展的若干政策措施》。自哈尔滨片区成立以来，哈尔滨新区就坚持“抓发展必须从环境抓起，抓环境必须从作风抓起”，积极抢抓自贸试验区建设机遇。哈尔滨片区充分利用国家级新区、自贸试验区的改革权、试验权、先行权，对标国内最优最高标准，解放思想，打破束缚，去“痛点”，疏“堵点”，破“难点”，努力建设国际化、法治化、便利化的营商环境，在负面清单、项目审批制改革、承诺即开工、容缺受理、全程代办、最多跑一次、不见面审批等方面先行先试，积极探索，大胆创新。

黑河片区入驻企业不仅同时享有自贸试验区、边民互市贸易区、跨境经济合作区扶持政策，还享有跨境电商综合试验区、兴边富民老城市等政策。黑河片区结合实际情况、聚焦于中俄开放政策对接，在财政奖补、土地出让金、人才引进等方面先后出台了10条创新政策，致力于对这些优惠政策进行充实完善和动态调整，以适应片区内企业快速发展需求，打造中俄边境地区政策最优惠的经济区域。成立以来，黑河片区把握国家赋予的功能定位，突出特色优势，积极探索差异化创新，制度创新亮点纷呈。首创推出典型案例105项，其中34项获全省复制推广。2020年，跨境电商货运物流“多仓联动”创新模式入选中国改革2020年度50个典型案例。中俄跨境运输车辆“一站通”综合查验管控新模式获海关总署备案。“党旗引领、创新自贸”党建引航工程入选全国首届自贸试验区党建创新典型案例。2021年，“创新中俄跨境集群建设”案例入选国务院印发的自贸试验区第四批18个“最佳实践案例”。

3. 新口岸经济模式助推“通道经济”向“产业经济”转型

传统口岸经济只注重产品进出口以及产品的初级加工，主要提供三方面服务：通关、检验、装卸、仓储、配送的通关服务；矿产能源资源、进出口产品的粗加工和冶炼加工服务；以大宗商品和国际特色产品为主的口岸商贸服务。这种口岸经济发展模式产业结构单一，服务功能辐射面窄，难以有效推动区域经济快速增长。在自由贸易试验区环境下，新口岸经济将融合现代金融体系，重点发展其在国际保税物流、大宗商品交易、供应链金融、经贸技术合作服务等方面的优势，对区域经济起到支撑和引领作用。

黑龙江自贸试验区成立以来，在巩固传统对外合作基础上，积极拓展能源、矿产、装备制造等领域的投资合作，实现境内境外园区互动、跨境产业链条延伸。黑河片区形成了跨境电商及物流、跨境机电制造、跨境农产品加工、进口能源综合利用等产业体系。绥芬河片区建立了 7 个境外园区，形成资源回运、储备、加工、集散的多条跨境产业链。营商环境改善、体制机制创新、高水平开放发展的叠加优势，迅速带动了黑龙江的对外贸易，极大地推动了黑龙江对外开放水平的提高。

4. 中俄新时代全面战略协作伙伴关系

成熟坚韧的双边关系符合中俄两国的共同利益和愿望，新时代中俄之间应推动两国经贸、能源、金融、农业等领域务实合作，推进口岸等互联互通设施建设，拓展传统能源和新能源合作。

黑龙江作为中蒙俄经济走廊的重要节点和中俄交往的窗口，与俄罗斯毗邻而居、山水相连，在对俄合作方面具有突出的、不可替代的优势；作为对俄经贸合作大省，拥有得天独厚的区位优势和良好合作基础。黑龙江自贸试验区作为中国最北自贸试验区，在主动对标国际先进经验，着力建设向北开放新高地，打造对俄及东北亚合作的中心枢纽，积极服务构建新发展格局。黑龙江自贸试验区秉持开放创新理念，在对俄贸易、跨境产业、科技研发、金融服务等方面积极探索、先行先试，积累了大量经验做法和成功案例。未来，中俄企业将充分利用自贸试验区和俄远东“一区一港”等政策优势，在招商引资、经贸合作、人才交流等各个领域开展全方位合作，共同发挥“东北—远东”合作新优势、打造新机遇、实现新发展。

黑龙江自贸试验区以制度创新为核心，立足对俄和沿边区位特色优势，生成 200 余项制度创新成果，成为对俄合作极具吸引力和集聚力的新平台。哈尔滨片区挂牌成功，标志着哈尔滨正式承载起打造我国对俄及东北亚区域合作中心枢纽的重任，也预示着哈尔滨对外开放不断向纵深发展，持续发挥哈尔滨对俄科技交流的桥头堡作用。在物流链的打通上，哈尔滨片区引入了万科中俄产业园、对俄进出口农产品交易中心等一批对俄产业园区和功能平台项目落地；在金融链的打通上，哈尔滨片区成立了中国首家中俄跨境金融服务中心，开通了“离岸账户”，对俄金融合作拓展至资金清算、外汇交易、现钞调运等 11 个领域的创新成果；绥芬河片区在俄罗斯的能源、矿产、俄粮加工等产业合作上作出了很多中国首创的突破性尝试。

从地缘政治角度，俄乌冲突爆发后，欧美国家纷纷对俄罗斯的能源采取制裁和限制措施，迫使俄罗斯贸易转向东方国家，由此催化了中俄经贸关系朝着加强合作的方向加速调整，在一定程度上也推动了以人民币为部分能源的合约定价，并由此推动了人民币国际化进程。黑龙江作为对俄贸易的桥头堡和重要的粮食产地，随着地缘局势的变化，必将在能源、金融、农业等领域进一步深化对俄合作，对俄贸易形势向好。

（二）黑龙江自贸试验区面临的挑战

在新发展阶段，国内外形势发生了深刻的变化。首先，在美欧等发达经济体主导的经贸规则下，我国面临贸易保护主义和单边主义的威胁，存在被“脱钩”“断链”的风险；其次，俄乌冲突以来，随着美欧对俄罗斯制裁范围和程度的不断扩大和升级，中俄合作存在被次级制裁的风险。对内，黑龙江存在经济总量小、产业基础差、发展滞后、人才流失严重、高新技术人才缺乏、贸易结构不合理等方面的问题，不同程度地制约着黑龙江自由贸易试验区的发展。

1. 地缘政治冲突影响黑龙江对外贸易

在跨境物流方面，中国至俄罗斯的国际物流主要通过符拉迪沃斯托克（海参崴）、新罗西斯克和圣彼得堡三大港口，但国际制裁使得大量船只停航停运，不得不转而采取铁路或公路的交通运输方式，效率较低，货物积压日益严重，货物贸易受到阻碍。俄乌冲突还限制了哈尔滨通关关卡的对外开放程度，导致国际物流运输成本持续增加，通关效率骤降；大宗商品交易风险增大，原材料成本不断攀升，境外加工成品回流难。另外，俄乌冲突爆发以后，欧洲各大货代企业均暂停了过境俄罗斯的中欧班列业务，中国与欧洲间的货源组织受到冲击，班列开行频次减少。中国交通运输协会国际班列咨询服务中心国际事务高级协调员表示，2022 年第一季度中，部分中欧班列开行的头部城市开行量下降幅度较大。在俄乌局势不明朗的背景下，部分客户、货代、贸易商、生产商因担心俄乌冲突继续升级、欧盟与俄罗斯相互制裁及结算等仍持观望态度，对中欧班列整体运量产生较大影响。由于我国货物出口绝大多数采用 FOB 离岸贸易方式，因此，中欧班列至少有 50% 的货源以欧洲货代公司为主导，一旦这些国际货代巨头公司出现反俄情绪，货量就会显著减少。

在跨境金融方面，自俄乌冲突爆发以来，以美国为首的多个国家对俄罗斯进行经济制裁，禁止俄罗斯部分银行使用 SWIFT 国际结算系统。这种制裁同时也影响了和俄罗斯有贸易金融投资往来的国家，增加了近期中俄贸易的不确定性。目前，黑龙江自贸试验区对俄贸易虽然有 NRA 账户结汇业务、跨境人民币 FDI 和对俄 ODI 业务的基础，但规模不够大，办理跨境金融业务时效性不够强。① 另外，疫情叠加俄

① 楚琪，钟建平．黑龙江自由贸易试验区对俄跨境合作研究[J]．黑龙江社会科学，2022(3)：57－61.

乌冲突使得卢布大幅贬值，海运价格持续创新高，国外买方频频出现取消订单、延期付款、拒绝收货的情况，两方压力加剧了对供应链的影响。

2. 基础设施不完善限制了自贸试验区的发展

黑龙江自贸试验区的基础设施与国内外其他自贸试验区相比，还有很大的差距，主要表现在仓储设备、装卸设备、通关基础设施、交通基础设施等方面。首先，仓储设备缺乏制冷、保鲜能力等，尤其是绥芬河口岸开放时间较早，仓储多为老旧的“铁皮库”，且储货量较小，难以承受更庞大的货物量。其次，部分口岸基础设施建设落后，制约着边境货物运输能力和通关速度。根据国家出台的最新标准，黑龙江自贸试验区除绥芬河公路口岸、绥芬河铁路口岸、同江铁路口岸、黑河公路口岸符合改建标准外，其他口岸由于建设较早，普遍存在口岸旅检通道边检和海关查验缓冲区距离、货检通道卡口设备不达标等问题。

就交通基础设施而言，2012—2020 年，黑龙江省的铁路、内河航道、公路里程均稳定在 17 万千米左右，而山东自贸试验区在 27 万千米左右，广东自贸试验区在 24 万千米左右并平稳上升，均远高于黑龙江省。交通基础设施的完善对形成发达完善的立体交通物流运输体系、发挥自贸试验区的中心枢纽作用有着关键影响。而黑龙江自贸试验区的三个片区与其他自贸试验区口岸相比，交通基础设施依然不够完善，限制了其发展。此外，与河南自贸试验区郑州铁路口岸相比，哈尔滨与绥芬河铁路口岸周边还缺乏大型的公路物流集散中心、物流配送中心以及物流服务平台。

3. 人力资源短缺、人才流失严重，高新技术人才匮乏

第七次全国人口普查统计数据显示，从 2010 年到 2020 年，黑龙江省人口总数减少超 646 万人，降幅居全国之首。在外流人口中，30 ~ 49 岁的人群占到了近六成，20 ~ 29 岁的人群占到了 19.4% 。① 人口外流无疑削减了黑龙江省的劳动力资源，而人才的流失同样严重。黑龙江省拥有许多全国知名学府，有着充足的人才储备，然而人才流失现象日益加剧。根据 2019 年高校就业质量报告，哈工大本科毕业生选择在东北地区就业的人数占比为 29% ，硕士毕业生选择在东北地区就业的人数占比仅为 10% ，黑龙江高层次院校毕业生选择在东北地区就业的概率更低。东北地区现今的产业结构和经济形势难以留住高水平人才，特别是高层次人才，2016—2020 年，黑龙江省具有高级职称的人才流入流出比达到了 1∶4.6。② 人力资本对经济增长具有乘数效应，人力资本水平下降阻碍了黑龙江省的经济发展，限制了黑龙

① 黑龙江人口外流有多严重？[EB/OL],[2022 - 01 - 24]. https://m.thepaper.cn/baijiahao_16426308.

② 黑龙江人口外流有多严重？[EB/OL],[2022 - 01 - 24]. https://m.thepaper.cn/baijiahao_16426308.

江自贸试验区的发展。

此外，黑龙江自贸试验区总体方案中明确指出要鼓励新一代信息技术的发展，深化金融领域的开放创新。未来自贸试验区的建设将对高新技术、金融风险管理等类型的人才产生巨大需求。根据国家统计局对黑龙江省各行业从业人员数量的统计，金融业、信息技术以及科学研究等方面的人才相对短缺。2020 年黑龙江省金融业、信息技术、科学研究相关就业人数分别为 24. 3 万、8. 6 万、5. 6 万人（见图 4 -2），虽然此类人才就业人数逐年上升（见图 4 -3），但与同期设立自贸试验区的山东、江苏相比仍存在较大差距。

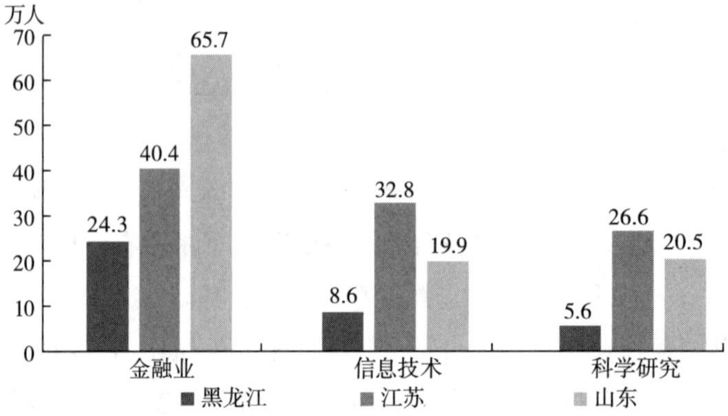

图 4 -2　2020 年黑龙江省、江苏省、山东省金融业、信息技术、科学研究就业人数

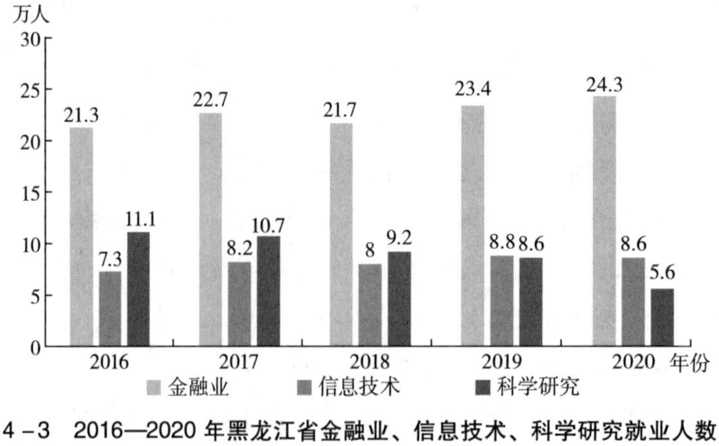

图 4 -3　2016—2020 年黑龙江省金融业、信息技术、科学研究就业人数

4. 对外贸易结构单一

黑龙江省对外贸易存在贸易结构单一、质量不高的问题。

首先，外贸市场结构较为单一。黑龙江省虽与上百个国家有着密切的贸易往来，但集中度较高。2021 年黑龙江省前三大贸易伙伴分别为俄罗斯、欧盟、巴西，分别占黑龙江外贸总额的65.8%、5.7%、3.7%，可见黑龙江对外贸易的地域结构不尽合理。

其次，贸易结构有待优化。中俄两国互为最大的邻国，经济互补性强，合作潜力巨大，近年来随着两国经济的持续增长，贸易往来越发密切，贸易规模也在不断扩大。但中俄贸易中存在商品结构单一、机电产品和高附加值产品占比不高、贸易服务体系薄弱、保险信贷领域合作水平较低等问题。以黑河片区为例，黑河片区作为东北亚国际经济合作发展的重要枢纽，受历史因素的影响，经济基础薄弱，经贸发展较为滞后，一方面是经济体量过小，另一方面是产业结构不合理。从黑河进出口贸易结构来看，进口产品多为资源、能源型，且以原材料或者初级加工产品为主，长期依赖原材料和初级加工产品这些处于产业价值链低端的产品，不利于黑河贸易竞争力的增强；出口产品多为重工业产品，但总额较小，黑河第二产业优势并不显著，靠出口重工业品从长期来看并不利于黑河片区产业升级和进出口贸易转型升级。哈尔滨片区同样存在产业结构不合理的问题。自改革开放以来，哈尔滨长期依赖资源优势，以发展重工业为重心，造成了哈尔滨大多数产品处于产业价值链低端的问题，以及片区内产业结构单一、传统产业发展后劲不足、新兴产业发展缓慢等问题，极大地限制了哈尔滨片区的发展。

七、黑龙江自由贸易试验区高质量发展的思考与建议

黑龙江自贸试验区的设立和发展，旨在全面落实中央关于推动东北全面振兴全方位振兴、建成向北开放重要窗口的要求，着力深化产业结构调整，打造对俄罗斯及东北亚区域合作的中心枢纽。受国际环境影响，基于国内产业链供应链升级需要，未来一段时间内，黑龙江自贸试验区要在构建新发展格局的过程中，基于国内大市场培育国际竞争新优势，对标国际先进规则，创新机制体制，提升跨境金融服务能力、增强跨境金融监管，推动贸易结构调整，打造更高水平开放格局，构建符合新时代的现代化产业布局和产业体系，发挥自贸试验区内通外联的枢纽作用，建设黑龙江省对外开放新高地。

（一）充分利用地缘优势，进一步拓展对俄合作的深度和广度

俄罗斯是世界粮食大国，远东地区耕地资源约占远东地区总面积的1/4。近年来，俄罗斯政府大力实施远东开发战略。黑龙江省与俄远东地区的边界线长达3045千米，占中俄边界线总长的70.8%。黑龙江可利用地缘优势和粮食基地的功能，加强与俄远东地区农业生产领域和基础设施建设等方面合作，构建互利互惠的合作机

制，既可增加俄远东地区的出口和税收，又能使我国在粮食安全、农业产能输出、企业“走出去”等方面获益。

另外，俄罗斯远东地区基础设施落后，是制约远东地区经济发展的突出因素，改善俄远东地区基础设施将促进中俄扩大经贸联系。黑龙江应积极拓展对俄远东地区基础设施合作项目，加快黑龙江跨境公路大桥配套设施建设，开通黑河—卡尼库尔干公路口岸货运通道，改善基础设施互联互通条件，扩大双边经贸合作。

（二）推进构建现代产业体系

一是优化自贸试验区产业布局。依托资源禀赋、区位特点、产业基础和生态优势，坚持自贸试验区产业发展的差异化布局。因地制宜发展绿色食品加工、矿产资源开发、外贸加工、医药等特色加工制造业。发展现代服务业，聚焦专业化和价值链高端化，发展生产性服务业和服务型制造业。大力发展边境旅游、跨境商贸物流等特色服务业，做优做精边境地区产业。

二是构筑自贸试验区产业发展平台。依托黑龙江自贸试验区的经济开发区、农业科技园区等各类产业园区和边境经济合作区平台，吸引资金、技术、人才等要素向自贸试验区沿边片区集聚，建设沿边片区的产业高地。推进自贸试验区沿边片区与国内发达地区合作，加快发展“飞地”经济。

三是优化自贸试验区产业政策体系。支持黑龙江自贸试验区优先发展特色产业，加大对中小微企业和创新型企业的扶持力度，在项目建设用地、行政审批等方面给予特殊政策倾斜。

（三）推动综合改革创新

一是提升对外开放新前沿的建设水平。充分发挥自贸试验区改革开放试验田作用，积极开展首创性、差别化改革探索，着力形成具有地方特色的可复制推广经验和沿边开放创新案例。加快推进自贸试验区的投资贸易自由化、便利化，优化自贸试验区的口岸布局，合理规划和确定口岸功能定位，推动口岸科学发展。大力发展电子商务，加快推进“数字自贸试验区”建设，推动电子商务进农村综合示范县政策向自贸试验区沿边片区倾斜。进一步对标先进，优化营商环境，吸引更多市场主体入驻自贸试验区。推进自贸试验区人事薪酬制度和“放管服”改革试点工作，进一步增强自贸试验区的吸引力，构建以俄罗斯及东北亚地区为重点的开放合作高地。

二是提升跨境产业链建设水平。着力发展跨境产业链，建设跨境产业园区，促进中俄产业合理分工，建设海外仓和边境仓，构建跨境贸易链、物流链，培育新的经济增长点和人口集聚点。落实国家《关于应对新冠肺炎疫情支持边境（跨境）经济合作区建设促进边境贸易创新发展有关工作的通知》要求，指导边（跨）合区建设采用“小组团”滚动开发模式，完善自贸试验区的产业“家谱+图谱”，开展稳链、补链、延链、强链行动。探索国际合作路径，鼓励有条件的片区在食品、汽车、生物制药、高端装备制造等领域建设对俄、欧、日韩合作的产业园。

三是提高通关便利化水平。优化绥芬河、东宁公路口岸货物通关流程，稳步提升货车通关能力；做好边境水运口岸冬季跨境运输准备工作。推动《黑龙江口岸中长期发展规划》落地，筑牢口岸大省向口岸强省转变的基础。推进自贸试验区国际贸易“单一窗口”实体平台建设，提升客货通关的便利化程度，强化自贸试验区对外开放平台的支撑作用。

（四）强化人才吸引和扶持机制

一是强化政策的有效供给。破除人才发展的体制机制障碍，为人才成长发展提供更优更好的发展环境；出台吸引人才的政策，把引才计划精准到产业、项目、单位，对各类人才靶向施策，为引进人才提供有吸引力的政策支持，并对其工作目标任务作出科学安排和考核评价要求。

二是多措并举，招才引智。通过有偿咨询、兼职挂职、技术合作、柔性引才、对口帮扶等多种方式，引导各类优秀人才向重点领域、重点产业集聚，推动自贸试验区人才队伍扩大增量、提高质量、稳住存量、释放能量。

三是发挥资源禀赋优势。利用自贸试验区发展机遇和资源禀赋，与各地企业、高校等人才智力密集单位开展合作，与高等院校共建实习就业一体化基地，举办人才交流大会、外贸企业及相关人员培训班，推进产才融合等，打造自贸试验区人才聚焦高地；加大本地专业人才的培养力度，鼓励并引导黑龙江省大专院校增设外贸、商务外语、跨境电商等相关专业。

（五）提高金融创新能力

推动自贸试验区金融产业基础设施和综合服务平台的建立，推动人民币两岸清算体系的建立。实现金融市场和要素市场的互联互通，为市场交易打造更多的金融衍生品，促进金融贸易的多元化。通过自贸试验区的物流枢纽优势，以商贸物流的金融需求为方向，创新物流金融服务平台，带动供应链金融的发展。根据各片区的功能定位，对哈尔滨片区和黑河片区采取不同的金融创新政策，突出不同片区的不同优势，因地制宜。建立审慎监管模式，做好防范系统性金融风险措施。要做到金融统筹监管与互联互通，形成规范、统一、高效的金融信息系统，利用大数据优势精细化设计，构建风险预警体系及处置方案，保障自贸试验区金融创新与发展。

第五章　设立内蒙古自由贸易试验区的探究与展望

内蒙古自治区是面向俄罗斯和蒙古国开放的桥头堡，也是距离国内中心市场最近的沿边地区，有着得天独厚的区位优势。建立中国（内蒙古）自由贸易试验区可以填补我国西部沿边自贸试验区网络建设中的空白，对于构建新发展格局意义重大。

一、内蒙古设立自由贸易试验区的条件与基础

内蒙古自治区经过几十年的发展，经济综合实力不断提升，地区生产总值从2012 年的超过万亿元，到 2021 年的超过 2 万亿元，实现了快速增长，为建设自由贸易试验区打下了良好基础。

（一）基本条件

1. 政治与社会环境

内蒙古自治区位于我国正北方，总面积 118.3 万平方千米，横跨东北、华北、西北地区，内与黑龙江、吉林、辽宁、河北、山西、陕西、宁夏、甘肃 8 省区相邻，外与俄罗斯、蒙古国接壤，边界线 4200 多千米。[①] 截至 2021 年末，内蒙古常住人口 2400 万人，是一个多民族聚居的地区，其中蒙古族是人口最多的少数民族。

内蒙古自治区紧邻蒙古国与俄罗斯。这两个邻国都与我国较早建立了和平友好的外交关系。中俄 1996 年建立战略协作伙伴关系，2001 年签署《中俄睦邻友好合作条约》（以下简称《条约》），2011 年建立平等信任、相互支持、共同繁荣、世代友好的全面战略协作伙伴关系，2019 年提升为中俄新时代全面战略协作伙伴关系。2021 年，在《条约》缔结 20 周年之际，两国元首发表联合声明，正式宣布《条约》延期。

蒙古国同我国陆上相邻 4710 千米，是与我陆地边界线最长的邻国。蒙古国与我

① 区域概况[EB/OL]. https://www.nmg.gov.cn/asnmg/yxnmg/qqgk/202003/t20200304_235646.html.

国内蒙古在语言文字、文化习俗等方面较为相近，两地人民一直保持着密切的经济文化往来，贸易基础较好。两国于 1949 年 10 月 16 日建立外交关系。建交 60 多年来，中蒙两国关系虽经历过一些曲折，但睦邻友好始终是主流。尤其是近 20 年来，两国关系发展迅速，成果显著。1994 年，双方签署《中蒙友好合作关系条约》，为两国关系健康稳定发展奠定了政治和法律基础。①

2. 自然资源条件

内蒙古自治区自然资源丰富。全区森林面积 4.08 亿亩，居全国第一位，森林覆盖率达 23.0%。成矿地质条件优越，矿产资源丰富，全区共有 103 种矿产的保有资源量居全国前 10 位，其中有 48 种矿产的保有资源量居全国前 3 位，特别是煤炭、铅、锌、银、稀土等 21 种矿产的保有资源量居全国第 1 位。

俄罗斯和蒙古国也是自然资源丰富的国家。俄罗斯自然资源种类多，储量大；森林覆盖面积 1126 万平方千米，占国土面积的 65.8%，居世界第 1 位；木材蓄积量居世界第 1 位；天然气已探明蕴藏量占世界探明储量的 25%，居世界第 1 位；石油探明储量占世界探明储量的 9%；煤蕴藏量居世界第 5 位；铁、镍、锡蕴藏量居世界第 1 位；黄金储量居世界第 3 位；铀蕴藏量居世界第 7 位。蒙古国矿产资源丰富，部分大矿储量在国际上处于领先地位，现已探明的有铜、钼、金、银、铀、铅、锌、稀土、铁、萤石、磷、煤、石油等 80 多种矿产。

3. 交通和电信基础设施

近年来，内蒙古自治区交通领域建设全面提速，高铁、地铁从无到有，铁路运营总里程居全国前列，民用机场覆盖全部盟市，公路建设加快发展，为高质量发展提供了强力支撑。2011—2021 年，内蒙古铁路运营里程从 9400 多千米增加到近 1.5 万千米，居全国第 1；新增公路里程 4.9 万千米，与周边 8 省区的高等级公路全面打通；民用机场由 15 个增加到 43 个，呼包鄂乌城市群、赤峰、通辽等地已经融入首都 2.5 小时“通勤圈”。对外开放口岸由 12 个增至 20 个，过境中欧班列由 2013 年的 2 列增加到 2020 年的 6100 多列，始发中欧班列由 2016 年的 30 多列增加到 2020 年的 300 多列，满洲里、二连浩特口岸进出境中欧班列均累计突破万列大关，边境陆路口岸货运总量居全国首位。②

---

① 蒙古国家概况[EB/OL]. 中华人民共和国外交部网站. https://www.mfa.gov.cn/web/gjhdq_676201/gj_676203/yz_676205/1206_676740/1206x0_676742/.

② 服务双循环 联通内与外[EB/OL], [2022-08-23]. https://www.nmg.gov.cn/ztzl/xyesdjgxsd/ffsn/202208/t20220823_2109747.html? slb=true.

内蒙古自治区通信管理局和内蒙古自治区互联网协会联合编制的《2021 年度内蒙古互联网发展报告》显示，截至 2021 年底，内蒙古移动互联网终端用户数达 2559.8 万户，同比增速为 9.6%。互联网宽带接入端口数达 1750.1 万个，较 2020 年底增长 308.8 万个，增幅为 21.4%。移动电话用户数量达到 3016.9 万户，移动电话普及率为 125.4%，居全国第 6 位。

4. 教育与科技环境

2021 年末，内蒙古共有研究生培养单位 11 个，招生（含非全日制）1.3 万人，在学研究生（含非全日制）3.4 万人，比上年增长 5.9%；拥有高等院校 54 所，招生 15.8 万人，在校生 50.7 万人，毕业生 13.0 万人；拥有中等职业教育学校 200 所，招生 6.7 万人，在校生 17.9 万人，毕业生 4.9 万人。教育人才数量的不断扩大，为区域经济发展储备了人才。①

为促进内蒙古科技发展，2020 年内蒙古出台《关于加快推进"科技兴蒙"行动支持科技创新若干政策措施》。近年来，内蒙古积极开展科技发展和创新活动，不断加大科研投入。2021 年，内蒙古共投入科学研究与试验发展（R&D）经费 190.1 亿元，比上年增加 29.0 亿元，增长 18%。②

（二）发展基础

1. 经济发展概况

2010 年至今，内蒙古地区经济规模平稳增长，地区生产总值由 11655 亿元增长至 2021 年的 20514.2 亿元，总量增长了近 2 倍（见图 5－1）。

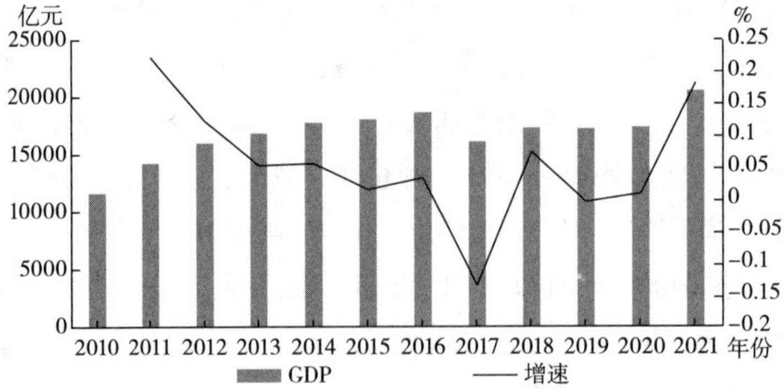

图 5－1　2010—2021 年内蒙古地区生产总值及增速

资料来源：内蒙古自治区历年国民经济和社会发展统计公报。

① 内蒙古自治区 2021 年国民经济和社会发展统计公报。

② 2021 年内蒙古自治区科技经费投入统计公报[EB/OL]，[2022－09－30]. https://www.nmg.gov.cn/tjsj/sjfb/tjsj/tjgb/202209/t20220930_2143911.html.

2021 年，全区固定资产投资（不含农户）比上年增长 9.8%，增速较上年明显提升。内蒙古固定资产投资增速呈现较大幅度的波动，在 2018 年降至低点，之后迅速回升（见图 5-2）。

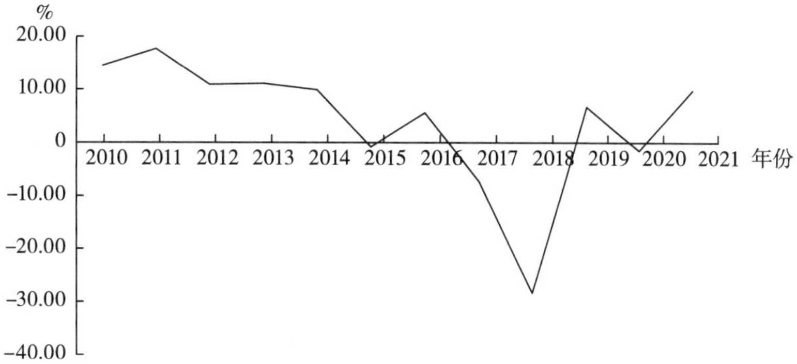

图 5-2 2010—2021 年内蒙古固定资产投资（不含农户）增速

资料来源：国家统计局网站（https://data.stats.gov.cn/easyquery.htm?cn=E0103）。

2021 年，全区一般公共预算收入 2349.9 亿元，比上年增加 298.7 亿元，增长 14.6%。其中，税收收入 1671 亿元，增加 213.3 亿元，增长 14.6%；非税收入 678.9 亿元，增加 85.4 亿元，增长 14.4%。内蒙古自治区财政收入实现阶段式稳步增长，2010—2016 年增速不断下降，但 2017—2021 年财政收入增速恢复波动式增长（见图 5-3）。

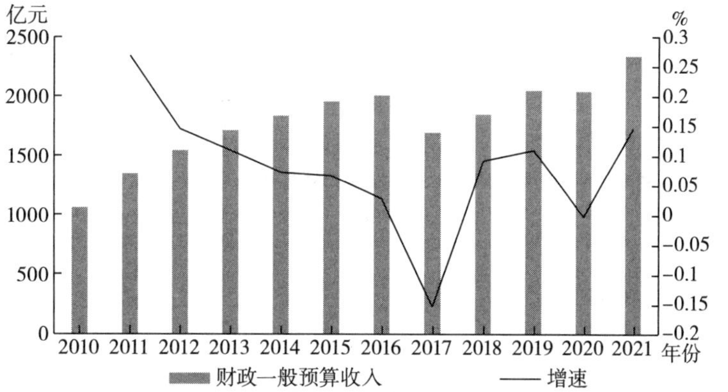

图 5-3 2010—2021 年内蒙古地区财政一般预算收入及增速

资料来源：国家统计局网站（https://data.stats.gov.cn/easyquery.htm?cn=E0103）。

2021 年，内蒙古社会消费品零售总额达到 5060.3 亿元，同比上升 6.3%。内蒙古社会消费品零售总额整体呈现上升态势，其中 2015 年受经济下行压力的影响、2020 年受新冠疫情的影响，消费品零售总额有所下降（见图 5-4）。

2021 年，内蒙古全体居民人均可支配收入 34108 元，比 2020 年增长 8.3%。其

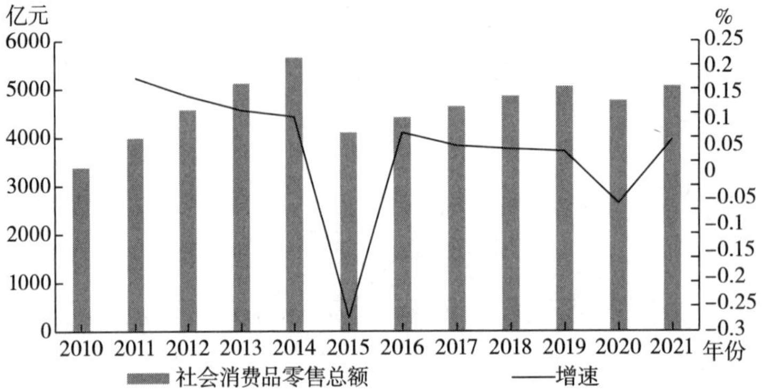

图 5-4 2010—2021 年内蒙古社会消费品零售总额及增速

资料来源：国家统计局网站（https://data.stats.gov.cn/easyquery.htm?cn=E0103）。

中，城镇居民人均可支配收入 44377 元，增长 7.3%；农村居民人均可支配收入 18337 元，增长 10.7%。城乡居民收入比为 2.42，较 2020 年缩小 0.08。2010—2021 年，内蒙古城镇和农村居民人均可支配收入保持稳定增长（见图 5-5）。

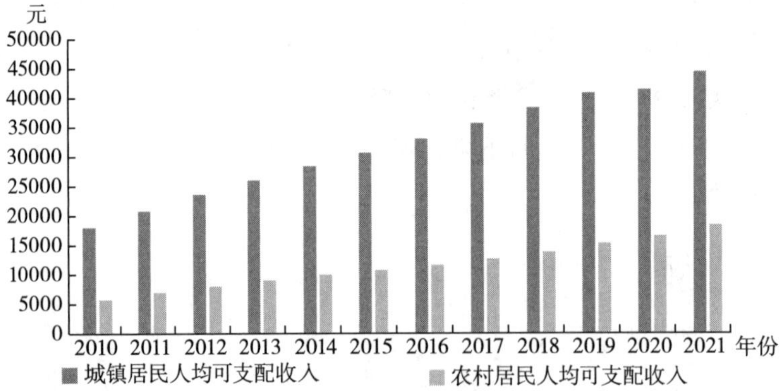

图 5-5 2010—2021 年内蒙古城镇和农村居民人均可支配收入

资料来源：国家统计局网站（https://data.stats.gov.cn/easyquery.htm?cn=E0103）。

2. 进出口贸易发展概况

内蒙古进出口贸易总额由 2010 年的 595.29 亿元增加到 2021 年的 1235.6 亿元，年均增速 6.8%。2015—2016 年，内蒙古对外贸易经历了短暂的下滑，与铜矿砂、铁矿砂等主要资源性商品进口价格波动密切相关。一方面，铜矿砂、铁矿砂是内蒙古的主要进口商品，其价格的跌落拉低了内蒙古的进口总额。另一方面，内蒙古的主要出口目的地是俄罗斯与蒙古国，资源性商品价格的下跌同样影响了俄罗斯和蒙古国两国的经济增长，导致市场需求下降。伴随国际市场复苏和大宗商品价格的上涨，内蒙古的进出口贸易额在 2017—2019 年恢复增长趋势。2020 年，面临严峻的疫情挑战，内蒙古进出口贸易额再次下跌。随着疫情防控进入常态化，内蒙古外贸恢复，2021 年，内蒙古海关进出口总额1235.6亿元，比上年增长17.2%（见图5－6）。

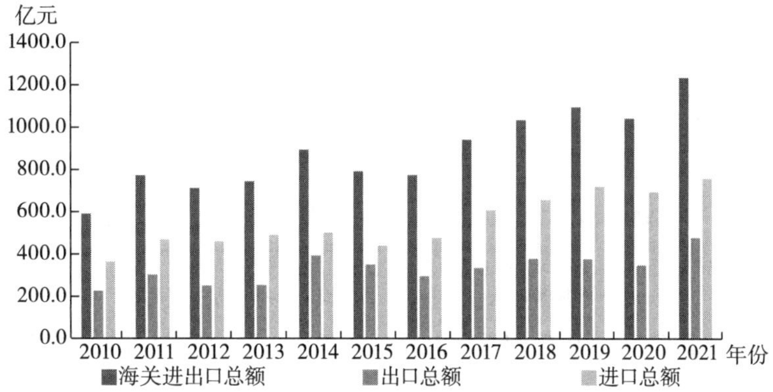

图5－6　2010—2021年内蒙古进出口贸易额变化趋势

资料来源：内蒙古自治区历年国民经济和社会发展统计公报。

一般贸易和边境小额贸易是内蒙古的主要对外贸易方式。2010—2021年，一般贸易额呈上升趋势，2016年之后涨幅较大。2021年，一般贸易保持快速增长，贸易额为814.9亿元，同比增长了19.8%，约占贸易总额的66%，成为内蒙古最主要的对外贸易方式。边境小额贸易在2012—2015年、2019—2021年这两个时间段里下降显著。加工贸易在全区贸易方式中占比较低，从总量上看，内蒙古加工贸易进出口总额在2014年为15.1亿元，2018年升为41.3亿元，2020年回落至19.3亿元，2021年又升为67.8亿元，整体呈现上升趋势（见图5－7）。这在一定程度上体现了中国西部地区承接东部沿海地区加工贸易产业转移的成效。

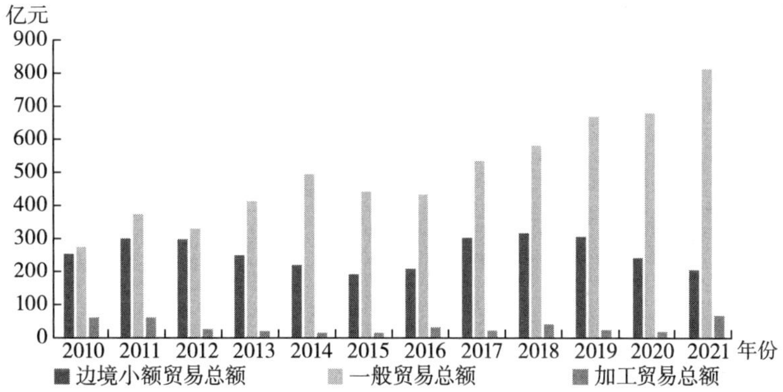

图5－7　2010—2021年内蒙古边境小额贸易、一般贸易和加工贸易总额变化趋势

资料来源：内蒙古自治区历年国民经济和社会发展统计公报。

内蒙古入境旅游表现为持续的增长趋势，但入境旅游收入和入境旅游人数的增势较缓。2020年，受全球新冠疫情的影响，内蒙古的入境旅游收入和人数都急速下降（见图5－8）。

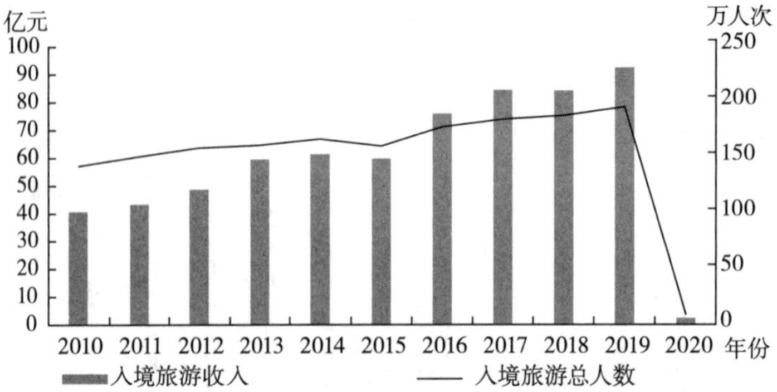

图 5－8　2010—2021 年内蒙古入境旅游收入和总人数变化趋势

资料来源：内蒙古自治区历年国民经济和社会发展统计公报。

3. 招商引资

2010—2021 年，内蒙古自治区利用外资方式有较大改变，外商直接投资方式多样、数量增加，且外商直接注入资本绝对数量增加，占总投资额比例稳定。改革开放以来，内蒙古引进外资的方式主要有外国贷款、中外合资、中外合作和外商独资企业。

“十二五”期间，内蒙古实际利用外资金额在 2013 年达到最高，实现外资流入 48.43 亿美元。“十二五”时期总体实现实际利用外资 197.8 亿美元，较“十一五”时期增长 53.3%，增速高于全国平均水平，体现出内蒙古利用外资市场广阔，潜力巨大。“十三五”期间，内蒙古实际利用外资金额不断下降。受新冠疫情的影响，2021 年内蒙古实际利用外资金额为 3.2 亿美元。内蒙古外商投资企业数量变化不大，较为稳定（见图 5－9）。

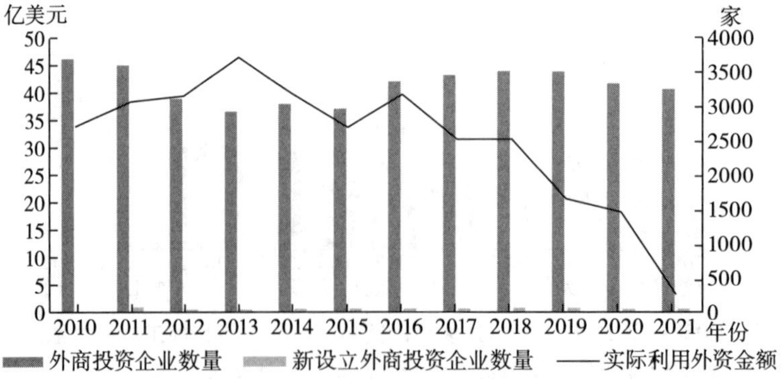

图 5－9　2010—2021 年内蒙古实际利用外资金额及外商投资企业数量变化趋势

资料来源：内蒙古自治区历年国民经济和社会发展统计公报。

内蒙古正在集中打造绿色农畜产品加工、新能源、新材料、新型化工、现代装备制造、生物医药、数字经济、现代服务业产业集群，首批打造 12 条重点产业链，并配套出台了一批产业扶持、招商引资、优化营商环境等方面的政策措施。

4. 口岸建设

内蒙古现有国务院批准的对外开放口岸 20 个，其中，铁路口岸 2 个、公路口岸 12 个、航空口岸 6 个，形成了多方位、立体化的口岸开放格局（见表 5－1）。内蒙古沿边口岸建设不断完善，通关能力显著提高，这些口岸承载了中蒙 95%、中俄 65% 以上的贸易运量。经过多年发展，内蒙古自治区边境口岸的管理和服务水平逐渐提升，口岸通关便利化程度不断提高，口岸功能逐步完善，口岸定位逐渐清晰。

表 5－1　内蒙古对外开放口岸情况

口岸类型	具体口岸
航空口岸	呼和浩特航空口岸、海拉尔航空口岸、满洲里航空口岸、包头航空口岸、鄂尔多斯航空口岸、二连浩特航空口岸
公路口岸	对蒙古国的边境口岸（8 个）：二连浩特公路口岸、甘其毛都公路口岸、珠恩嘎达布其公路口岸、阿日哈沙特公路口岸、满都拉公路口岸、额布都格公路口岸、巴格毛都公路口岸、策克公路口岸 对俄罗斯的边境口岸（4 个）：满洲里公路口岸、黑山头公路口岸、室韦公路口岸、阿尔山公路口岸
铁路口岸	二连浩特铁路口岸、满洲里铁路口岸

资料来源：内蒙古自治区人民政府网站。

“十三五”时期，内蒙古累计投入口岸基础设施建设资金约 74 亿元，不断加大对原有口岸基础设施和配套设施的改造升级力度，重点加强口岸一体化通关建设、口岸智能管控系统建设、联检部门智能化管理系统建设，完成呼和浩特海关和满洲里海关关区 11 个公路口岸货运通道智能卡口建设。建成了电子口岸平台、内蒙古口岸视频监控指挥中心和内蒙古国际贸易“单一窗口”，实现了国家标准版与内蒙古电子口岸平台的对接，国际贸易“单一窗口”标准版主要功能的推广应用率达到 100%。

随着口岸开放数量的增加以及部分季节性开放口岸的升级发展，口岸过货量不断上升。2021 年，内蒙古口岸完成进出境货运量 5093.8 万吨，其中，进境货运量 4280.4 万吨、出境货运量 813.4 万吨，进口货运量占主导地位。对蒙古国口岸进出境货运量 3222.6 万吨、客运量 55.9 万人次，对俄罗斯口岸进出境货运量 1871.2 万吨。内蒙古口岸进出境交通工具 47.9 万架（辆、列、次）。[①]

① 区域概况［EB/OL］，［2023－03－24］. https://www.nmg.gov.cn/asnmg/yxnmg/qqgk/202003/t20200304_235646.html.

5. 产业基础

内蒙古产业结构持续优化，三次产业均衡稳步发展。从构成看，内蒙古三次产业结构由2010年的9.5∶54.6∶35.9发展到2017年的10.2∶39.8∶50，再到2021年的10.8∶45.7∶43.5。第三产业比重先提升又下降，但整体提升7.6个百分点，高于第一产业32.7个百分点，略低于第二产业2.2个百分点。整体呈现第二产业比重下降、第一产业和第三产业比重上升的发展趋势，三次产业结构从“二三一”向“三二一”转变（见图5－10）。

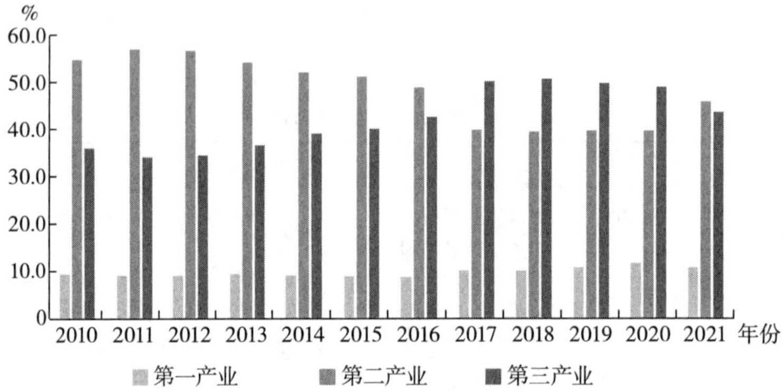

图5－10 2010—2021年内蒙古三次产业比例变化趋势

资料来源：内蒙古自治区历年国民经济和社会发展统计公报。

内蒙古独特的地理环境和资源禀赋孕育了现代煤化工、羊绒、肉牛、肉羊等特色优势产业，并且形成了较为完善的产业链条，新兴产业、新能源产业大力发展，服务业稳定发展。

第一产业“压舱石”作用显著。内蒙古已成为全国重要的“粮仓”“肉库”“奶罐”“绒都”。2021年，全区农作物总播种面积1.3亿亩，比2012年增长14.0%。全区粮食产量达到768.1亿斤，粮食产量全国排名从2012年的第10位跃居第6位。内蒙古是国家13个粮食主产省区和8个规模外调省区之一。2021年，全区猪牛羊禽四肉产量270.3万吨，已经成为全国重要的畜产品生产加工基地，牛奶、牛肉、羊肉、羊绒产量已稳居全国第一。

新兴产业快速发展。2021年，内蒙古战略性新兴产业增加值比上年增长10.4%；高技术制造业增加值同比增长20.2%，高新技术产业增加值同比增长22.4%。2021年，全区规模以上高技术制造业增加值比上年增长20.2%，战略性新兴产业增加值比上年增长10.4%，分别快于规模以上工业增加值增速14.2个百分点和4.4个百分点，转型升级重点领域加快培育。内蒙古建成了全国最大稀土新材料生产基地和太阳能用晶硅材料生产基地，以及煤炭清洁高效利用示范区。煤炭加工由主要炼焦向现代煤化工转变，形成了现代煤化工产业体系，煤制烯烃产能居全国第一。

工业发展提质增效。2010—2021 年，内蒙古围绕培优增效，着力稳定和扩大工业投资。2021 年，全区工业投资同比增长 21.1%，占全部投资比重四成多。代表先进生产力的装备制造业投资同比增长 41.5%，高于工业投资增速 20.4 个百分点。内蒙古紧紧抓住国家大力发展新能源的重大战略机遇，全力推动新能源项目提速增效，其中风力发电投资同比增长 30.3%。新能源电力装机保持快速增长的势头，内蒙古超 1/3 的电力装机和近 1/5 的发电量来自新能源，成为全国最大的新能源产业基地。2010—2021 年，太阳能发电量年均增速达到 73.3%；风力发电量年均增长 14.5%。[①]

第三产业稳步发展。内蒙古服务业回稳提质，新创建 3 个国家级夜间文旅消费集聚区和 9 个全国乡村旅游重点村镇，包头市入选国家级文旅消费试点城市。2021 年，全区高新技术企业和科技转型中小企业分别达到 1220 家、828 家。

（三）呼包鄂乌片区

呼包鄂乌城市群主要包括呼和浩特市、包头市、鄂尔多斯市和乌兰察布市，地处内蒙古中西部，行政区域土地面积 18.6 万平方千米，占全区的 15.7%。2021 年，呼包鄂乌城市群常住人口 1004.19 万人，占全区总人数的 41.8%，常住人口城镇化率达 78.11%。[②]

1. 政策支持

2018 年 3 月，习近平总书记在参加十三届全国人大一次会议内蒙古代表团审议时强调："呼包鄂三市空间地理集中、产业基础较好、区位优势明显，要优化资源要素配置和生产力空间布局，形成有竞争力的增长极。"2018 年《呼包鄂榆城市群发展规划》获国务院批复，呼包鄂协同发展纳入国家战略。2021 年 10 月内蒙古自治区出台了《呼包鄂乌"十四五"一体化发展规划》，大力推进呼包鄂乌一体化发展。

2. 经济中心地位

呼包鄂乌城市群是黄河流域生态保护和高质量发展的重要板块，是自治区的重

① "数说这十年"看内蒙古产业发展汇聚的磅礴力量[EB/OL]，[2022-09-14]. http://www.chinadevelopment.com.cn/sh/2022/0914/1798000.shtml.

② 呼包鄂乌城市群发展现状与思考[EB/OL]，[2021-11-26]. https://www.nmg.gov.cn/tjsj/sjjdfx/202111/t20211126_1962829.html.

点开发区域和经济发展核心区，在自治区高质量发展大局和全方位融入国内国际大市场中具有举足轻重的战略地位。呼包鄂乌区域是内蒙古经济发展最活跃、开放程度最高、创新能力最强的区域。

呼包鄂乌区域经济社会发展全区领先，2021 年，四市生产总值 12033.7 亿元，占全区比重为 58.6%，其中呼包鄂三市占全区比重达 54.3%。呼包鄂乌区域产业结构优化，人均收入水平较高。2021 年，三次产业结构比重为 4.6∶50.5∶44.9，人均地区生产总值鄂尔多斯市为 218118 元，居全区之首，包头市为 121331 元、呼和浩特市为 89828 元，均高于全区平均水平（854220 元）。[①]

3. 重要交通枢纽

呼包鄂乌地区承东启西、联南通北，均是国家正式批复的物流枢纽城市，是自治区打造我国向北开放重要桥头堡的枢纽节点，在自贸试验区建设中占据重要地位。京呼高铁建成通车，集大原高铁开工建设，包银高铁积极推进，“轨道上的呼包鄂乌”已见雏形，重大基础设施基本联通。2020 年，四市公路总里程 58795 千米，占全区的 28.0%；客运量 735 万人，占全区的 22.8%；货运量 54663 万吨，占全区的 50.2%。

4. 产业全面发展

呼包鄂乌产业发展层次全面，着力打造以先进制造业和战略性新兴产业为主的产业新高地。集中农畜产品加工业、新材料和现代装备制造业、电子信息技术产业、清洁能源产业等产业集群发展。

呼包鄂乌城市群自然资源和科技创新资源丰富，2020 年呼包鄂乌区域探明煤炭储量 2652.0 亿吨，占全区的 51.2%；铁储量 20.1 亿吨，占全区的 47.6%。呼包鄂乌区域拥有 3 个国家级高新区和多家科研院所、高等院校，创新资源相对丰富，是内蒙古创新能力最强的区域。呼和浩特国家乳业技术创新中心、包头国家稀土新材料创新中心（北方中心）、鄂尔多斯国家可持续发展议程创新示范区建设取得积极进展。

（四）满洲里片区

满洲里市位于内蒙古自治区呼伦贝尔市西部，东临新巴尔虎左旗，南、西与新巴尔虎右旗相邻，北与俄罗斯接壤，是呼伦贝尔市行政区划内的一个准地级市，是一座边境口岸城市。中俄边境满洲里管段全长 101.1 千米，其中满洲里辖区内

① 呼和浩特市、包头市、鄂尔多斯市、乌兰察布市 2021 年国民经济和社会发展统计公报。

的国境线全长 54 千米。满洲里地处东北亚经济圈的中心，是欧亚第一大陆桥的战略节点，素有“东亚之窗”美誉，是全国最大陆路口岸，承担着中俄贸易 65% 以上的陆路运输任务。满洲里经济地理条件十分优越，对内背靠东北三省、与环渤海地区相贯通，经济腹地辽阔；对外连接俄罗斯西伯利亚大铁路直至荷兰鹿特丹，途经俄罗斯人口最多、资源最富集的地区。

1. *发展历程*

1988 年，满洲里被国家设立为经济体制改革开放试验区，1992 年被国务院批准为首批沿边开放城市，与日本、俄罗斯、波兰、匈牙利、新加坡等 40 多个国家和地区建立了广泛的贸易关系。1992 年，国务院批准设立满洲里边境经济合作区。2002 年，满洲里和深圳一起被确定为“十五”期间国家重点建设和优先发展的两个陆路口岸。2012 年，满洲里市获批国家重点开发开放试验区。2015 年签署《丝绸之路口岸区域协作满洲里宣言》。随着中蒙俄合作交往的深入推进和东北振兴、西部大开发战略的纵深推进，满洲里已成为东北亚区域经济合作的战略支点。

2. *经济基础*

近年来，满洲里市地区生产总值波动式增长，增速最快达到 11.59%。2021 年，满洲里市地区生产总值为 157.9 亿元，对外贸易额达到了 120.6 亿元，其中，进口额为 93.6 亿元，出口额为 27 亿元。①

满洲里市获批成为国家首批边境旅游试验区、全域旅游示范区。2019 年，满洲里入境旅游总人数达到了 74.22 万人次，入境旅游收入达 51591.36 万美元，占内蒙古入境旅游收入的 38.5%。满洲里还开发培育了万里茶道、和平之旅、中蒙俄三国自驾游等旅游品牌；获批油菜籽、亚麻籽、荞麦、燕麦进口口岸，引进培育了一些本地进口粮油加工企业。

3. *口岸贸易*

作为口岸城市，满洲里因口岸而生，因贸易旅游而兴，因开放而强。经过改革开放 40 多年的高速发展，满洲里已建立起完备的公路、铁路、航空立体化运输体系，公路口岸成为全国唯一实行 24 小时通关制度的国际公路口岸。满洲里充分发挥独特地理位置带来的枢纽作用，连接蒙俄，融入内陆，辐射全国，努力发展成为面向东北亚的现代化综合物流枢纽。

满洲里一直保持着“三二一”的产业结构，第三产业是满洲里主要支柱产业，

① 满洲里市 2021 年国民经济和社会发展统计公报。

但近年占比略有下降，2021年降至66.3%；第二产业占比在2018年降至10年最低之后持续上升，2021年升至31.2%（见图5－11）。满洲里初步形成了对外贸易、进出口加工、商贸旅游的产业体系。以木材为例，满洲里口岸承担着全国一半的中俄木材贸易。

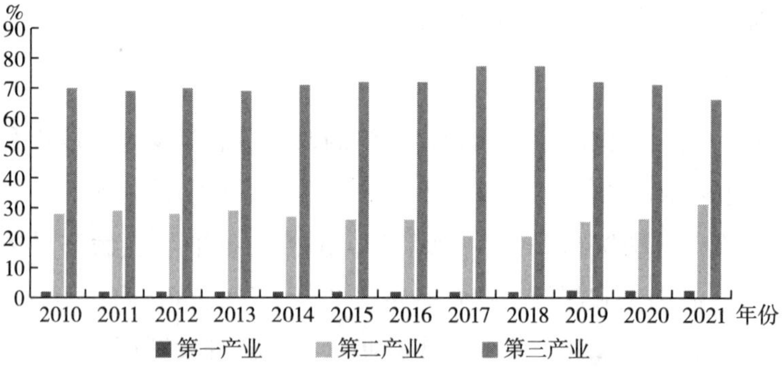

图5－11　2010—2021年满洲里市三产占比变化趋势

资料来源：满洲里市历年国民经济和社会发展统计公报。

满洲里作为中欧班列的东部通道，可以辐射国内30多个城市和国外20多个城市。2021年经满洲里口岸入境的中欧班列2235列，同比增加456列，增幅为25.6%；出境的中欧班列2000列，同比增加194列，增幅为10.7%。入境班列数量首次超过出境班列。中欧班列开行列数保持增长势头。

2021年，满洲里口岸进出口贸易总值424.8亿元，同比增长19.1%。其中，进口245.3亿元，同比增长6.4%；出口179.5亿元，同比增长42.2%。目前，满洲里口岸对外贸易方式已经逐步实现多元化，形成了以边境小额贸易为主，一般贸易、加工贸易、旅游贸易等多种贸易方式并存的格局，其中边境小额贸易占很大比重。从对外贸易的商品结构来看，通过满洲里口岸进口的货物品类主要有木材、矿粉、铁矿砂、煤炭、化肥、纸类、粮食作物等，出口的货物品类主要有果菜、轻工品、矿产品及建材等。从结算方式上看，满洲里口岸已经全面实现电汇、现汇、信用证等规范结算方式。从对外贸易总量上看，满洲里口岸对外贸易进出口总额整体呈增长趋势。

俄罗斯依旧是满洲里最大的贸易伙伴，2021年满洲里口岸对俄进出口360.8亿元，同比增长13.4%。其中，对俄出口133.7亿元，同比增长32.8%；进口227.1亿元，同比增长4.5%。2021年满洲里口岸以边境小额贸易方式对俄进出口116.6亿元，同比增长7.6%，相较整体增速低5.8个百分点。出口商品主要为机电产品、劳动密集型产品和农产品，分别出口87.3亿元、9.6亿元、8.6亿元，三者合计占同期满洲里口岸对俄出口总值的78.9%。进口商品以金属矿砂、木材和肥料为主，分别进口 73.5 亿元、56.9 亿元、32.3 亿元，三者合计占同期满洲里口岸自俄进口总值的 71.7%。[①]

（五）二连浩特片区

二连浩特市辖区面积 4015 平方千米，城市建成区面积 27 平方千米。下辖 1 个苏木（5 个嘎查）、8 个社区以及中蒙边民互市贸易区。二连浩特市位于自治区正北部，北与蒙古国口岸城市扎门乌德相隔仅 9 千米，东临锡林郭勒盟苏尼特左旗，西、南与苏尼特右旗毗邻，距锡林浩特市 360 千米、呼和浩特市 390 千米、北京 690 千米，是距首都北京最近的边境陆路口岸。距蒙古国首都乌兰巴托 714 千米、俄罗斯首都莫斯科 7623 千米，边界线长 72.3 千米，是我国对蒙古国开放的最大公路和铁路口岸，也是中欧班列中线通道唯一出入境口岸，是亚欧大陆桥的桥头堡。[②]

1. 发展历程

1996 年，蒙古国驻呼和浩特总领馆驻二连浩特办公室正式办公。2007 年，蒙古国驻呼和浩特总领馆驻二连浩特办公室升格为领事馆。国务院于 1992 年批准设立二连浩特边境经济合作区，2014 年批准设立国家重点开发开放试验区，中蒙二连浩特—扎门乌德跨境经济合作区的建设也在进行中。二连浩特市是国家和自治区向北开放的前沿和窗口，也是“一带一路”建设的重要节点，享有国家沿边开放、西部大开发、东北振兴等多项支持政策。

2. 经济发展

2021 年，二连浩特市地区生产总值 74.57 亿元，2010—2021 年年均增长 5.6%；人均生产总值达到 100564 元，比上年增长 3.8%。2021 年，一般公共预算收入 3.6 亿元，2010—2021 年年均增长 0.8%；2021 年，社会消费品零售总额 22.77 亿元，2010—2021 年年均增长 4.5%。[③] 二连浩特市近年来结合区位优势大力发展口岸通道经济、“班列经济”、边境小额贸易和落地加工贸易等。

3. 口岸通道经济

2012—2021 年，二连浩特市的产业结构不断优化，第三产业占比不断上升，在 2019 年达到峰值 84.9%；第二产业占比不断下降，在 2019 年达到最低值 13.9%（见图 5-12）。二连浩特市作为口岸城市，第三产业的发展与其独特的地理位置密切相关，对外贸易、物流、边境和跨境旅游等是二连浩特市的主导产业。

---

① 中华人民共和国满洲里海关网站（http://manzhouli.customs.gov.cn/）。

② 城市概况[EB/OL]. 二连浩特市人民政府网站. http://www.elht.gov.cn/zjel/elgk/csgk/.

③ 二连浩特市 2021 年国民经济和社会发展统计公报。

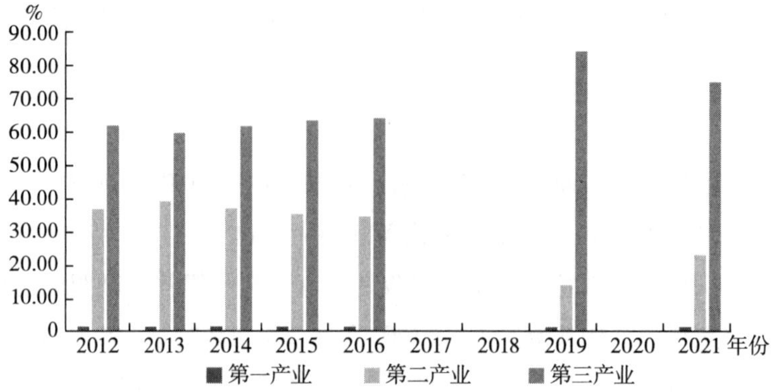

图5-12 2012—2021年二连浩特市三次产业比例变化趋势

资料来源：二连浩特市历年国民经济和社会发展统计公报。

二连浩特市强化特色服务，聚焦于培育壮大国际贸易物流、进出口加工、边境特色文化旅游、清洁能源四大优势特色产业，全力推动口岸经济社会高质量发展。

二连浩特口岸中欧班列通行线路由最初的2条增加到60条，通关列次由2列增加至2700余列，货物种类也从最初的日用百货扩大到机电、木材、汽车等。国内始发地辐射郑州、成都、厦门等多个城市，境外目的地覆盖荷兰鹿特丹、俄罗斯莫斯科等国家和地区。

2019年经由二连浩特口岸进出口的货运量达到1471万吨，疫情之下二连浩特口岸的通货量保持稳定增长，创下历史新高。2021年，二连浩特口岸进出口贸易额301.5亿元，同比增长23.4%。其中，进口206.9亿元，同比增长23.8%；出口94.6亿元，同比增长22.4%。二连浩特口岸主要进出口货物有铁、木材、矿石、铜、原油、矿粉、水泥等，蒙古国进口的果蔬及日用品有70%经由二连浩特口岸输入。①

二、设立内蒙古自由贸易试验区的重要意义

设立内蒙古自由贸易试验区对国家实行更高水平的对外开放战略和内蒙古经济发展来说都具有深远意义。

（一）服务国家发展战略

自2013年建设上海自贸试验区起，我国逐步从沿海到内陆建立了21个自贸试验区以及海南自由贸易港，遍布所有沿海省份和大部分内陆省份，全国31个省

① 二连浩特市2019年、2021年国民经济和社会发展统计公报。

(区、市)设立自贸试验区的比例已达67.7%。随着我国开放的步伐逐渐加快,设立沿边自贸试验区符合我国经济发展的总体利益。内蒙古自贸试验区的建设呼应了国家深化西部大开发战略,有利于缩小东、西部的发展差距,协同沿海和内陆省份已建立的自贸试验区,形成高质量发展格局。

对接国家重大区域发展战略,是建设沿边自贸试验区的重要内涵。① 2010年,我国在实施新一轮西部大开发战略中提出,提升沿边开发开放水平,积极建设内蒙古满洲里、广西东兴、云南瑞丽等重点开发开放试验区。2013年,《中共中央关于全面深化改革若干重大问题的决定》提出"进一步扩大内陆沿边开放"。2015年,《国务院关于加快实施自由贸易区战略的若干意见》提出"加快构建周边自由贸易区"。

我国经济发展进入新常态,妥善应对我国经济社会发展中面临的困难和挑战,更加需要扩大对外开放。加快实施自由贸易区战略,是适应经济全球化新趋势的客观要求,是全面深化改革、构建开放型经济新体制的必然选择,是我国积极参与国际经贸规则制定、争取全球经济治理制度性权力的重要平台,也是我国积极运筹对外关系、实现对外战略目标的重要手段。②

(二)打造向北开放桥头堡,推进兴边富民

沿边地区的经济发展对促进我国经济高质量发展具有重要意义。随着我国全面建成小康社会,"一带一路"建设加快推进,区域协调发展不断深化,稳边、固边、兴边被摆在重要位置,兴边富民行动也遇到了难得的机遇。设立沿边自由贸易试验区是国家推进兴边富民的战略举措。中国边境地域辽阔,少数民族聚居,有些民族临国境线而居或者跨国境生活,很自然地与邻国民族拥有相似的生活方式和语言文化。设立内蒙古自贸试验区,有利于兴边富民行动的深入推进,有利于边境地区巩固拓展脱贫攻坚成果,提高基础设施和公共服务设施水平,改善边民生产生活条件,推动实现共同富裕。内蒙古自治区坐落在祖国正北方,是与俄罗斯、蒙古国接壤的少数民族聚居地。边境优势是内蒙古的天然优势,设立内蒙古自贸试验区能够更好地将内蒙古的边境优势化为开放优势,推动内蒙古经济发展,促成边疆人民的美好生活。

(三)积极参与并促进"一带一路"建设

内蒙古自贸试验区的建设有利于将内蒙古发展与丝绸之路经济带建设进行实质

① 王力,李春香. 中国沿边自由贸易试验区建设蓄势待发[J]. 银行家,2019(9):48-52.

② 高志刚,张燕,刘雅轩. 丝绸之路经济带核心区重要增长极:新疆自由贸易试验区建设构想研究[J]. 新疆社科论坛,2015(4):34-38.

性对接，有利于更好建设中蒙俄经济走廊。内蒙古自贸试验区的建设，一方面可以承接东部沿海地区的产业转移，促进产业发展；另一方面可以进一步扩大内蒙古与“一带一路”沿线国家的互惠贸易范围，为中国与“一带一路”沿线国家之间的经贸合作提供更加便捷、全面的服务。自贸试验区建立之后，“境内关外”模式将为中国内蒙古与丝绸之路经济带沿线国家之间的经贸往来提供更为快捷优质的服务，成为政策沟通、贸易畅通、资金融通的重要支撑，推动丝绸之路经济带贸易便利化进程。

随着“一带一路”建设的深入推进，边境地区成为连接内外的重要节点，正在转变为全面开放新格局中的前沿。内蒙古是我国向北开放的桥头堡，边界线较长，与俄罗斯、蒙古国接壤，有众多发展良好的陆路口岸。随着满洲里和二连浩特口岸中欧班列线路、开行量大幅增长，辐射范围更加广阔，国内 30 多个城市和 20 多个国家因中欧班列紧密联系在一起，进一步拉近了内蒙古与丝绸之路经济带的距离。

推进内蒙古自贸试验区的建设，有利于充分发挥内蒙古边境地区国家级口岸、沿边重点开发开放试验区、边境经济合作区等开发开放平台的作用，激发边境地区发展活力和动力，打造“一带一路”建设前沿窗口。

（四）发展通道经济

2019 年 10 月，重庆、广西、贵州、甘肃、青海、新疆、云南、宁夏、陕西、四川、内蒙古、西藏等西部 12 省（区、市）以及海南省和广东省湛江市，在重庆市进行框架协议签约，合作共建西部陆海新通道。2021 年 8 月，国家发展改革委印发《“十四五”推进西部陆海新通道高质量建设实施方案》。西部陆海新通道位于我国西部地区腹地，北接丝绸之路经济带，南连 21 世纪海上丝绸之路，协同衔接长江经济带，在区域协调发展格局中具有重要战略地位。设立内蒙古自贸试验区，有利于全面推进西部陆海新通道建设。

内蒙古陆路口岸承载了大部分与俄罗斯和蒙古国的经贸往来，同时，经内蒙古口岸的中欧班列通向亚欧大陆各个国家。过境中欧班列数量大幅上升，有效促进了通道、物流、商贸的发展。2013 年以来，经内蒙古开行的中欧班列突破 1 万列，占全国的近 1/2，承接了中蒙间近 95% 的货运量、中俄间近 2/3 的陆路货运量。

内蒙古铁路运营里程已达 1. 48 万千米，打通京包、包兰、京兰、呼准鄂、浩吉等 18 条干线通道，以及呼张高铁、通辽、赤峰至京沈高铁连接线；开工建设包银、集大原高铁，形成通疆达海铁路网格局。内蒙古自贸试验区的设立能够提升国家向北开放的力度，推动开发开放的基础设施建设，以及西部陆海新通道的发展。

三、内蒙古设立自由贸易试验区的发展优势

从地理优势、人文优势、资源优势以及营商环境来看，内蒙古具备设立自由贸易试验区所需的各项软硬件条件。

（一）地理优势

内蒙古横跨我国东北、华北、西北三大区域，与8省区相邻，独特的地理位置使内蒙古对内连接京津冀，对外连接蒙古国和俄罗斯，直接联通国内和国际两个大市场，成为我国连接丝绸之路经济带和21世纪海上丝绸之路的重要区域、向北开放的重要窗口。我国目前是蒙古国最大的进口国，并且长时间内不会改变。

狭长的边界线使得内蒙古拥有众多陆路口岸，目前共建成对外开放口岸20个；满洲里铁路口岸和二连浩特铁路口岸是第一亚欧大陆桥铁路经过我国的两个重要“出口”，承载了对俄罗斯和蒙古国大部分的进出口业务。这些对外开放口岸已成为发展外向型经济的重要载体，发挥着示范、辐射和带动作用。

作为通往蒙古国和俄罗斯的窗口，内蒙古经济社会发展备受党和国家关注，目前已形成以呼和浩特市、包头市、鄂尔多斯市和乌兰察布市为主的城市群经济发展格局，呼包鄂乌和赤峰、通辽等地已经融入首都2.5小时“通勤圈”，以43个机场、1182千米高速公路、14条国道和里程1.5万千米铁路运输线为主骨架，实现了与俄罗斯、蒙古国及国内各省份的互联互通。近年来，内蒙古社会经济各项指标快速增长，城市基础设施、交通基础设施建设及配套服务日趋完善，现代工业化体系逐渐形成，产业多元化进程扎实迈进，教育、文化、旅游事业均得到快速发展，地区社会政治大局整体稳定。

（二）人文优势

内蒙古是一个多民族聚居的地方，是丝绸之路经济带上东西方多元文化的交汇点。多民族经过长期的相融共生发展，形成了内蒙古独特的地域文化和民族文化。2021年，全区常住人口为2404.91万人，其中汉族1893.55万人、蒙古族424.78万人、其他少数民族86.58万人，蒙古族占到全国总人口数的17.66%。蒙古族人口聚集使得内蒙古在与蒙古国进行通商贸易的过程中，文化融合度大大增强，促进了两地之间的交流。境内的蒙古族、满族等少数民族跨界而居，双方血缘相亲，民族相连，语言相通，风俗相近，传统友谊源远流长，为建设内蒙古自贸试验区带来了得天独厚的人文优势。中蒙、中俄在和平、民主、互利的基础上建立了友好邻邦，在人文交流方面取得了很大的成果。

（三）资源优势

内蒙古地域辽阔，资源种类繁多，资源储量巨大，是我国矿床类型比较齐全的省份之一，具有强大的资源优势。内蒙古不仅拥有丰富的矿产资源，还拥有茂密的森林、丰美的草场等优良旅游资源。资源优势为内蒙古经济发展带来了较大的发展动力。除此之外，俄罗斯和蒙古国丰富的资源也是内蒙古自贸试验区的一大优势。

内蒙古产业结构逐渐优化，第三产业逐渐占据主导位置。内蒙古依托丰富的自然资源和特殊的地理位置，形成了以资源能源和对外贸易为主的产业形势，通过口岸与邻国达成进出口贸易，通过亚欧大陆桥与其他国家达成过境贸易。

（四）营商环境

近年来，在“一带一路”倡议的引领下，内蒙古围绕市场主体和群众满意度，推出了一系列构建法治化营商环境的新举措，制定并实施了一系列旨在改善营商环境的政策措施，地区营商环境有了明显改善。内蒙古各盟市也出台多项招商引资优惠政策。

2016 年内蒙古全面推行资源税改革；2017 年扩大水资源税试点；2018 年环境保护税开征，绿色税制不断完善，资源配置不断优化。2021 年内蒙古自治区优化营商环境大会强调，要坚决打好优化营商环境、净化政治生态整体攻坚战，为坚定不移走好以生态优先、绿色发展为导向的高质量发展新路子提供强力引领和有力保障。2022 年，内蒙古研究制定了《以更优营商环境服务市场主体行动方案》，明确了 181 项重点任务，对优化营商环境提出了更高标准和更严要求。

同时，内蒙古拥有西部大开发税收优惠政策。西部大开发税收优惠政策从 2001 年至今已经实施两轮，目前优惠政策已经延续至第三轮（2021—2030 年）。西部大开发税收优惠政策促进了内蒙古产业发展壮大和经济快速发展，为引导企业向鼓励类产业发展发挥了积极作用。

四、设立内蒙古自由贸易试验区的建设思路

只有依托“一带一路”建设的历史机遇及枢纽城市的战略优势，厘清内蒙古自贸试验区的建设思路，才能制定设立内蒙古自贸试验区的战略定位及具体对策。

（一）指导思想及战略定位

坚持新发展理念，以制度创新为核心，以可复制可推广为基本要求，以供给侧结构性改革为主线，进一步扩大对外开放，提高贸易质量和效益，增强贸易创新能力和发展动力，培育贸易新业态、新模式，立足华北、辐射全国、向北开放、走向

世界，努力成为中国北部边境有序承接产业转移的示范区和向北开放新高地，更好融入中蒙俄经济走廊和“一带一路”建设，提升对外开放水平、实现经济高质量发展。

（二）实施范围和功能划分

1. 呼包鄂乌片区

呼包鄂乌片区承东启西、联南通北，是国家正式批复的物流枢纽城市群，城市群的自然资源以及科技创新资源丰富，是自治区创新能力最强的区域。该片区应致力于以重大基础设施为依托，打造我国向北开放的枢纽节点，充分发挥公路、铁路、航空的重要价值。该片区应以呼包鄂乌城市群建设为载体，以智慧城市建设一体化为重点，着力推进基础设施、生态环境、产业创新、公共服务等重点领域一体化发展，提高城市群综合承载能力和内涵发展水平，打造引领全区高质量发展的动力源。

2. 满洲里片区

满洲里直面俄罗斯远东地区和蒙古国，是内蒙古与俄罗斯进行贸易往来最重要的陆地口岸，也是我国最大陆路口岸，对中蒙俄三国友好经济合作具有重要意义。作为口岸城市，满洲里片区应充分发挥枢纽作用，融合中蒙俄三国风情，着力发展旅游贸易，并连接蒙俄，融入内陆，辐射全国，成为面向东北亚的现代化综合物流枢纽。

3. 二连浩特片区

二连浩特口岸是中国与蒙古国最大陆地口岸，设有公路口岸和铁路口岸。在中蒙二连浩特—扎门乌德经济合作区建设的基础上，以丰富的风能、光能资源和石油、原盐等矿产资源为依托，打造成为我国对蒙古国开放的最大陆路口岸、国家和自治区向北开放的前沿和窗口、亚欧大陆桥的桥头堡。

（三）主要任务和制度创新措施

1. 深化经贸合作

大力发展边境贸易，优化商品贸易结构，扩大服务贸易量；拓展经贸合作领域，提升经贸合作水平。在扩大农产品、能源矿产等贸易规模的同时，稳步提高装备制造和高技术产品的生产水平；加强旅游、物流、金融、文化创意等服务贸易领域的交流合作；推进信息技术、业务流程和技术外包，开展软件研发、数据维护等领域合作；建立跨境经济合作区，引导边境贸易向加工、投资、贸易一体化完善。设立内蒙古自贸试验区，应深化国际次区域合作，提高呼和浩特等城市面向蒙、俄等国家的次区域合作支撑能力。支持二连浩特铁路口岸功能向乌兰察布延伸，推动包头、二连浩特等航空口岸常年开放；打造乌兰察布开发开放新高地，办好中蒙博览会、中蒙俄经贸合作洽谈会等各类展会。

2. 加强省际互动合作

加强与京津冀、长三角、粤港澳大湾区的对接，共建对外开放平台，打造产业转移示范区。发挥蒙苏经济开发区示范带动作用，积极承接发达地区产业转移；加强同有关省（区、市）在港口利用方面的合作；构建兴白齐呼跨省生态经济合作区；推动呼包银榆经济区和呼包鄂榆城市群建设发展；加强与宁夏、山西、陕西等周边省（区）的协作。

3. 拓展人文交流合作

重点深化区内外城市教育、科技、文化、旅游、卫生、知识产权等方面的合作，促进人员往来便利化，扩大民间往来和交流。发展旅游业，开辟跨境、跨区域旅游线路；着力完善边境城市旅游休闲度假功能，提高旅游产品多样性，共建良好的旅游环境；推进跨境、跨区域旅游综合安全保障机制建设；培育独具民族特色的旅游品牌。加强教育和科研机构间的交流合作以及知识产权法律制度、知识产权保护实践、人员培训等方面的交流合作；着力打造文化交流品牌，深入开展戏剧、音乐、杂技、电影、民间创作、文化遗产保护和文化领域人才培养等方面的交流合作。

4. 推动地方及边境地区发展与合作

充分发挥各地比较优势，推动地方及边境地区合作，建设一批地方开放合作平台；推进建设合作机制，如内蒙古与蒙古国东部地区和俄罗斯境内有关地区次区域合作机制。支持满洲里、二连浩特等边境城市、额济纳等沿边旗市发展，加快推动中蒙二连浩特—扎门乌德经济合作区正式运营。支持满洲里边境旅游试验区创新发展；实施边民互市贸易进口商品负面清单管理，发展进口货物落地加工。

5. 加强交通基础设施发展及互联互通

加快规划发展公路、铁路、航空、港口、口岸等基础设施资源，加强国际运输通道、边境基础设施和跨境运输组织等方面的合作，形成长效沟通机制，促进互联互通，推动发展中国与俄罗斯、亚洲和欧洲之间的跨境运输。建设国际陆路交通走廊，实施基础设施共建项目，保障乘客、货物和交通工具的无障碍流动；提升铁路和公路运输能力，包括推进既有铁路现代化和铁路公路新建项目；在跨境运输领域协商制定规则，提供良好的技术和关税条件，促进国际通关、换装、多式联运整体衔接；发展空中航行服务互联互通，提高安全水平，提升经济效益并做好空间利用；深入推动中蒙俄经济走廊等重点项目建设，发展中蒙俄定期国际集装箱运输班列，充分发挥呼包鄂乌枢纽型城市群以及满洲里和二连浩特口岸型城市群的战略优势，建设一批交通物流枢纽和边境贸易口岸。同时，加强与天津港、锦州港等内陆港口合作，推动综合保税区和物流枢纽基地互联互通；加快满洲里、乌兰察布枢纽节点建设，优化中欧班列组织运营模式；推进与蒙、俄直通国际快递邮路建设，支持呼和浩特跨境电子商务综合试验区建设，全面清理规范口岸收费，强化开放大通道建设，形成互联互通的边境贸易格局。

6. 加强口岸建设和海关、检验检疫监管

加强自贸试验区内口岸软、硬件建设，推动基础设施翻新和改造，提升满洲里和二连浩特等口岸公共卫生防控水平；创新完善海关、检验检疫业务及货物监管机制和模式，推动提升口岸通行过货能力，促进换装量、边境火车站货物装卸、铁路口岸吞吐能力平衡增长；与蒙、俄共同加强动植物和食品过境贸易方面的检验检疫和监管合作，促进食品过境贸易的便利化；加强与贸易伙伴国在跨境传染病监测控制、病媒生物监测、突发公共卫生事件处置等方面的合作。

7. 加强产能与投资合作

加强与蒙、俄两国在能源矿产资源、高技术、制造业和农林牧等领域合作，共同打造产能与投资合作集聚区，实现产业协同发展，形成紧密相连的区域生产网络；扩大自贸试验区内电信网络，增加互联网流量，加强与贸易伙伴国之间的电子商务合作，研究提高中转流量的举措；研究新建输电线和新发电设备的经济技术以及过境蒙古国的中俄原油及天然气管道建设的合理性；推动内蒙古全区与亚洲、欧洲各国在核能、水电、风电、光伏能源、生物质能源等方面的合作；强化科技园区和创新高地合作，全面落实外商投资准入前国民待遇加负面清单管理制度。支持乌兰察布等地建设保税物流中心（B 型），鼓励综合保税区开展委内加工业务；依托口岸发展加工制造、商贸物流、数字经济等产业，支持企业参与国际经济竞争与合作，推动国际产能合作与投资项目的实施。

五、内蒙古自由贸易试验区的辐射带动作用

内蒙古自贸试验区将会充分发挥区位和资源优势，积极融入“一带一路”建设，推动中蒙俄经济走廊发展，坚持“引进来”和“走出去”并重，不断提高对外开放

层次，加快转变外贸发展方式，建成集资源、枢纽、口岸于一体的综合型沿边自贸试验区，进一步建设成为我国向北开放的重要桥头堡。这对于提升我国边境对外开放水平、落实区域协调发展和西部大开发战略、加快构建新发展格局具有重要意义。设立内蒙古自贸试验区不仅是深化我国全方位对外开放格局的需要，也是加强区域间合作、实现边疆繁荣稳定的需要。内蒙古自贸试验区作为沿边地区推进“一带一路”建设的重要经贸合作平台，对本身和周边地区将产生多方面的辐射带动作用。

(一) 促进内蒙古对外贸易方式转变

内蒙古自贸试验区可以充分发挥区位和资源优势，扩大全区对外贸易规模、转变贸易方式。内蒙古对外贸易进出口总额已由2015年的792.5亿元增加到2020年的1043.3亿元，年均增长5.7%，高于全国平均增速0.2个百分点。目前，各类经济主体在外贸领域平等竞争、共同发展。2017年，民营企业占全区外贸份额升至75.9%，达到历史之最。民营企业作为第一大外贸主体的地位进一步巩固。[①]

2015—2020年，全区内一般贸易、小额边境贸易份额出现增长趋势，全区在加快发展新型贸易方式的同时，全面推广跨境电子商务业务，建设跨境电商生态产业链。目前，阿里巴巴、敦煌网、环球资源、中国制造、亚马逊等第三方跨境电商平台陆续在内蒙古开展业务。2018年，内蒙古被国家批准为国家跨境电商综合试验区。素有“软黄金”美誉的羊绒一直是内蒙古传统的出口创汇优势产业。2019年5月，依托羊绒原产地，内蒙古金川羊绒产业跨境电商孵化基地在呼和浩特市金川工业园区正式设立。凭借阿里巴巴跨境电商的精准数据库，优质卖家可以完美对接线上买家，助力本土羊绒企业实现更多出口创汇。因此，自贸试验区可以探索新型贸易模式，孕育新的活力，推动内蒙古外贸稳步发展。

(二) 推动内蒙古经济高质量发展

内蒙古自贸试验区可以充分发挥区位优势和资源优势，在改革和发展中不断突破。

首先是深度挖掘自身优势，这是内蒙古发展的特殊性。内蒙古第一产业和第二产业的发展，都依托自身实际优势，大部分产业发展都符合自身特点，因此能够深入、持续发展，在多产业上领跑全国，在国内占据具有优势地位的市场份额。

其次是大力促进科技与经济深度融合发展。一是积极引入大量新兴技术和新兴产业，如奇瑞汽车鄂尔多斯项目的实施，对推进地区产业转型升级和新旧动能的转

---

① 外贸规模创新高 开放取得新进展[EB/OL]. 内蒙古自治区发展和改革委员会网站,[2021-07-05]. http://fgw.nmg.gov.cn/nmgzzqzsyzzt/nmggk/202107/t20210705_1758923.html.

换、实现园区高质量发展具有深远意义；二是内蒙古自贸试验区可加大对科技研发的投入力度，增加参与科技研发的机构和人员，营造鼓励创新、重视知识产权保护的环境，同时加速商业化的转出，更好地服务内蒙古全区的综合发展。

最后是积极融入“一带一路”建设，开启内蒙古经济发展的新格局。在这一过程中，内蒙古加快发展新型贸易方式，全面推广跨境电子商务业务，积极推动内外贸结合商品市场发展。据统计，内蒙古已同183个国家和地区的客户建立了贸易往来及经济技术合作关系，贸易触角遍布亚、欧、非、南美、北美和大洋洲，形成了贸易伙伴多元化的市场格局，推动了内蒙古全区经济的高质量发展。①

（三）打造联通内陆与海外的综合型沿边自由贸易试验区

内蒙古自贸试验区可以根据区内不同类型节点城市具有的独特战略优势，将其打造成为不同定位的片区。

1. 呼包鄂乌——打造资源型片区和枢纽型片区

资源型片区最大的战略优势在于其已有的资源储备、较强的产业基础和丰富的劳动力资源。呼和浩特市、包头市、鄂尔多斯市以及乌兰察布市等资源型节点城市依托大型厂矿、制造业基地和产业集聚区等，为工业生产，特别是战略性新兴产业提供原材料供应、中间产品和产成品储运、分销等一体化的现代供应链服务。因此，已有的产业基础更有利于呼包鄂乌片区成为资源型片区。

枢纽型片区最大的战略优势在于其完善的交通基础设施和良好的交通运输条件。陆港枢纽是枢纽型片区的最大战略优势。枢纽型片区依托铁路、公路等交通运输通道和场站，构建四通八达的交通运输网络，提供畅通国内、联通国际的物流组织和区域分拨服务。仅以乌兰察布市为例，该市位于蒙晋冀交界处、环渤海经济圈和呼包银榆经济区接合部，是联通东北、华北、西北三大经济区的交通枢纽，是自治区承接发达地区产业转移的前沿，也是我国通往蒙古国、俄罗斯和东欧的重要国际陆路通道，境内集铁路、公路、航空于一体的立体交通枢纽格局基本形成。因此，打造枢纽型片区，对于发挥呼包鄂乌城市群的辐射带动作用极为重要。

为此，应推进呼包鄂乌一体化协同发展，打造以呼包鄂乌为核心的沿黄河沿交通干线经济带；依托京包、包兰、兰西和临策—哈密铁路，共建向西经新疆至中亚的经贸大通道和中国—中亚—西亚经济走廊，推动呼包鄂乌城市群开发开放；向北连接蒙古国的铁路，联通蒙古国南部集聚区；向南连接西安、广西、广东，贯穿长

① 内蒙古经济靠什么实现高质量发展？[EB/OL]. 人民网,[2018-11-26]. http://www.people.com.cn/n1/2018/1126/c347407-30421786.html.

江经济带，延伸到海上丝绸之路，形成中西部最大枢纽型片区。

2. 满洲里和二连浩特——打造口岸型片区

口岸型片区的最大战略优势在于其与蒙、俄接壤的口岸位置，在于其位于中国向北开放的最前沿。满洲里和二连浩特分别是我国对蒙和对俄贸易的最大陆上边境口岸型节点城市。陆上边境口岸的战略位置是口岸型片区拥有的独特战略优势。因此，依托满洲里口岸，共建内连东北（黑、吉、辽、蒙东）经济区、大连港、锦州港，外接俄罗斯亚欧大铁路至欧洲腹地，打造满洲里跨境自贸试验区和呼伦贝尔中蒙俄合作先导区。依托二连浩特口岸，共建内连京津冀都市圈、天津港、秦皇岛港，外接蒙古国乌兰巴托铁路，延伸与俄罗斯亚欧大铁路连接至欧洲腹地；共建二连浩特经锡林浩特至锦州港大通道，连接锦州港、营口港及环渤海经济区。此外，锡林郭勒—赤峰—朝阳—锦州共同组建“东北陆海新通道”，并成立“沿线地方政府协作联盟”，建设对接中蒙俄经济走廊、深化辽蒙区域合作的陆海新通道，打造中蒙俄国际陆海经济走廊和合作示范区。

（四）落实区域协调发展和西部大开发战略，加快构建新发展格局

内蒙古自贸试验区建设将会形成资源型、枢纽型和口岸型片区并存的综合型沿边自贸试验区。内蒙古自贸试验区将积极融入京津冀协同发展战略，强化与京津冀地区全面合作，形成京津冀地区对内蒙古多点带动新格局。完善京津冀—蒙协作机制，吸引京津冀企业在内蒙古设立区域总部、生产基地、研发中心和营销中心，推动园区共建合作。加强与天津、河北港口资源使用和内陆港合作，共同打造陆港群。支持乌兰察布建设冬奥会辐射延伸产业基地，大力推进蒙晋冀（乌大张）长城金三角合作区建设。加强与长三角、粤港澳大湾区等地区合作交流，加强与沿黄省（区、市）及毗邻地区合作，建设承接产业转移示范区。这是我国中西部边境省份和城市扩大对外开放、促进互联互通、实现合作共赢的重大战略平台，对推动边境省（市）区域经济高质量发展具有十分重大的意义。内蒙古自贸试验区的建设可以落实国家区域重大战略和区域协调发展战略、健全区域合作协作运行机制、有序承接国内先进产业转移，在全方位融入国内市场中增创发展新优势。

（五）推动全方位开放，加强与“一带一路”沿线国家合作

1. 推动全方位开放，提升双向投资水平

内蒙古自贸试验区可以提高内蒙古的经济发展和对外开放水平，改善投资环境，不断扩大外商投资规模，推动全方位开放取得进展。2020 年末，全区在市场监管部

门注册的外商投资企业3329家。[①] 在外商投资规模不断扩大的同时，外商投资方式也在发生变化，外商已把目光转向内蒙古加快发展和新兴发展的行业，促进了内蒙古产业结构的调整和优化。同时，内蒙古企业积极参与国际市场竞争，走出国门，在境外建厂创业。合作方式由最初的易货贸易，转变为现汇贸易、加工贸易、旅游及探亲购物贸易、边民互市贸易、技术贸易等并存；合作领域由最初的服务业、制造业、餐饮业、批发业转向能源、交通、高科技行业；合作主体由最初的私营公司、私人购物团为主体，逐步转向以官方及民营大经贸公司、大企业集团为支撑的多成分、多层次对外贸易发展新格局。

2. 加强与“一带一路”沿线国家合作

内蒙古自贸试验区建设应牢固树立创新、协调、绿色、开放、共享的新发展理念，积极推进“一带一路”建设。随着综合型运输网络的建成以及与“一带一路”沿线国家贸易合作潜力的不断释放，全区外贸进出口总额将保持在千亿元以上。同时，资源性商品进口占主导地位，农产品出口成为新生力量。内蒙古自贸试验区可以在以蒙古国、俄罗斯为第一、第二大对外贸易伙伴的稳固基础上，努力向全世界开拓新的贸易市场，推动贸易对象进一步多元化，特别是与“一带一路”沿线国家持续合作。2015—2020年内蒙古全区对“一带一路”沿线国家进出口额累计实现463.8亿美元，占全区进出口额的64.2%。[②]

六、设立内蒙古自由贸易试验区面临的机遇与挑战

内蒙古自贸试验区在建设过程中，可能遇到的机遇主要来自中蒙俄三国理念上的契合、俄罗斯和蒙古国得天独厚的自然资源禀赋、中国与蒙俄良好互补的合作关系与经贸往来；但同时，自贸试验区建设也面临着来自双边基础设施发展水平不对等，俄罗斯和蒙古国金融环境、政治体制和经贸政策波动幅度大等方面的挑战。

（一）设立内蒙古自由贸易试验区的机遇

1. 中蒙俄三国理念契合

国际政治经济格局的变化在一定程度上影响着内蒙古边境贸易的发展，进而影响着自贸试验区的建设。进入21世纪后，世界政治经济向一体化、集团化、区域化

① 外贸规模创新高 开放取得新进展[EB/OL]. 内蒙古自治区发展和改革委员会网站,[2021-07-05]. http://fgw.nmg.gov.cn/nmgzzqzsyzzt/nmggk/202107/t20210705_1758923.html.

② 外贸规模创新高 开放取得新进展[EB/OL]. 内蒙古自治区发展和改革委员会网站,[2021-07-05]. http://fgw.nmg.gov.cn/nmgzzqzsyzzt/nmggk/202107/t20210705_1758923.html.

方向发展，中蒙俄三国形成睦邻友好的战略伙伴关系。

受2008年金融危机的冲击，三国经济均面临增速放缓的压力，迫切需要经济转型以加快发展。2012年蒙古国提出将俄罗斯与中国过境运输公路连接到一起的“草原之路”建设构想，2014年将其纳入国家发展战略计划中。我国于2013年提出“丝绸之路经济带”和“21世纪海上丝绸之路”的重大构想，2014年提出将丝绸之路经济带与俄罗斯跨欧亚大铁路、蒙古国“草原之路”倡议进行对接，打造中蒙俄经济走廊的倡议。2014年3月，俄罗斯提出以建设西伯利亚大铁路为依托，带动石油、天然气运输管道建设，推动高新技术产业群与现代科学工业园区建设的“跨欧亚发展带”构想，以开发西伯利亚和远东地区；同年5月，与白俄罗斯、哈萨克斯坦签订了欧亚经济联盟条约。①

2. 蒙、俄得天独厚的资源禀赋

蒙古国是世界上第二大的内陆国家，俄罗斯是世界上面积最大的国家，两国有着地广人稀、资源丰富的共同特点。俄罗斯矿产储量世界第一，是世界上最大的石油和天然气输出国，蒙古国的石油、天然气、铜储量居世界前10位，两国都是中国重要的石油、天然气、矿产资源来源国，为我国经济发展提供了大量的资源、能源，通过内蒙古边境口岸源源不断地输入我国各省份。

3. 中国与蒙、俄合作关系向好

蒙古国、中国、俄罗斯在实施了对外开放政策后，先后于1999年、2001年、2012年加入世界贸易组织。在加入世界贸易组织后，三国根据世界贸易组织协定，调整了对外贸易政策以及关税法。我国是蒙古国最大的贸易伙伴国。2021年中俄货物贸易额达1468.7亿美元，同比增长35.9%，双边贸易额再创历史新高，中国连续12年稳居俄罗斯第一大贸易伙伴国地位。② 伴随着区域自由贸易成为全球化的新发展趋势，三国也在努力消除贸易壁垒，彼此“取长补短”。

当前，中俄新时代全面战略协作伙伴关系不断前行。双方积极开展金融、双边贸易、能源、高新技术、加工制造、有色冶金、农业、跨境交通基础设施建设、人文交流和生态等各领域全方位务实合作，在“一带一路”建设和欧亚经济联盟建设对接合作上态度积极，对涉及彼此核心利益的问题相互坚定支持，在国际和地区事

① 努力提升内蒙古在“中蒙俄经济走廊”建设中战略支点地位[EB/OL]，[2017-01-20]. http://www.nmgtj.gov.cn/nmgttj/tjbg/zzq/webinfo/2017/01/1484209357620960.html.

② 中国连续12年稳居俄罗斯第一贸易伙伴国：中俄经贸合作成果丰硕[EB/OL]，[2022-02-09]. http://www.gov.cn/xinwen/2022-02/09/content_5672647.html.

务中始终密切协调配合。中蒙建交70多年来，友好合作是两国关系的主流。2014年8月，国家主席习近平访问蒙古国，在与蒙古国总统额勒贝格道尔吉会谈时，一致决定将两国关系提升为全面战略伙伴关系。会谈后中蒙签署的多项合作文件涉及外交、经贸、过境运输、基础设施建设、矿产、文化、金融和住房建设等领域。[①]这些均体现出目前中俄、中蒙合作关系向好。三国关系的加深，有利于双边经济合作、交流，共同推动内蒙古自贸试验区的建设。

4. 中国与蒙、俄的经贸互补关系

我国与蒙古国、俄罗斯在经济合作、外贸结构、国际分工上有很强的互补性，为内蒙古边境贸易中的各要素流动、交换、合作提供了条件。内蒙古通过边境贸易可以从蒙古国和俄罗斯进口大量矿产、石油、天然气等资源以及化肥、钢材、木材、化工原料等产品，既可以支持内蒙古的经济建设，又可以输送到我国内陆地区推动其他地区经济建设发展。俄罗斯是传统的重工业强国，纺织、服装、鞋帽、家电等日用品生产滞后，与内蒙古相邻的俄罗斯远东地区、西伯利亚地区是重要的资源开发区，是出口到我国的原木、原油、化肥、钢材、纸浆等产品的生产基地。作为互补，内蒙古对俄罗斯边贸出口商品以轻纺制品、农产品和小家电为主。

中国是制造业大国，拥有种类齐全的工业制造业体系，而蒙古国制造业尚处于起步发展阶段，各类生活生产用品不能满足自给，除畜牧产品外其他都需要依赖进口，生产和出口结构单一。2000年以来，我国保持蒙古国最大贸易伙伴、最大出口和进口国地位，蒙古国对内蒙古出口铜铁、石油、毛皮及畜牧制成品等，内蒙古对蒙古国的出口以食品、纺织品、日用品、机电商品及零配件、机械设备为主。此外，俄罗斯和蒙古国地广人少，劳动力不足，内蒙古较之俄、蒙劳动力资源丰富，双方在劳动力跨国合作上存在着互补互惠的优势。内蒙古自贸试验区的建立可以结合呼包鄂乌、满洲里和二连浩特不同片区的独特优势，利用三国在外贸上的互补优势更加高质量地促进对外贸易的发展。

（二）设立内蒙古自由贸易试验区的挑战

1. 双边基础设施发展水平不对等

自贸试验区的建立与双边基础设施的建设有很大关系，由于国情不同、经济发展水平存在差异，中蒙俄三国对边境口岸的投入力度也不同，存在口岸建设情况不

① 《建设中蒙俄经济走廊规划纲要》(全文)[EB/OL].[2017－03－09]. http://world.people.com.cn/n1/2017/0309/c411452－29134333.html.

对等、配套设施差异大、铁路轨制不同等问题。目前内蒙古设立的16个开放边境口岸，基础设施建设水平较为悬殊，无法做到全部开通运行，一方面是因为当初批准设立边境口岸的原则是“先开通，后建设”，各口岸建设程度不一，发展成为今天满洲里口岸、二连浩特口岸两家独大的局面，其他口岸多数为季节性开放或者开开停停状态；另一方面是因为内蒙古边境口岸多数与蒙古国对接，蒙古国人口只有320万人，约有一半人口生活在乌兰巴托，经济发展水平较低，长期在低谷徘徊，基础设施建设不足，边境人口稀少，购买力水平较低，与中方对接的蒙方口岸级别低、建设滞后，无法高效运行。

蒙古国内目前只有两条铁路干线，连接中蒙的只有一条乌兰巴托铁路，这也是中蒙俄国际铁路（二连浩特—乌兰巴托—莫斯科）的组成部分，在蒙古国境内长约1110千米，担负着中蒙贸易铁路运输的任务，近年来该铁路运载过货能力已无法充分满足运量增加的需要，线路设备也出现老化问题。乌兰巴托铁路蒙古国段采用宽轨，由二连浩特出境的列车要在二连浩特—扎门乌德口岸换装，既增加了运输成本，又耗费了过关运输时间。随着蒙古国矿产品出口中国规模的扩大，亟须修建新铁路或改建旧铁路来降低矿产品的运输成本、提高运输效率。

2. 蒙、俄金融环境波动幅度大

内蒙古自贸试验区的发展还会受到蒙古国、俄罗斯金融环境波动的不利影响。蒙古国经济基础薄弱，处于经济转轨阶段，国内金融市场较小，应对国际冲击的能力差，通货膨胀一直较为严重，2008年金融危机前后通货膨胀率超过10%。自2012年以来，蒙古国金融环境波动起伏，图格里克大幅贬值，2012—2022年图格里克兑美元平均汇率为从1357.6∶1大幅攀升到3430.1∶1。过高的通胀率不利于中蒙双边贸易发展。① 蒙古国金融市场尚属起步阶段，融入国际金融市场还有很大距离，银行、证券体系不完善，融资环境较差，中资企业不能直接用人民币进行跨境贸易和投资合作，只能带资进入蒙古国经营。②

俄罗斯自独立后一直在努力复苏经济，但苏联计划经济体制的遗留影响和“休克疗法”的实施使得经济恢复乏力。2008年受全球金融危机影响，俄罗斯经济发展萎靡，2014年又受到乌克兰危机、国际油价下跌的影响，国内金融环境动荡，再加上欧美国家的经济制裁，卢布呈大幅贬值趋势，2013—2022年卢布兑美元平均汇率从32.72∶1上升至67.33∶1。普京执政后力图恢复俄罗斯经济元气，加强了与中国

① 蒙古图格里克兑美元汇率[EB/OL],[2022-12-20]. https://chl.cn/?mnt-usd.

② 于洪洋,欧德卡,巴殿君. 试论中蒙俄经济走廊的基础与障碍[J]. 东北亚论坛,2015(1):96-106.

的经贸交往，但国内动荡的经济环境和低迷的市场信心，对双方边境贸易发展的负面影响短期难以消除，进而影响自贸试验区的发展。① 特别是俄乌局势恶化以来，美国及其盟友大幅升级对俄罗斯的金融制裁措施，包括冻结俄罗斯大型国有金融机构在美资产，限制俄罗斯使用美元、欧元、英镑和日元进行商业交易的能力，将部分俄银行排除在SWIFT之外，冻结俄罗斯央行资产并禁止与其交易，等等。这些都加剧了俄罗斯金融环境的波动及不确定性。

3. 蒙、俄政治体制和经贸政策的影响

内蒙古自贸试验区的建设和发展易受蒙古国、俄罗斯政治体制和经贸政策的影响，中、蒙、俄三国的民族构成、政治治理模式和经济发展模式等存在很大不同，蒙古国和俄罗斯两国经贸政策不统一、时常变动对内蒙古边境贸易的发展形成了一定的制约。

蒙古国处于政治经济体制改革进行时期，法治建设不健全，对中蒙双边贸易的积极性和重视程度偏低，对外贸易政策制定不规范，常存在“急转弯”式的对外贸易政策，一些政策往往突然变化，给双边贸易增加不稳定性，比如突然增加中国经乌兰巴托铁路出口到欧洲的商品过境费、严格限制我国对蒙劳务输出人数等，给中蒙双方的经贸合作带来消极影响。

俄罗斯实行民主联邦共和制，各地方联邦拥有一定自主权，与我国接壤的远东地区、西伯利亚地区的阿尔泰、赤塔州等联邦主体在实施外贸政策时事实上不一致。例如，对我国赴俄游客允许携带货物重量上的规定存在很大差异；在中俄劳务合作上意见分歧严重；对待互市贸易和跨境旅游上更改原先协议；新增办理签证准入满洲里边境互市贸易区条例，减少边民出境次数和免税货物重量。此外，经贸政策长期透明度低，中方企业无法完全了解其全部商品准入、税收、政策优惠等政策，而且存在政策多变情况，往往使得中方企业来不及应对，成为双边边境贸易发展和沿边自贸试验区建设中的阻碍因素。

七、设立内蒙古自由贸易试验区的思考与建议

根据内蒙古设立自贸试验区的条件与基础，综合设立自贸试验区的发展优势、机遇与挑战以及可能为全区和周边地区带来的经济辐射作用，提出设立内蒙古自贸试验区的5点思考与建议。

① “一带一路”沿线国家基本情况风险分析：蒙古[EB/OL]，[2018－05－30]. http://ccpithz.huzhou.gov.cn/ydyl/ydylyxgjjbqkfxfx/20180530/i859315.html.

（一）优化商品贸易结构，培养专业人才

为推进对外贸易健康稳定发展，内蒙古应积极探索优化商品贸易结构，继续引进先进设备与技术，使出口产品由原来的初级加工逐步发展为半精深加工，逐步降低稀土矿产、服装食品、皮毛等初级低价值产品比重，延长深加工产业链，提高高新技术产品和深加工商品的比重，不断丰富全区出口商品门类。

要加大专业人才的培养、提高人才质量，强化内蒙古自贸试验区建设内在动力。一方面需要国家和自治区加大教育扶持力度和资金支持，尤其是推动教育体制改革，引导教学改革与创新，推动产学结合、学以致用的实用型人才培养，开展交流合作，鼓励自治区高校设立相关专业，扩大人才储备，适应自贸试验区建设的国际化需求，提升教育水平，为内蒙古培养真正的杰出人才；另一方面完善健全人才引进、留住机制，提高福利补贴和薪酬等利好保障，使外来人才“进得来，留得住”，与区内培养的人才共同发力促进技术进步，强化边境机关人才队伍建设，提升管理和服务水平，从而推动自贸试验区发展。

（二）规范跨境贸易秩序，严把商品质量关

自贸试验区建设的成效很大程度上取决于自贸试验区的制度建设和秩序治理。针对中国与蒙古国和俄罗斯双边贸易中存在的商品质量问题，中方应大力整顿跨境贸易秩序，为跨境贸易的发展创造良好的市场环境。① 具体应加强立法监管，规范市场秩序，对恶性竞争、不正当竞争行为加大惩戒力度，改变部分企业逐底竞争、不顾商业道德的做法；在与蒙、俄合作中，应协商统一双边贸易规则，打击假冒伪劣产品和扰乱市场秩序的企业和个人。双方的海关和检验部门应加强进出口管理，坚决查处不合格产品，严厉处罚相关企业和个人，对滥用职权者予以严肃处理，实行市场禁入，把问题企业和个人逐出市场。自贸试验区内企业应把握住共建中蒙俄经济走廊的历史契机，树立多元化经营思路，优化整合边境企业，规范经营边贸集团，严把商品质量关，提高商品价值和科技含量，打造知名品牌，树立良好形象，逐步提升在蒙古国、俄罗斯以及国际市场上的占有率。

（三）完善配套设施建设，政策细化、可持续

首先，继续加大公路、铁路、口岸、机场等基础设施建设，将满洲里、二连浩特两家“独大”转变为多口岸协同跟进的局面，完善货物周转中心、跨国交通运输对接、安检通关等设施，切实保障配套园区电力、道路、供水排水、供暖、垃圾处

---

① 张琰姝，赵红娟．内蒙古边境贸易发展探究[J]．合作经济与科技，2018(3)：100－101.

理等基础设施，将配套设施紧密结合现代信息技术。

其次，放松管制、职能下放，针对口岸具体情况出台差异性支持政策。各片区可结合自身实际细化落实上级政策，在完善配套设施建设的过程中充分考虑生态环境的脆弱性，制定合理方案。以生态可持续为重要理念，保护草场、预防荒漠化，将经济效益与生态效益相结合，坚持走生态可持续发展道路。内蒙古要抓住“一带一路”北向通道建设的重大机遇，对外积极与蒙、俄交流合作，共同推动中蒙俄跨境高速公路铁路升级改造、中蒙俄输油输气管道建设互通，对内根据各片区的优势和便利条件，落实特色口岸定位建设的理念，推动产品落地加工，使得各口岸功能更加多样，加快口岸由“交通走廊”向“落地经济走廊”的转变。①

（四）增强金融交流合作，优化贸易结算

加强中蒙俄之间的金融交流合作，完善双边金融机构建设对接，建立双边边境贸易结算中心，强化银行间合作关系，推进人民币、卢布、图格里克之间的自由兑换。优化贸易结算方式，双边政府协商制定相关保障政策，切实对接逐步减少第三方中转式结算，恢复和提升信用证结算，继续推动现代易货交易与电子商务相结合，建立中蒙俄贸易电子商务平台，整合三方资源集中共享数据库，推动双边边境贸易向网络化、数据化方向发展，提高三国之间的清关效率，更好地为双边贸易公司服务。与蒙、俄两国协商共同制定本币结算规则，三国商业银行推动互建本币结算账户合作，一方面互存保证金，另一方面引进国际金融机构作为第三方担保，实施信用双保证，提高双边贸易汇款结算的效率，鼓励我方金融机构入驻边境沿线口岸，在蒙、俄相邻边境地区设立分行，与蒙、俄的银行达成协议，推进银行卡互通业务，便利和完善人民币跨境结算业务。发展离岸金融，提高人民币使用率，推动人民币“走出去”，积极引导信托、证券、基金、保险公司等金融机构进入边境地区提供理财、投资、信托等金融服务。

（五）建设沿边经济带，推动建设沿边自贸试验区

发挥地缘优势，从地域空间视角推动设立内蒙古自贸试验区，完善和发展以重点口岸为核心节点、以边界线为发展轴、以沿边市县为面的沿边经济带。在沿边经济带建设过程中，应重点发展落地加工产业，对进口的能源资源进行落地加工销售或再次出口，对待出口产品进行进一步加工，推进沿边经济园区、口岸城镇建设，为落地加工贸易、转口贸易等打好基础，为商品的加工、运输、过境提供便利，并

---

① 董志崇．内蒙古边境贸易发展现状、问题和对策分析[J]．北方经贸，2019(3)：9－10.

带动双边入境出境旅游业发展。在产业选择上，可重点发展带动能力强、辐射面广的煤炭加工、木材加工、冶金机械、食品加工、跨境旅游等产业。为了更好地解决中蒙俄之间的贸易摩擦和关税壁垒问题，应加快推动内蒙古自贸试验区建设，规范贸易秩序。三国之间协商合作，求同存异，分区试点推进边境自由贸易区建设，再逐步扩大自贸试验区的范围和规模。长远来看，设立内蒙古自贸试验区符合各方利益需求，可以充分发挥互补优势，共同促进经济进步，实现企业跨境生产加工，推动区域内商品自由流通，降低边界阻碍，消除贸易壁垒。

第六章 设立新疆自由贸易试验区的探究与展望

新疆维吾尔自治区地处亚欧大陆腹地，陆地边界线5600多千米，与8国接壤，在历史上就是古丝绸之路的重要通道，现在是第二亚欧大陆桥的必经之地。近年来，新疆依法开展反恐怖主义和去极端化斗争，有效遏制了恐怖活动多发频发的势头，形成了安全稳定和民族团结的社会局面，为经济发展创造了稳定的外部环境。当前，新疆各类支持政策空前，社会稳定红利持续释放，各族群众发展热情高涨，经济社会面临前所未有的发展机遇。2022 年 7 月 12 日，习近平总书记在乌鲁木齐国际陆港区视察时强调，随着我国扩大对外开放、西部大开发、共建“一带一路”等深入推进，新疆从相对封闭的内陆变成对外开放的前沿，要推进丝绸之路经济带核心区建设，把新疆的区域性开放战略纳入国家向西开放的总体布局中，创新开放型经济体制，加快建设对外开放大通道，更好利用国际国内两个市场、两种资源，积极服务和融入新发展格局。在此背景下，建立新疆自由贸易试验区不仅具有了理论基础，也具有了现实可能。

一、新疆对外开放主要片区

新疆向西开放主要片区包括乌鲁木齐国际陆港区、乌鲁木齐临空经济示范区、中哈霍尔果斯国际边境合作中心、阿拉山口口岸以及喀什经济开发区。乌鲁木齐国际陆港区是承东启西的重要核心节点，是我国西出通道中距离中亚、西亚、欧洲最近的铁路枢纽。乌鲁木齐地窝堡国际机场与昆明长水国际机场并列为中国两大国家门户枢纽机场，乌鲁木齐临空经济示范区是全国已批复的 14 个临空经济示范区之一。中哈霍尔果斯国际边境合作中心是我国与邻国建立的首个跨境经济合作区，是我国已经成立的 3 个跨境经济合作区之一。喀什地处南疆，是西出敦煌南北通道的会合点，处在喜马拉雅山脉、帕米尔高原、天山山脉和兴都库什山脉交会点上。喀什也是筹建中的中吉乌国际铁路的出境口岸，中吉乌国际铁路将成为中国通往欧洲、中东的最短货运路线，中欧班列将形成多元化的空间格局。

（一）乌鲁木齐国际陆港区和乌鲁木齐临空经济示范区

1. 乌鲁木齐市简介

乌鲁木齐市是新疆维吾尔自治区首府，2021 年末全市常住人口 407 万人，常住人口城镇化率 96.1%，下辖 7 个区 1 个县、3 个国家级开发区和 1 个综合保税区，总面积 1.38 万平方千米。乌鲁木齐位于新疆中部、亚欧大陆腹地，是世界上离海洋最远的城市，但周边冰川资源丰富，拥有良好的地下水资源。此外，乌鲁木齐土地总面积 1.2 万平方千米，其中耕地 65430 公顷，占土地总面积的 5.55%，森林覆盖面积在新疆排名前列。乌鲁木齐矿产资源丰富，被称为“煤海上的城市”。乌鲁木齐产业结构以第三产业为主。图 6－1 是 2016—2021 年乌鲁木齐地区生产总值规模。受疫情影响，2020 年地区生产总值有些许下降，2021 年上涨恢复到 3691.57 亿元，同比增长 6.1%。①

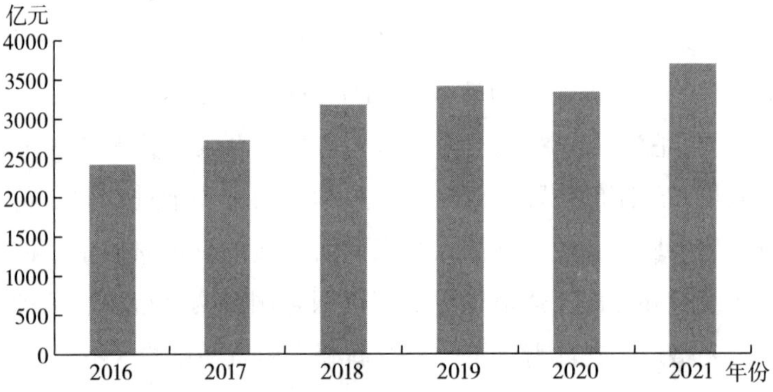

图 6－1　乌鲁木齐地区生产总值变化趋势

资料来源：乌鲁木齐市历年国民经济和社会发展统计公报。

2. 乌鲁木齐国际陆港区简介

乌鲁木齐国际陆港区规划面积 67 平方千米，位于乌鲁木齐经济技术开发区（头屯河区），地处新疆发展实力最强的天山北坡经济带，是承东启西的重要核心节点，拥有中欧班列西通道最后一个编组站，是我国西出通道中距离中亚、西亚、欧洲最近的铁路枢纽。陆港区紧邻高铁站和国际机场，连霍高速、乌昌高速及兰新铁路贯区而过，形成立体化综合交通体系。陆港区主要由“四场站、四中心、四园区”组成：“四场站”包括乌鲁木齐火车西站（含八钢铁路场站）、火车北站、乌鲁

① 乌鲁木齐市统计局. 2021 年乌鲁木齐市国民经济和社会发展统计公报[EB/OL]，[2011－06－15]. http://www.urumqi.gov.cn/fjbm/tjj/tjgb/509211.htm.

木齐铁路集装箱中心站、国际机场，构成陆港区硬件载体基础；“四中心”包括铁路口岸服务中心、多式联运海关监管中心、中欧班列乌鲁木齐集结中心、铁路国际快件中心，构成陆港区先导核心区以及重要功能平台；“四园区”包括综合保税区、北站商贸物流聚集区、国际纺织品服装商贸中心综合配套服务区、铁路口岸服务聚集区，构成陆港区未来产业发展格局。规划布局具有“突出一核、区内配套、区外联动”的特点。《乌鲁木齐国际陆港区总体发展规划（2018—2035年）》《乌鲁木齐国际陆港区建设三年行动计划（2018—2020年）》确定了陆港区“集货、建园、聚产业”的发展思路，着力提升集货能力，加快区域规划建设，为企业落地聚集创造良好条件，目前已成为丝绸之路经济带核心区建设的重要载体和驱动引擎，为全疆开放型经济发展提供了引领示范。

3. 乌鲁木齐临空经济示范区简介

截至目前，乌鲁木齐地窝堡国际机场已与19个国家、23个境外城市通航，远程航线辐射抵达欧洲腹地，航线网络覆盖亚洲、欧洲和大洋洲，实现了与全国所有省份政府所在地城市通航，形成了“疆内成网、东西成扇、四通八达”的国际航空航线网络格局，成为名副其实的丝绸之路空中枢纽。乌鲁木齐临空经济示范区规划范围135.6平方千米，[①] 于2019年10月16日开工建设，计划于2023年底完工，包括新建50万平方米的航站楼、2条跑道、9.27万平方米综合交通中心及相关配套等。[②] 乌鲁木齐临空经济示范区为“一心、一轴、六区、一廊”的空间结构。其中，“一心”为空港核心；“一轴”为空港产业发展轴；“六区”为高新技术与高端制造产业区、临空现代服务业区、航空物流区、保税物流区、两港联动物流区、城市生活区；“一廊”为北侧生态景观廊道。在产业布局方面，按照临空产业类型多元、高新高端产业主导、产业链适度延伸的原则，耦合周边区域产业总体布局，提升临空产业本地根植性，形成临空区产业指导名录，包括机场功能性服务业、航空物流业、高新技术与高端制造业、现代服务业4大类，18中类，68小类产业类型。

（二）中哈霍尔果斯国际边境合作中心

1. 霍尔果斯市简介

霍尔果斯市是隶属新疆伊犁哈萨克自治州的一个县级市，与哈萨克斯坦相接，

① 乌鲁木齐市城乡规划管理局．乌鲁木齐临空经济示范区控制性详细规划及概念性城市设计[EB/OL]，[2022-01-07]. http://www.uhdz.gov.cn/info/5254/34033.htm.

② 陈兰，马燕．乌鲁木齐国际陆港区和空港区建设带动经济社会发展[EB/OL]，[2020-07-17]. http://www.bingtuannet.com/ywq/202007/t20200717_81871.html.

距伊犁州州府伊宁市90千米，距乌鲁木齐市670千米，距哈萨克斯坦原首都阿拉木图378千米，平均海拔750～840米，占地面积共1908.55平方千米，自古以来就是丝绸之路的重要关口。现在，霍尔果斯口岸是新疆最大的陆路与铁路综合性口岸，是伊霍铁路、连霍高速公路、312国道和中国—中亚天然气管道的起讫点。霍尔果斯自然资源丰富，有耕地65万亩、可垦荒地5万亩、水域6万亩。该地区整体经济环境较好，尤其是中哈霍尔果斯国际边境合作中心的设立对霍尔果斯的经济发展起到了极大的推动作用。如图6-2所示，霍尔果斯地区生产总值呈逐年上涨趋势，尤其是2015—2018年，增长速度非常快。虽然在2020年受到疫情影响，但是在2021年得到迅速恢复，经济发展韧性强。在三大产业中，第三产业在霍尔果斯占据了主导地位，其产业份额远超第一产业和第二产业之和。

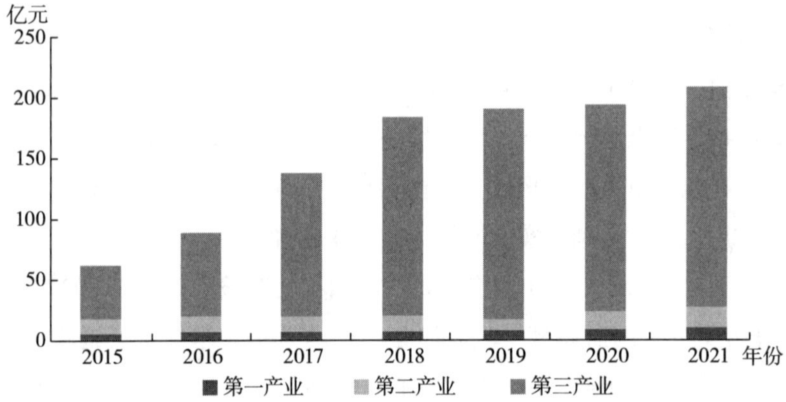

图6-2 霍尔果斯市（含兵团）三大产业地区生产总值变化趋势

资料来源：霍尔果斯市历年国民经济和社会发展统计公报。

2. 中哈霍尔果斯国际边境合作中心简介

中哈霍尔果斯国际边境合作中心（以下简称“合作中心”）是我国与哈萨克斯坦共同建立的、建立在中哈两国霍尔果斯口岸的贸易往来中心，是我国与邻国建立的首个跨境经济合作区，是我国已经成立的3个跨境经济合作区之一，其发展历程如表6-1所示。该中心总占地面积5.6平方千米，其中中方区域3.43平方千米、哈方区域2.17平方千米。2012年4月正式封关运营，中哈两国对项目用地各留一个出入口，两国人员、第三国人员、无国籍人员、车辆、货物持有效证件可以经各自出入口跨境自由流动；对边合区的监管采取“一线放开、二线管住”的“境内关外”管理模式，两国查验机构由边境一线退回二线，两国项目连接通道属于无障碍区；两国人员、第三国人员和无国籍人员进入合作中心后，可以在区内自由选择停留点，一次性合法免签停留30天（全年在区内居住，只需出入12次即可）；合作中心各自一侧受本国司法管辖，适用本国现行法律及有关国际公约或中哈协议。由中国境内进入合作中心的建筑物资和区内设施自用设备，享受退税的优惠政策；由哈方一侧进入中方区域的建筑物资和区内设施自用设备，按照保税区政策，免征关税和进口环节增值税。中方游客每人每日 8000 元人民币免税购物额，哈方游客每人每日 1500 欧元免税额过境即买即免。目前，合作中心实行 7×14 小时通关工作制，通过多点办证、改造升级安检设备、人车分流通道等方式简化通关流程，进一步提高通关效率。合作中心定位为中亚贸易城和欧亚国际采购中心，主要功能是贸易洽谈、商品展示和销售、仓储运输、宾馆饭店、商业服务设施、金融服务以及举办各类区域性国际经贸洽谈会等。[①] 合作中心 2012 年封关运营当年共验放出入境人员 27 万人次，2019 年达到 659.7 万人次，增长了 24 倍多。近年来，合作中心功能日趋完善，呈现出通关更加便利、金融创新体系更加深入、市场秩序更加规范、业态布局更加优化的良好态势。合作中心已逐步成为国家间、企业间合作交流的平台，欧亚财政经济论坛、中哈本币结算及汇率直接形成机制推介会、货币金融圆桌会议、2019 新疆论坛暨“一带一路”与人民币国际化研讨会等有一定影响力的国际会议在合作中心举办，中哈霍尔果斯国际边境合作中心部级协调机制第一次会议、江苏连云港投资哈萨克斯坦“东门无水港”项目签约也都在合作中心举行。

表 6-1　中哈霍尔果斯国际边境合作中心发展历程

年份	历史大事件
2002	哈萨克斯坦共和国首任总统努尔苏丹·阿比舍维奇·纳扎尔巴耶夫在北京正式访问期间提出倡议
2004	中哈两国在新疆的伊宁市签订中哈两国间关于建立霍尔果斯国际边境合作中心的框架协议
2005	中哈两国在哈萨克斯坦的首都阿斯塔纳市正式签订两国政府间关于霍尔果斯国际边境合作中心活动管理的协定
2006	中华人民共和国国务院正式批复中哈国际合作中心中方配套区。霍尔果斯国际边境合作中心正式成立，成为世界上首个跨境经济合作区
2012	霍尔果斯国际边境合作中心正式封关运营
2017	哈萨克斯坦共和国政府决议将霍尔果斯国际边境合作中心设立为经济特区，期限到 2041 年
2020	霍尔果斯国际边境合作中心中方区域全年完成通关货运量 1.84 万吨，实现通关贸易额 15.35 亿元，并且中方区域当中出入区人数高达 304.92 万人次

① 霍尔果斯基本情况[EB/OL],[2022-04-11]. http://www.xjhegs.gov.cn/xjhegs/c114329/202204/72c88f4156514a598edb211f8d159516.shtml.

3. 中哈霍尔果斯国际边境合作中心中方配套区

合作中心在中方境内、靠近中心的位置建立了中方配套区域，作为支撑中心发展的产业基地，于2006年批准设立，批复面积9.73平方千米。2013年开始，按照分期分批开发建设的原则对中方配套区进行规划和建设，首期建设面积3.26平方千米，分东、西两个独立封闭的区域，东区1.75平方千米、西区1.51平方千米，北至宁波路、建成路，东至镜湖路，南至发展路，西至218国道。共计投资7.18亿元用于完成区域内“七通一平”基础设施和海关巡逻道、查验楼、卡口等海关监管配套设施建设，实行封闭式管理。2015年9月17日正式通过国家验收。2016年4月中方配套区（一期）正式封关运营，与合作中心形成“前店”“后厂”联动发展模式。2020年9月，国务院批复同意配套区整合优化为霍尔果斯综合保税区（以下简称“综保区”），继续作为合作中心中方配套区域，规划面积3.61平方千米，共分为两个区块。综保区结合区位优势，叠加适用综合保税区与中方配套区优惠政策，将成为我国目前除自由贸易试验区以外，开放层次较高、政策最优惠、功能最齐全、手续最简化的海关特殊监管区，发展保税加工、保税物流、保税服务等业务。[①] 综保区内除法律、法规和现行政策另有规定外，享受境外货物入区保税或免税；货物出区进入境内区外销售按货物进口的有关规定办理报关手续，并按货物实际状态征税，其中生产加工的货物可按其对应进口料件征收关税；境内区外货物入区视同出口，实行退税；区内企业之间的货物交易免征增值税和消费税。

（三）阿拉山口片区

1. 阿拉山口市简介

阿拉山口市是隶属新疆博尔塔拉蒙古自治州的县级市，是依托阿拉山口口岸于2012年建立的一座相对年轻的城市，总面积1204平方千米。2020年，阿拉山口市常住人口已达到12954人。该地区野生动植物资源丰富，拥有艾比湖湿地自然保护区、夏尔西里自然保护区和甘家湖白梭梭自然保护区等。但是由于该地气候属于极端干旱的温带荒漠类型，日照时间过长，水资源匮乏，需要额外进行调水工程才能保证该地正常的生产生活运转。阿拉山口市经济实力比较弱，但增长速度较快，2021年实现地方生产总值100.38亿元（见图6-3）。

2. 阿拉山口口岸简介

阿拉山口口岸距州府博乐市794米，距哈萨克斯坦多斯特克口岸12千米，经铁

① 霍尔果斯综合保税区获批[EB/OL]，[2021-03-03]. http://www.xjhegs.gov.cn/xjhegs/c114511/202103/74a263f51b0641dfa51407e475ecd6cd.shtml.

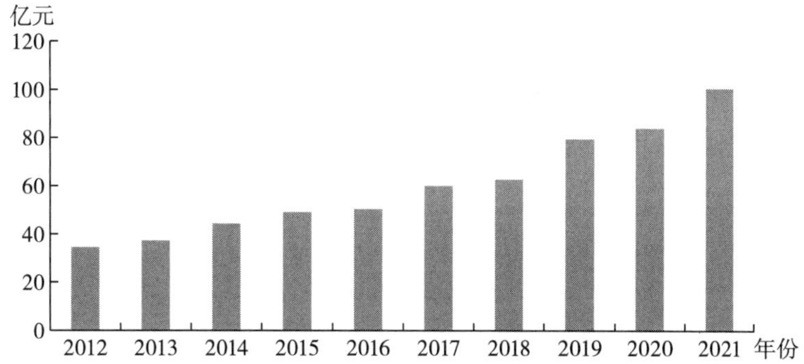

图6－3　阿拉山口市地区生产总值变化趋势

资料来源：阿拉山口市人民政府官网。

路、公路分别距乌鲁木齐市477千米和500千米，是集铁路、公路、航空、管道4种运输方式于一体的国家重点建设和优先发展一类口岸，是第二亚欧大陆桥的重要枢纽，是我国开拓中亚、西亚和欧洲市场的联结点。1956年，中苏两国领导人会谈确定阿拉山口为中苏铁路接轨点；1958年，苏联铁路修至阿拉山口北侧；1990年6月，国务院批准设立阿拉山口口岸；1991年7月，铁路口岸过货运营；1995年12月，公路口岸开放；2003年，被国家列为重点建设和优先发展口岸；2006年7月，中哈原油管道建成运营；2010年，建成通航博乐阿拉山口机场；2011年，阿拉山口口岸正式通行中欧班列；2011年5月，国务院批准设立阿拉山口综合保税区，是全国唯一实现宽轨重车换装作业的综保区，是国际物流基地和多式联运国际物流园；2012年，设立阿拉山口市；2020年，被确定为陆上边境口岸型国家物流枢纽；2022年，获批跨境电商综合试验区。

阿拉山口口岸作为新疆最大的陆路口岸，是国家重要的能源资源大通道，进口以原油、金属矿石、钢材等国家急需紧缺的能源资源类货物为主，占进口总量的90.5%，口岸过货量、贸易额、关税连续多年位居全国陆路口岸前列。作为中欧班列重要节点，阿拉山口口岸是丝绸之路经济带上运距最短、用时最少、运费最低的国际贸易大通道，连接了国内国际两个市场，惠及26亿人口。

（四）喀什片区

1. 喀什地区简介

喀什地区位于新疆的西南部，总面积16.2万平方千米，占地面积在新疆地区居于前列。喀什地区下辖的县级市——喀什市，是中国最西部的边陲城市之一，是喀什地区政治、经济、文化中心，总面积1056.8平方千米，人口78.27万人（2020年）。喀什地区全年降雨较少，淡水资源大部分依靠冰川融雪，季节性变化明显。

此外，由于特殊的地理位置和气候环境，喀什地区动植物和矿产资源尤其丰富。喀什地区是古丝绸之路的交通要塞，是丝绸之路经济带核心区的南疆支点和中巴经济走廊的起点。喀什与塔吉克斯坦、阿富汗、巴基斯坦、吉尔吉斯斯坦、印度五国邻近，距周边国家首都只有1000多千米，有红其拉甫、吐尔尕特、伊尔克什坦、卡拉苏4个对外开放口岸，是南疆向西开放的重要门户。喀什地区第一产业与第二产业生产总值相差不大，以第三产业为主导，如图6－4所示。2021年，喀什地区实现地区生产总值1298.98亿元，比上年增长7.6%，两年平均增长6.2%。

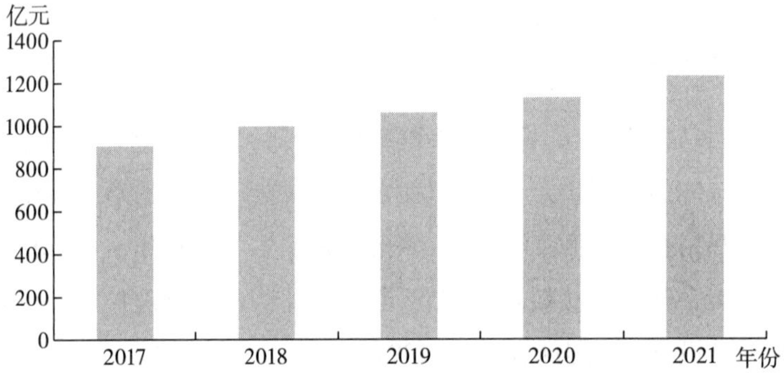

图6－4　喀什地区地区生产总值变化趋势

资料来源：喀什地区历年国民经济和社会发展统计公报。

2. 喀什经济开发区简介

喀什经济开发区也被称为喀什特区。2010年5月，中央决定在喀什设立特区，把喀什特区建设成为我国向西开放的重要窗口，推动形成我国“陆上开放”与“海上开放”并重的对外开放新格局，建设成为推动新疆跨越式发展新的经济增长点。喀什特区规划用地50平方千米，其中喀什市规划40平方千米，伊尔克什坦口岸规划10平方千米。启动区包括“一城、一园”，各占地5平方千米。“一城”即指喀什新城，建在喀什东部，按规划重点打造商贸、国际金融、免税购物、文化创意、科技研发、信息咨询等产业；“一园”就是喀什经济开发区的工业园区，是喀什经济开发区的核心区，是建在喀什北部以机场为中心的5平方千米的区域，重点打造保税物流、出口加工、轻工制造等产业。2012年9月，中国人民银行、银监会、证监会、保监会联合下发了《关于金融支持喀什霍尔果斯经济开发区建设的意见》（银发〔2012〕239号），标志着喀什经济特区正式成立。依托喀什特区的制度优势、丰富的资源优势和独特的区位优势，喀什特区以现代服务业和先进制造业为重点，着力建设区域性商贸物流中心、金融贸易区和优势资源转化加工区。自2012年成立以来，喀什特区累计实现地区生产总值92.17亿元，年均增长29.98%；税收

39.3 亿元，年均增长 24.01%；进出口贸易额 36.04 亿美元，年均增长 270%。

2022 年 1 月，国务院批复设立中国（喀什地区）跨境电子商务综合试验区。同时，喀什国际航空口岸开通了自喀什—卡拉奇货运航线后的第二条国际货运航线，由喀什国际机场飞往巴基斯坦伊斯兰堡。

二、新疆对外开放制度创新

近几年来，新疆坚持制度创新，积极服务国家战略，加快优势产业集聚，在扩大对外开放、促进要素自由流动、激发市场活力、优化营商环境等方面持续发力，发挥全面深化改革和扩大对外开放试验田的作用，推动新疆西部内陆转型为对外开放新高地。

（一）营商环境创新

营商环境主要是指市场主体面临的政务、市场、法治和人文等方面环境因素的总和。新疆围绕改善法治环境、政务环境、市场环境，接连打出优化营商环境的“组合拳”。2021 年 11 月 1 日起，自治区施行了《新疆维吾尔自治区促进政务服务便利化条例》，为进一步推进“放管服”改革和政务服务便利化工作提供了法规依据。一是推进政务服务透明高效。推动了“互联网 + 政务服务”发展，提升了自治区一体化在线政务服务平台和公共资源交易平台服务能力，提高了企业和群众办事便利度，提升了行政效能。二是推动构建服务型政府。通过推行线上线下相融合，减少办事环节，实现事项集中办理、就近办理、网上办理。以自治区 12345 热线平台为支撑中枢，对接 14 个地（州、市），归并 33 条政务服务便民热线，形成“1 + 14 + N”的政务服务便民热线体系，打造一号对外服务“总客服”，实现“一号连通各热线”“一号连接各部门”，深化“接诉即办”工作机制，切实提升了企业群众满意度。三是践行明确各主体责任。有效解决政务服务便利化工作中政府及各行业主管部门职责划分不清晰、责任不明确问题。四是注重强化监督评价。规范了监督员制度、监督员评价体系、咨询投诉、法律责任，有效保障了政务服务便利化的实施。①

2022 年，乌鲁木齐市出台了《2022 年优化营商环境 87 项措施》，聚焦于市场主体关切，对标国内发达地区，持续优化规范公正的法治环境、便捷高效的政务环境、公平开放的市场环境、宜居宜业的社会环境。在优化法治环境方面，聚焦于保

① 于田县人民政府．关于《新疆维吾尔自治区促进政务服务便利化条例》的政策解读[EB/OL]，[2022－10－06]．https://www.xjyt.gov.cn/zfgk/zhengce/2022－10－06/3229.html.

护企业合法权益，加大体制机制创新，运用法治思维和法治方式管理市场、服务企业，规范政府和市场边界，进一步提高监管效率、防止过度干预、保护知识产权、强化守信激励，让企业家安心经营、放心投资、专心发展；在优化政务环境方面，紧盯服务流程、服务效率，全面强化职能职责，持续深化工程建设领域项目审批制度改革，压缩全类型项目审批时限，大力推进“减证便民”“一网通办”“一件事一次办”，不断提升市场主体的满意度、获得感；在优化市场环境方面，充分发挥市场在资源配置中的决定性作用，严格落实市场准入负面清单，定期清理硬性壁垒和不合理限制，降低企业融资成本，调动和保护市场主体的积极性、主动性和创造性；在优化社会环境方面，围绕产业所需、人才所需、创业所需，加强创新主体培育，优化创业就业环境，推进城市精细化管理，提升水电气等市政服务供给水平，让企业和居民的投资发展、工作生活更加便利舒适。①

（二）金融制度创新

2022 年 3 月 30 日，新疆金融工作会议发布了《新疆维吾尔自治区 2022 年金融工作要点》（以下简称《要点》）。《要点》详细说明了新疆金融工作方面的目标、重点及动力。一是促进社会融资规模增长 12%。为实现该目标，国家先后在支持喀什和霍尔果斯经济开发区建设、南疆四地州加快发展等领域出台了一系列金融支持政策。到目前为止，新疆已与 9 家国有金融机构在北京召开座谈会并签署战略合作协议。二是全面提升金融服务质效。重点推动伊犁哈萨克自治州、乌鲁木齐市、喀什地区等地开展金融服务高质量发展专项行动。例如，支持乌鲁木齐国际陆港区建设；支持中哈霍尔果斯国际边境合作中心打造创新金融示范区，助推“两霍两伊”②一体化协同发展；支持发挥喀什经济开发区政策优势，建立南疆地区产融结合示范区；等等。作为金融创新示范区实验基地，乌鲁木齐高新技术产业开发区（新市区）联合了 14 家银行和金融企业，搭建政银企担保平台，引导更多金融机构关注重点企业和项目。三是深化重点领域改革，赋能新疆金融发展。力争用改革的思维来提升金融效率，维护金融稳定。除服务“三农”和乡村振兴战略的主力军、服务中小微企业的主力军、支持县域经济发展的主力军之外，还要紧跟国家引导，聚焦于“碳达峰、碳中和”战略部署，大力发展绿色金融。除各种改革措施之外，必须做好金融监督工作，严密防范金融风险。

---

① 盖煜．乌鲁木齐市出台优化营商环境 87 项措施[EB/OL]，[2022－03－07]．http://xj.news.cn/2022－03/07/c_1128445713.htm.

② “两霍两伊”一体化战略中的“两霍”是指霍尔果斯经济开发区和霍城县，“两伊”是指伊宁市和伊宁县。这 4 个区域自西向东并排构成一个长方形，由 G30、G218、S12 等 3 条相连的公路将它们串起。

（三）人才制度创新

新疆颁布了多项人才制度激励措施。为贯彻落实《人力资源和社会保障部关于充分发挥市场作用促进人才顺畅有序流动的意见》（人社部发〔2019〕7号），新疆境内的高等学校、科研院所可自主确定绩效工资水平，鼓励和支持为业务骨干、特殊人才、关键重点岗位建立特殊薪酬制度，实施年薪制、协议工资、项目工资等灵活多样的分配办法。此外，为引进人才关系转接、配偶就业、子女入学、社会保险关系接续、异地就医及创业扶持等方面提供全方位保障。① 2022年6月，自治区党委、自治区人民政府印发《关于加强和改进新时代人才工作的实施意见》，设立100亿元人才发展基金，以支持重大产业项目、重要建设工程、重大科研平台、关键民生领域等人才培养引进，有力推动保障重点人才工作。② 坚持党管人才，加强对人才的政治引领，引导广大人才弘扬科学家精神，扎根边疆、奉献边疆。

（四）税务制度创新

新疆将税务稽征流程与大数据相结合推进税务制度。新疆利用大数据平台，整合增值税、消费税与附加税等流转税主税附税申报，初步实现了纳税申报“数据自动预填 + 信息补正申报”模式，并且出口退税的主要流程都已经实现电子化，极大地方便了纳税人。新疆在全国率先上线“社保费 + 区块链”税费业务，实现“即时开具缴费凭证”和“实时权益记账”等多个功能场景。“社保费 + 区块链”服务已在兵团实现了全覆盖，累计53.33万人享受到登记信息即时传递、医保权益即时记录等便捷服务。在自治区的试点推行中，有770余万人享受到实时记录权益的快享服务。

新疆推进减流程、减税费等措施提高效率、增加便民度和激发市场活力。2021年，为贯彻落实中共中央办公厅、国务院办公厅《关于进一步深化税收征管改革的意见》，推进税收领域“放管服”改革，更好服务市场主体，国家税务总局印发了《国家税务总局关于发布〈税务行政处罚“首违不罚”事项清单〉的公告》。③ 税务机关在严格执法的基础上，在法律、行政法规规定的范围内，对首次发生清单中所列事项、危害后果轻微的纳税人和扣缴义务人，给予及时纠正税收违法行为的机会。

---

① 阿依努尔．新疆出台政策构建激励机制全方位“引才”[EB/OL]，[2019－11－14]. https://www.chinacourt.org/article/detail/2019/11/id/4637561.shtml.

② 自治区党委，自治区人民政府．《关于加强和改进新时代人才工作的实施意见》[EB/OL]，[2022－06－23]. https://www.xinjiang.gov.cn/xinjiang/xjyw/202206/38a3e5d718044b0fbd60bdcabf1b7ca4.shtml.

③ 国家税务总局．关于《国家税务总局关于发布〈税务行政处罚“首违不罚”事项清单〉的公告》的解读[EB/OL]，[2021－03－31]. https://xinjiang.chinatax.gov.cn/sszc/zcjd/202104/t20210406_83344.html.

上述纳税人、扣缴义务人在税务机关发现前主动改正或者在税务机关责令限期改正的期限内改正的，不予行政处罚。如果纳税人、扣缴义务人再次发生清单中所列税收违法行为，税务机关将严格依照法律、行政法规等规定，给予相应的税务行政处罚。此外，2022 年，自治区还出台了《自治区关于支持实体经济发展减税降费若干政策举措》，计划减免企业税费 49.53 亿元，减轻企业缴费 40.06 亿元，两项合计 89.59 亿元。

在税务制度支持产业发展方面，2021 年新疆还颁布了《国家税务总局　新疆维吾尔自治区税务局关于支持自治区“十大产业”发展的意见》，全面提高税务服务便利化、智能化、个性化水平，进一步激发市场主体活力和发展内生动力，助力“十四五”时期新疆石油石化、煤炭煤化工、电力、纺织服装、电子产品、林果、农副产品加工、馕、葡萄酒、旅游产业发展，加快构建现代产业体系。

（五）招商引资创新

2021 年，新疆维吾尔自治区人民政府办公厅印发了《关于加强自治区招商引资工作的意见》，① 提出要依法依规制定出台具有创新性、普惠性的招商引资优惠政策，对招商引资落地项目给予支持奖励，尤其是要积极开展境外招商引资活动，加快会展与新兴产业、优势产业融合发展，增强产业集聚效应，可以尝试建立重要节点城市之间产业招商项目跨区域流转和利益共享机制等，从而发挥出各地区最大的效用。同时，还强调要加强政府诚信建设，完善政府守信践诺机制；规范各类涉企服务管理，加快完善产权保护制度，依法有效保护各类所有制经济产权；规范各类涉企检查，切实转变监管理念，创新监管方式，全面推行“双随机、一公开”的监管方式。

（六）海关制度创新

乌鲁木齐海关对出口水果果园、包装厂实施注册登记，加强检验检疫工作，确保进出境水果质量和安全。新疆已有出口水果果园 100 个，包装厂 28 家。截至 2022 年 10 月，全疆出口食品生产企业备案 418 家、出口食品原料种植养殖基地 39 家，同比分别增加 16.1%、2.5 倍，推荐企业获得国外官方注册 3 家，新增注册国别和品种各 2 个。②

---

① 新疆维吾尔自治区人民政府．关于加强自治区招商引资工作的意见[EB/OL]，[2021-06-17]．http://www.xinjiang.gov.cn/xinjiang/zfgbml/202108/20f59265712d4fffa2cc9e6f7a3ad9d6.shtml.

② 新疆特色产品借力“一带一路”拓展市场[EB/OL]，[2021-12-08]．http://urumqi.customs.gov.cn/urumqi_customs/556645/556648/4044483/index.html.

霍尔果斯海关聚力保通保畅，释放“中哈连云港合作基地”“霍尔果斯—东大门”项目互联互促作用。健全与连云港海关的交流共建、信息互通机制，做到全链条信息有效衔接、班列异常数据及时处置，提前协调铁路部门，做到双向发运班列货到即换、优先编组、优先发运，确保班列通关“零延误”；搭建关铁企三方“点对点”沟通机制，用好各类“云服务”手段，实时掌握班列运行动态，联合运用进口货物催报、归并申报、强化进口申报资料预审核等压缩通关时效措施，提升班列通关效率，实现班列运输从“港”到“门”高效畅行。2022 年 1—8 月，共监管连云港合作基地发运班列 6529 标箱，主要货物为生活用品、机械设备、汽车零件等，审放该线路过境班列 1286 标箱，主要货物为铬铁合金。①

阿拉山口海关通过积极推广“两步申报”“自报自缴”“汇总征税”等通关改革措施，落实“24 小时预约通关”“7 × 24 小时”值守验放工作机制；落实“先放后检”“免到场查验”，提升查验效能，通关效率得到进一步提升。2022 年 7 月，阿拉山口口岸进口整体通关时间为 16. 87 小时，较 2017 年压缩 66. 6%；出口整体通关时间为 0. 02 小时，较 2017 年压缩 99%。② 对进口 5 类矿产品以及进口原油实施“先放后检”作业模式，实施全天候“预约查验”，服务口岸进口大宗商品货运量持续增长；大力推广“铁路快通”模式，持续推进“关铁通”项目和“安智贸”试点计划，采取零接触列车查验模式，多措并举保障口岸畅通，助力中欧班列跑出“加速度”。

阿勒泰海关和塔城海关首次采用“互联网 + 核查”方式，联合市场监督管理部门开展“双随机、一公开”联合抽查工作，对生产企业进行远程核查。通过借助于信息通信技术，依托互联网平台将核查业务领域中的部分核查事项迁移到“线上”，真正做到了“让数据多跑路、让群众少跑腿”，在优化海关监管效能的同时，大大降低了企业行政成本，提高了企业获得感。

阿克苏海关通过“线上 + 线下”联动的方式，向辖区纺织服装企业科普减免税知识和政策，定期调研走访，确保企业知政策、享政策，提高政策覆盖面和知晓度；建立专人专岗的联络机制，对于有办理减免税业务需求的企业，积极派员深入企业提前介入、指导帮扶，详细研究企业生产流程和产品生产工艺，做好商品预归类，并对企业减免税申请进行全要素审核，提高规范申报水平，有效降低企业进口成本。

---

① 聚力保通保畅释放“中哈连云港合作基地”“霍尔果斯—东大门”项目互联互促作用[EB/OL],[2022 - 09 - 29]. http://shenyang. customs. gov. cn/urumqi_customs/556645/556646/4599848/index. html.

② 前 7 月阿拉山口口岸出口货运量同比增 22. 5% [EB/OL],[2022 - 08 - 24]. https://www. xinjiang. gov. cn/xinjiang/dzdt/202208/cb58fcc8c1ed48afa9af03a81eab9243. shtml.

三、新疆设立自由贸易试验区的产业基础

建设自由贸易试验区需要以产业为载体，实现区域经济的高质量可持续发展，通过产业发展的实践对制度创新提出需求。新疆拟建自由贸易试验区可率先发挥乌鲁木齐国际陆港空港经济、中哈霍尔果斯国际边境合作中心跨境合作经济、阿拉山口沿边口岸经济和喀什特区经济的联动作用，结合各自的功能定位形成相应的产业支撑，促进产业结构不断升级，让新疆自贸试验区的建设设想落地生根。

（一）新疆整体产业概况

1. 新能源产业优势突出

在国家印发的“十四五”可再生能源发展规划中，陆上新能源基地专栏中新疆排在首位。明确北疆以风电为主，建设千万千瓦级新能源基地；南疆以光伏为主，建设千万千瓦级新能源基地；东疆风电、光伏发电、光热发电相结合，建设千万千瓦级新能源基地。新疆九大风区风能资源储量超过 8 亿千瓦，大约占中国陆地风能资源总量的 40%。新疆坐拥 40 万平方千米阳光炽烈的沙漠戈壁，全年平均日照时数居全国第 2，具有发展光伏电站的绝对优势。

2. 新型工业化迈向中高端

“腾笼换鸟”让新疆经济结构在“十二五”期间出现关键拐点，非石油工业比重超过 60%，彻底扭转了石油工业“一业独大”的格局，新疆新型工业化逐步向中高端迈进。“十三五”以来，新疆深化供给侧结构性改革取得明显成效，煤化工产业重点项目建设投产，产业发展初具规模，煤化工煤制烯烃、煤基 1，4 - 丁二醇、煤炭分级分质利用等现代煤化工产业产能实现零的突破；石化产业、油气当量居全国首位；环烷基润滑油、单体硫酸钾、聚氯乙烯（PVC）产能居全国第 1；电解铝产能规模位居全国第 2，稀有金属矿产勘探开发加快进行。

3. 中高端制造业异军突起

新疆制造业立足自身特点，在中高端制造业实现了从跟跑到部分领域领跑的跨越。以新能源装备、输变电装备、新型农牧机械等为特色的先进制造体系初步建成，特高压输变电、风力发电装备等一批先进技术行业处于领先地位。例如，变压器领域创造了多项细分领域世界第 1，多项主导产品打破国外垄断；4 行、6 行棉花收获机填补国内空白；风电装备跻身世界第一梯队。目前，东风汽车、铁建重工、广汽集团等一批装备制造巨头纷纷落户，让新疆装备制造底盘越来越厚实、韧性越来越

强。两化融合、5G+、工业互联网、云计算、大数据、智能制造等新技术的行业应用进一步深化，大数据服务器装机容量处于全国前列，2万多家企业实现“疆企上云”。新材料制造业也是推动新疆制造业迈向中高端的突破口之一。新疆硅基新材料产业——多晶硅产能、产量世界第1，已成为全球最大的绿色新能源材料供应基地。

4. 劳动密集型产业拓宽就业渠道

新疆以就业为导向，重点发展纺织服装、农产品加工、电子产品、轻工产品等劳动密集型产业，持续拓宽就业渠道，带动各族群众持续稳定增收。自第二次中央新疆工作座谈会确定在新疆实施发展纺织服装产业促进百万人就业战略以来，纺织服装产业已经形成由纺织原料、纺纱、织布、印染、服装、家纺、针织、产业用纺织品等多个产业板块组成的产业体系，特别是制约产业链延伸的印染生产取得了突破。截至2021年底，新疆已承接国内其他省（区、市）1100余家纺织服装企业来疆投资发展。2016—2021年，新疆劳动密集型产业累计带动新增就业76万人以上。①

5. 特色产业借力拓展市场

随着新疆加快丝绸之路经济带核心区建设，外贸市场不断提质扩容，出口特色农副产品从番茄酱、干果，到目前覆盖罐头类、调味品类、中药材类、水产品类、酒类及新鲜水果等多种产品，远销多个国家和地区。乌鲁木齐海关统计数据显示，仅2019年，新疆农产品出口贸易额同比增长26%。除了番茄酱、白鲑鱼子等特色产品，巴州博湖县每年向日本出口池沼公鱼，年出口量逾百吨。中国新疆、法国波尔多、美国加利福尼亚并称为“世界三大黄金葡萄产区”。新疆天山北麓、伊犁河谷、焉耆盆地、吐哈盆地四大葡萄酒主产区聚集了不少葡萄酒企业和酒庄，并逐渐形成了具有核心竞争力的葡萄特色产业。2022年前10个月，南疆农产品出口货值7.5亿元，其中核桃、香梨、红枣、葡萄、苹果汁、馕等特色农副产品同比增长34%~39%。中哈农产品“绿色通道”自2013年底启动以来，已在巴克图口岸、卡拉苏口岸、伊尔克什坦口岸、吐尔尕特口岸、霍尔果斯口岸开通了农副产品快速通关“绿色通道”。作为国家地理标志产品的库尔勒香梨，乘飞机走出国门，身价倍增。库尔勒还在2022年10月和11月先后开通核桃和番茄酱中欧班列，实现特色产品直通出口。

① 承接纺服产业加快转移 特殊优惠政策和举措叠加[EB/OL].[2022-04-06]. http://info.texnet.com.cn/detail-891799.html.

（二）乌鲁木齐国际陆港区产业概况

乌鲁木齐国际陆港区立足新疆产业基础，制定“五定”① 班列开行方案，加快提升班列运行质量。在新冠疫情期间，乌鲁木齐国际陆港区中欧班列仍坚持运转，开行数量逆势增长。截至2022年11月，已累计开行中欧班列—新疆西行国际货运班列2500余列，先后开辟班列线路20条，通达中亚及欧洲18个国家25座城市。运载货物由最初的日用百货、服装产品拓展至机械设备、水暖建材等200多个品类。

在疆内，陆港区推动与昌吉、伊犁、巴音郭楞、阿克苏、喀什等地（州、市）共建新疆国际陆港体系。在国内，陆港区率先开行集拼集运测试班列，与成都海关、成都铁路港公司联合成功进行实单测试、开展集拼集运作业；此外，陆港区加强与连云港、青岛港、天津港等海港合作，借鉴海港管理模式及理念，开通了新疆铁海联运班列，直接通往东盟十国。在国外，陆港区加快与哈铁、俄铁等境外铁路公司的衔接合作，进一步降低班列境外段运输价格；布局新建中欧班列货源集拼分拨中心，在巴基斯坦、乌兹别克斯坦、吉尔吉斯斯坦建立集货站，提升班列境外集货分拨的配套服务；建立物流园区、跨境产业合作园区，形成覆盖亚欧大陆的国际陆港网络体系；与德国、波兰、卢森堡、荷兰、中亚五国深化经贸联系，发挥乌鲁木齐市国际友城平台资源，深化友好城市在班列运营组织和产业发展领域合作，联结中西亚、南亚、欧洲等国家和地区相关城市，整合国内外陆港资源。

（三）乌鲁木齐临空经济示范区产业概况

乌鲁木齐临空经济示范区紧扣临空产业科技含量高、附加值大，重量轻、体积小，时效性和鲜活性强等特点，遵循《关于临空经济示范区建设发展的指导意见》，参考《产业结构调整指导目录（2015年本）》《战略性新兴产业重点产品和服务指导目录（2016版）》，按照临空产业类型多元、高新高端产业主导、产业链适度延伸的原则，发挥桥头堡效应，耦合周边区域产业总体布局，重点发展临空关联型、附属型、服务型产业，如图6－5所示。

1. 航空物流业

2021年上半年，乌鲁木齐地窝堡国际机场海关累计监管进出境货运包机626架次，同比增长78%，创5年来新高。其中，出口货运量9660吨，② 出口货物总值达24.8亿元，同比分别增长162.7%、108.7%。仅乌鲁木齐至阿拉木图的单条精品航

---

① 铁路在各大城市、港口及主要城市间开行的定点、定线、定车次、定时、定价（“五定”）的货运班列。

② 乌鲁木齐地窝堡机场海关：上半年机场口岸出口货运量9660吨[EB/OL]，[2021－07－28]. http://urumqi.customs.gov.cn/urumqi_customs/556645/556648/3789739/index.html.

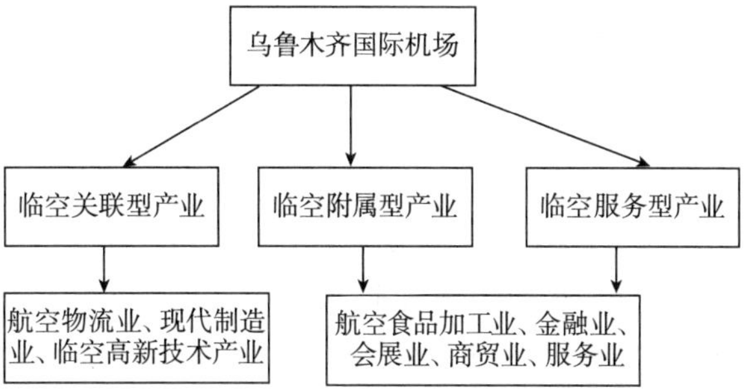

图6-5　乌鲁木齐临空经济示范区产业发展方向

线，月货运峰值就达300余吨。同时，乌鲁木齐国际机场口岸新增乌鲁木齐至巴黎、乌鲁木齐至伦敦等10条货运包机航线，累计开通国际货运航线22条，覆盖亚欧非三大洲16个国家19座城市，货运航线同比增长46%，同时新引进国际知名航空公司落地。每周进出口货运包机多达18架次，出口货物主要是服装、鞋帽、箱包等日用百货。

乌鲁木齐临空经济区依托机场，开展了从运输、仓储到包含多式联运、配送、检验和加工等增值服务的一站式综合物流服务，并建设了国际物流产业园。① 乌鲁木齐国际机场东面的乌鲁木齐临港国际物流园是乌鲁木齐空港型国家物流枢纽的重要组成部分，旨在补齐航空货运场站设施及联运转运短板，解决本地航空物流节点布局分散、航空物流功能联动性弱、物流作业集中度不高的问题。此外，国际机场周边还集中了乌拉泊国际物流基地、乌鲁木齐经济技术开发区国际物流集散中心、乌鲁木齐经济技术开发区国家二类口岸、新疆华凌国家二类口岸、新疆国际商贸城国家二类口岸、乌鲁木齐火车头国家二类口岸、边疆宾馆国家二类口岸、乌鲁木齐火车南站等大型物流基地。

2. 现代制造业和临空高新技术产业

围绕航空产业，机场周边已形成一批具有现代高科技绿色工业生产模式和优势的以新型建材、石油化工、机械制造、食品加工等为主的产业，同时聚集了一批能源转换型支柱产业，初步形成了生物制药、软件开发、科技研发等领域的高新技术产业群。作为临空经济区的重要组成部分，天山力逍创新产业联盟已经开始发挥作用，吸引知名安防企业进驻，推动安防设备生产、软件开发、系统集成等协同发展，成为国内一流、国际领先的智能安防产业基地。此外，乌鲁木齐国际机场紧邻国家级经济技术开发区、出口加工区和自治区级头屯河工业园区。几大开发区已初步成

① 陈学刚，杨兆萍．建立乌鲁木齐国际机场临空经济区的战略思考［J］．干旱区地理，2008(2)：306－311.

为新疆优势资源的深加工基地，以及沿海名优产品进入中亚、西亚、南亚和欧洲的出口基地。

3. 临空附属型和服务型行业

乌鲁木齐国际机场充分利用现有场馆基础设施，初步发展起一批餐饮、住宿、会议、休闲等机场临空服务型产业。乌鲁木齐国际机场周边5千米范围内出现了新疆航空食品公司、中国航油新疆公司、新疆民航农贸市场、航空酒店等一批航空运输配套服务业企业。同时，机场临空经济区外围也有一些航空引致产业，包括园林花卉研究所、南方航空文化中心、艺术培训中心、各类中小学等文化教育机构和一批高品质的旅游服务场所。乌鲁木齐国际机场未来将积极推进与大学城、新疆软件园、新疆国际会展中心等学术教育和展览机构的合作与交流，积极打造机场产、学、研一体的空港经济模式。

（四）中哈霍尔果斯国际边境合作中心产业概况

1. 霍尔果斯口岸及合作中心的通道经济

尽管受疫情影响跨境人员流动性显著下降，但霍尔果斯口岸货运通关仍然大幅增长。2021年，霍尔果斯全市实现通关货运量800.95万吨（不含天然气），同比增长28.8%；其中，铁路口岸738.10万吨，同比增长32.8%，公路口岸49.90万吨，同比下降3.6%。中哈霍尔果斯国际边境合作中心中方区域2021年完成通关货运量4.19万吨，同比增长127.7%（见表6-2）。合作中心中方区域全年实现通关贸易额25.83亿元，同比增长68.3%。综保区通关贸易额41.55亿元，同比增长214.5%（见表6-3）。受疫情影响，2021年合作中心中方区域出入区人数89.73万人次，同比下降70.6%，出入区车辆20065辆次，同比下降20.8%。2021年办理出入境通行证人数达14.33万人次，同比下降39.6%。其中，办理本证0.09万人次，同比下降63.1%；办理页证14.24万人次，同比下降39.3%。①

表6-2 霍尔果斯市2020—2021年通关货运量

地区	通关货运量/万吨		同比/%
	2021年	2020年	
全市	800.95	622.02	28.8
铁路口岸	738.10	555.62	32.8
公路口岸	49.90	51.77	-3.6

① 霍尔果斯市统计局．霍尔果斯经济开发区(市)2021年国民经济和社会发展统计公报[EB/OL],[2022-06-23]. http://www.xjhegs.gov.cn/xjhegs/c114391/202208/38e77ce5e1fb49c0916dd763e9581816.shtml.

续表

地区	通关货运量/万吨		同比/%
	2021 年	2020 年	
合作中心中方区域	4.19	1.84	127.7
综保区	8.64	12.79	-32.4

资料来源：铁路和公路口岸数据来源于霍尔果斯海关，合作中心和综合保税区数据来源于合作中心海关（所有数据均不含天然气）。

表 6-3　霍尔果斯市 2020—2021 年通关贸易额

地区	通关贸易额/亿元		同比/%
	2021 年	2020 年	
全市	2345.49	1901.91	23.3
铁路口岸	1990.6	1589.39	25.2
公路口岸	287.4	283.96	1.2
合作中心中方区域	25.83	15.35	68.3
综保区	41.55	13.21	214.5

资料来源：铁路和公路口岸数据来源于霍尔果斯海关，合作中心和配套综保区数据来源于合作中心海关（所有数据均不含天然气）。

2022 年 3 月 19 日，霍尔果斯口岸迎来中欧班列开行 6 周年。据铁路部门统计，6 年间经霍尔果斯口岸进出境中欧班列累计 19526 列，其中 2021 年通行 6362 列，居全国各铁路口岸首位。在覆盖范围方面，中欧班列已通达亚欧地区 18 个国家 45 座城市。在货源组织方面，中欧班列从最开始单一的 IT 产品，扩大到衣服鞋帽、汽车汽配、木材、家具、化工品、机械设备等数百个品类。经霍尔果斯口岸出口的商品多来自新疆、浙江、江苏、广东等地，进口商品多来自哈萨克斯坦、意大利、德国等国家。主要进出口商品为机电产品、未锻轧铜及铜材、文化产品、纺织纱线、织物及其制品等。

不断攀升的开行需求和大幅上升的货运量，对口岸畅通提出更高要求，霍尔果斯海关在推动中欧班列提质增效上加码发力，通过“铁路快通”模式有效精简海关通关手续，提高境内段中欧班列所载进出口货物转关运输通关效率，通关放行时间由原来的 3.5 小时压缩至现在的 1 小时，一日最高可放行 21 列，进一步畅通了国际物流大通道，助力中欧班列高效率开行、高质量发展。为应对疫情对跨境运输的影响，中哈霍尔果斯国际边境合作中心创新推动“空中陆桥”进出口货物吊运模式。“空中陆桥”项目于 2021 年 2 月开工建设，5 月投入运营。国外买家在各个国际电商平台的订单货物发运至霍尔果斯后，经综保区集中申报、跨境电商监管中心查验、装箱转运至合作中心后，由“空中陆桥”集装箱专用液压抓钩起吊运至哈方一侧，装载到接货车辆上发往欧洲各仓库。从霍尔果斯出境后，公路运输1天内可运抵哈萨克斯坦阿拉木图市，5天到达莫斯科，7天到达华沙，9天就可以到达西欧或南欧，接近国际航空中转运输效率，运输成本下降50%以上。2022年7月，综保区第二行政通道正式启用，实现了行政车辆和货物车辆分流，进一步优化了综保区主卡口通关效率，提高了综保区通关便利化水平。

2. 中哈霍尔果斯国际边境合作中心中方区域产业概况

合作中心中方区域招商引资到位资金连续5年稳步增长，2021年到位资金378.03亿元，同比增长69.24%；2022年上半年到位资金228.65亿元，同比增长37%。招商引资总投资超过300亿元的重大项目35个。截至2022年10月，合作中心内有星级酒店、餐饮娱乐、商业设施、金融服务等领域的近30个重点项目，入驻商户达3500余家，从业人员达到5000余人。中科国际贸易、黄金口岸等10余个外向型商业综合体及欧免税、深国免税、博盛免税等多家免税店入驻中心，销售来自10余个国家的近千种商品，各商业银行、霍尔果斯数字文化产业园及义乌小商品城等相继入驻。①

中哈霍尔果斯国际边境合作中心是我国首个“边境之内、海关之外”的离岸人民币金融业务试点区。合作中心内银行、企业可享受优惠的离岸人民币政策：合作中心内银行可以直接到境外融资，发放贷款，且创新人民币存贷款业务可参照境外金融市场利率确定；合作中心内注册的境内企业可以在境外直接融资，且人民币境外融资额度不设上限；合作中心还可开展人民币与中亚国家货币挂牌、计价、兑换、结算业务。合作中心内特殊的金融政策使银行和企业有了从人民币离岸市场融入低成本人民币资金的融资通道，有助于吸引企业和金融机构来此集聚，推动霍尔果斯经济发展和中哈金融合作进程。截至2022年6月，工、农、中、建、交、兵团农行、兴业等7家银行获批入驻，建行、交行、兴业银行离岸业务系统搭建完成，合作中心创新账户121个。

中哈霍尔果斯国际边境合作中心凭借免税购物游已成为来疆游客的首选目的地。尽管受疫情影响，2022年7月，合作中心平均每天仍然有1万余人次进出，最高可达1.3万人次。除了势头强劲的边境购物游，其他旅游业态也不断丰富。国门文化展示馆、游客服务中心、中亚风情街、跨国大道、极限飞球等一批文化旅游核心项目相继投入运营。镶产业园成功创建为国家AAA级旅游景区，国门文化展示馆被评

① 中哈霍尔果斯国际边境合作中心．书写“一带一路”传奇[EB/OL]，[2022－10－28]．http://www.xj.xinhuanet.com/zt/2022－10/28/c_1129082536.htm.

为自治区级红色旅游经典景区。霍尔果斯迎宾馆、维也纳酒店、霍尔果斯大酒店、金亿假日智选酒店投入运营，旅游服务功能不断完善，旅游接待能力和承载能力明显提高。

为了加强文化交流，合作中心建立了中哈“一带一路”新闻传播与文化产业国际协作体；与哈萨克斯坦联合举办中国霍尔果斯中亚跨境旅游合作论坛、中哈国际冰雪文化旅游节、旅游购物节、机电产品（整车进口）暨第二届中亚农业机械博览会等十余场商品展销会、旅游经贸洽谈会和论坛，成功举办了中亚国际文化旅游节、国际购物节、中哈霍尔果斯春晚、摩托车集结赛等系列文化旅游活动；举办丝路英雄搏击冠军赛，并通过中央电视台体育频道、主要网络媒体对赛事进行直播、转播。霍尔果斯合作中心还投资 1.9 亿元建设市人民医院项目，引进国内知名中医机构，做大做强传统中医药康养服务，打造面向中亚的国际康养品牌。

3. 中哈霍尔果斯国际边境合作中心中方配套区（综保区）产业概况

（1）做大货物贸易

2021 年 5 月综保区建设完成的 18 号非保税监管库占地 1 万平方米，分为 A、B、C、D 四个区域，共计 30 个货位，主要开展出口车及百货转关直通、电商货物出入库等业务。自 2022 年 3 月中旬正式开展业务以来，已完成出货量 200 余辆，出货 3600 余吨，总价值 3600 万美元，办理自驾车及百货等出入库手续 700 余辆，实现了保税货物与非保税货物“分开存放和分类监管”模式落地。同时，引进 40 余家企业在综保区内开展一般贸易与边境小额贸易，实现贸易额 50 亿元以上。

（2）聚焦保税加工

综保区立足其特殊功能定位和优惠政策，持续优化投资环境，提升项目承载能力，建设完成了 20 万平方米的标准化厂房，为中小企业入驻提供载体；同时，以毗邻国家品质好、价格低的优势资源和市场需求为导向，以加快进口资源加工、出口组装加工及农副产品深加工产业招商为抓手，吸引了涉及面粉加工、油料加工、饲料加工、食品加工、中医药加工、黄金首饰加工等领域的重大项目考察落地，总投资额近 50 亿元。[①] 产品主要涉及挂面、饼干、豆油、葵花油、葵花仁、饲料等，主要销往成都、武汉、青岛、广州等区域，外向型加工贸易产业集聚态势初步形成。康臣药业（霍尔果斯）有限公司于 2021 年 7 月入驻综保区，总投资 10 亿元，建设集中成药等药品的研发、生产、销售于一体的中医药产业园。2022 年 6 月 18 日，

① 中哈霍尔果斯国际边境合作中心中方配套区［EB/OL］,［2022－06－28］. http://hegskjds. com/xzds/zsq_xxyq/1.

第一条纯中药制剂尿毒清颗粒全自动生产线进入试生产阶段。

（3）紧盯保税物流

综保区内的口岸是通过全国验收的整车进出口口岸，进出口整车在综保区内可以实现保税仓储、中转、海关监管及环保检测。综保区依托整车进口口岸优势和综保区保税物流政策，引进了三一重工、柳工、徐工、陕汽、重汽、一汽、金龙客车等10余家涉及工程机械、农业机械、新能源汽车装配出口企业，2022年1—7月出口商品车1.3万余辆，实现贸易额40亿元以上。引进了芯空间平行进口车西北物流基地项目，打造中国西部平行进口车物流枢纽，实现了高端汽车进口、展示、销售“三位一体”产业布局，提升了周边地区高端进口汽车消费水平，带动了汽车修配、汽车金融、汽车互联网、进出口集装箱循环等综合产业发展。新疆众联华运国际货运代理有限公司目前利用综保区转关报关、综保区报关直通等模式为乌兹别克斯坦客户在中国境内提供新能源电动汽车、充电桩及其他特种工程用车的采购、仓储和中乌专线运输服务。

（4）创新保税服务

综保区投资3000万元建设的霍尔果斯欧硕汽车保税服务中心总建筑面积3000平方米，重点打造汽车保税物流、展示展销、拆解组装、检测维修等一体化汽车进出口全产业链，引进汽车检测、维修、拆解、拼装服务企业2家，融资租赁公司1家，引进欧硕汽车出口保税服务中心项目，开展新能源二手车、汽车保税维修、出口检测、KD件拆卸、组装包装等业务，实现了保税检测维修及融资租赁业态零的突破。截至2022年8月，霍尔果斯欧硕汽车保税服务中心已实现贸易额8.9亿元。

（5）发展跨境电商

霍尔果斯以中哈霍尔果斯国际边境合作中心和霍尔果斯综合保税区建设为突破口，借助于“空中陆桥”出口模式推动商贸物流提档升级。霍尔果斯建成投用了跨境电商分拨中心，开发上线了跨境电商公共服务平台，同时加快推进跨境电商产业园建设，引进了阳光捷通数字贸易、易达跨境供应链、鑫隆华跨境电商快运中心等多家跨境电商龙头企业，测试完成了9610、9710、9810、1210等跨境电商出口报关模式全覆盖。自开展跨境电商以来，累计出口集装箱1668个，累计出口票数6716万票，累计出口金额20.42亿元。2022年7月29日，新疆首个陆路通道国际邮件枢纽——霍尔果斯国际邮件交换站启动运营，以进出口物流渠道为支持，延伸霍尔果斯跨境电商的服务链条，为跨境电商产业链上下游提供仓储和寄递物流综合解决方案。满足口岸边民互市，中哈合作中心内企业、商铺、游客国际国内邮递和跨境电商贸易进出口业务需求，助力口岸传统贸易向跨境电商转型和O2O新零售发展，为口岸招商引资共赢发展提供了基础条件。

（五）阿拉山口沿边口岸产业概况

随着阿拉山口口岸过货量逐年增长和西部大开发战略的实施，口岸加工业、进出口贸易、运输业、中介服务业、旅游服务业等第二、第三产业不断发展壮大，形成了以通关经济为基础，第二、第三产业齐头并进、共同发展、相互促进的区域经济发展格局。

1. 通道经济逆势发展

阿拉山口口岸开行的中欧班列线路主要为“渝新欧”“郑新欧”“长安号”“蓉新欧”“汉新欧”“义新欧”等。截至2022年9月，阿拉山口口岸通行的中欧班列线路已达90条，其中2022年新增25条，可到达德国、波兰、比利时、俄罗斯等18个国家，覆盖国内24个省份，年通行量由最初的17列增加至近6000列，日均达到17列，单日最高达24列。截至2022年6月，已累计通行2.47万列、占全国通行总量的近五成，是全国通行中欧班列数量最多的口岸。阿拉山口海关以压缩通关时间为突破口，建立查验时效预警机制，加强对通关时长的实时监控，对申报、运抵、查验等环节实施全链条管控，并推出一系列便利化措施，着力提高中欧班列通关效率。

阿拉山口口岸毗邻西亚、中亚世界能源富集区，是新疆最大的陆路口岸、国家重要的能源资源大通道。通关过货商品进口方面以原油、金属矿石、钢材等国家急需紧缺的能源资源类货物为主，占进口总量的90.5%；出口方面以集装箱、钢材及有色金属、化工产品等货物为主，占出口总量的84.6%。搭载的货物品类涉及汽车及配件、棉纱、木材、铁矿类、食品、机械设备、日用百货等8大类200余种。截至2022年11月，累计过货4.26亿吨（其中，铁路口岸过货2.65亿吨、公路口岸过货0.04亿吨、进口原油1.57亿吨），实现进出口贸易额2560.8亿美元，上缴关税1511.7亿元。2021年铁路口岸过货量居全国第3，贸易额、关税连续多年位居全国陆路口岸前列，为保障国家能源资源安全和发展需要作出了巨大贡献。2022年上半年，阿拉山口口岸整体货运量达1144.7万吨，同比增长2.7%，其中，进口964.4万吨，与上年同期持平；出口180.3万吨，同比增长20%。

阿拉山口口岸成为跨境电商包裹运输的枢纽。来自东莞、深圳等国内制造基地的货物运至阿拉山口，转铁路发往中亚及欧洲。2022年以来，阿拉山口口岸跨境电商出口包裹突破500万件，贸易额超8亿元。特别是，2022年阿拉山口市获批跨境电子商务综合试验区，相关企业在口岸的运营成本进一步减少，最快通关时效达3

小时。阿拉山口综保区跨境电商产业园建设项目依托边境口岸型国家物流枢纽和综保区贸易政策，有机结合进出口 B2B、B2C、C2C 模式，提供集货分拣、保税备货、暂存加工及线上线下服务，引入海外仓、边境仓、退货仓等多样物流仓储功能，发展 9610、1210、9710、9810 及“三关合一”（国际邮件、快件、跨境电商）通关模式，着力打造成为“一带一路”跨境贸易物流战略性集散枢纽、阿拉山口跨境电商综合试验区前沿阵地、综保区国内外商品 O2O 展示中心。

随着口岸通关产业的稳步发展和进出口贸易的日益扩大，中介服务业应运而生，专门为进出口贸易企业办理报关手续和单证服务，对通关产业的稳步发展和规范运行起到了积极的促进作用。截至 2022 年 6 月，阿拉山口海关受理报关单位注册备案 157 家，同比增长 249%；受理报关单位信息变更 114 家，同比增长 245%；受理报关单位注销 82 家，同比增长 57.7%；当场办结率达 100%。

2. 制造业快速发展

阿拉山口口岸的加工业起步较晚。2001 年口岸加工企业只有 4 家，主要依托国外进口木材进行木材粗加工，规模小，产品结构单一，参与市场竞争能力弱。从 2002 年起，阿拉山口市进一步贯彻落实“口岸兴州、口岸强州”的发展战略，吸引了八钢、舞钢、颐新汇、中联油等一批区内外知名企业落户口岸从事加工业。2021 年，实现地方生产总值 100.38 亿元，增长 8.7%；规模以上工业增加值 24.18 亿元，增长 21.9%；招商引资到位资金 82.43 亿元，增长 2.2 倍。2022 年 1—5 月，实现规模以上工业增加值 9.59 亿元，增长 20.9%；招商引资到位资金 42.84 亿元，增长 58.8%。[①]

3. 旅游、服务业蓬勃兴起

目前，来阿拉山口口岸一日游或通过口岸到博乐、赛里木湖、温泉、怪石沟等景区旅游的团队、散客逐年增多，带动了宾馆、餐饮、娱乐等行业的发展。2021 年，编排旅游线路产品 2 条，新建酒店 4 家，改造提升了国贸商城美食街及四季夜市，评定“阿拉山口礼物”5 种。2021 年全年完成接待游客 100 万人次，旅游总消费 8 亿元。[②] 2021 年，阿拉山口还利用新媒体平台开展线上直播活动，举办“5·19”中国旅游日、“粽情端午·欢乐畅想”等特色旅游购物活动，激发市场活力，拉动旅游消费。

---

① 阿拉山口市人民政府. 阿拉山口市基本情况[EB/OL],[2022-06-01]. http://www.alsk.gov.cn/bdgk.htm.

② 阿拉山口市人民政府. 2021 年政府工作报告[EB/OL],[2022-01-12]. http://www.alsk.gov.cn/info/1049/45144.htm.

（六）喀什经济开发区产业概况

喀什经济开发区以综合保税区为龙头引擎，以高新技术和商贸物流为两大核心产业，以电子组装、纺织服装和农产品深加工为三大支柱产业，以城北、城东、临港和伊尔克斯坦口岸四大功能区为载体，已发展成为中国西部地区最有活力、最具投资价值的区域之一。目前，投资 8 亿元的京新银座广场总部经济大楼（金融中心）项目、展辉技资合资企业已经落地。深圳产业园项目、深圳城项目、喀什市技能培训和实训基地项目、三一重工机械与零部件再造基地、拓日新能产业园、嘉达高科产业基地、浩元环保科技中心、拓方善水创新科技园、新海鸿农业智能设备制造基地、南北医药物流中心、永桦特色水果加工生产和冷链物流配送基地股权投资企业等一批项目和知名企业相继建设落户。

1. 城北加工转化区

城北加工转化区占地 13.88 平方千米，主要发展机械组装加工、高端制造业、白色家电、新能源新材料、电子组装加工，着力建设高质量就业示范区。6000 亩“飞地”园区正在“筑巢引凤”。

2. 城东金融贸易区

城东金融贸易区占地 13.23 平方千米，主要发展金融服务、国际商贸、总部经济、数字经济等现代服务业。已建成四川、重庆、浙江、江苏、安徽、陕西等 8 栋总部经济大楼，3 万平方米华凌国际家具城、12 万平方米深圳城综合商业及美食城、2 万平方米体育馆等城市综合体；电子信息产业研究院、中国科技开发院、鲁喀创服、喀大智慧工厂等 189 家科技创新企业在这里孵化。

3. 临港物流产业区

临港物流产业区占地 12.89 平方千米，主要发展铁路、公路、航空多式联运商贸物流产业、电子信息和纺织家纺等劳动密集型产业、食品加工产业，打造百亿元级电子信息产业和百亿元级纺织家纺产业基地，建设商贸物流集散中心。其中，深圳产业园占地 4950 亩，机电产业园占地 190 亩，纺织家纺产业园规划用地 1500 亩。

4. 综合保税区

喀什综合保税区是全国第二个集铁路、公路和航空口岸优势于一体的综合保税区，1.5 小时航空经济圈覆盖周边八国首都或主要经济城市，是我国跨境电商通往中亚、南亚、西亚和欧洲等国的“黄金通道”，拥有与丝绸之路经济带沿线国家开展跨境电子商务的独特优势。喀什综合保税区规划面积 3.56 平方千米，具有铁路、公路、航空立体交通网络优势，具备保税仓储、保税物流、保税加工、保税展览展示、口岸操作、航空货运等功能，是南疆唯一的海关特殊监管区域，同时拥有经济开发区、海关特殊监管区域等系列优惠政策叠加。

5. 外经贸发展概况

根据喀什海关统计，2022 年前 7 个月，喀什地区外贸进出口总值 185.3 亿元，同比增长 55.6%，高于全疆增速 17.5 个百分点，进出口总值全疆排名第 3。其中，出口总值 179.7 亿元，同比增长 53.6%；进口总值 5.6 亿元，同比增长 169.5%。从贸易伙伴来看，喀什地区前三大贸易伙伴依次为吉尔吉斯斯坦、塔吉克斯坦、哈萨克斯坦，其中对吉尔吉斯斯坦、塔吉克斯坦外贸额分别同比增长 152.3%、160%。对“一带一路”沿线国家进出口值 172.7 亿元，同比增长 59.6%，占喀什地区外贸进出口总值的 93.2%。边境小额贸易仍然是喀什地区主要贸易方式。2022 年前 7 个月，边境小额贸易进出口值 143.3 亿元，同比增长 57.3%，占喀什地区外贸进出口总值的 77.3%，较前 6 个月扩大了 2.6 个百分点。保税物流进出口同比增长 525%，加工贸易进出口同比增长 109.6%。喀什地区出口商品以劳动密集型、机电产品为主，进口商品则以机电产品为主。2022 年前 7 个月，喀什地区劳动密集型产品出口同比增长 48%，占喀什地区出口总值的 61.9%，机电产品出口同比增长 64.3%，机电产品进口同比增长 256.1%。2022 年前 7 个月，民营企业进出口值 184.0 亿元，同比增长 68.9%，占喀什地区外贸进出口总值的 99.3%，比上年同期提升 7.8 个百分点。①

6. 通道经济

喀什地区作为丝绸之路经济带核心区增长极、中巴经济走廊起点城市和南疆城市群区域中心，拥有得天独厚的区位优势。2021 年，喀什已成功打通喀什至乌兹别克斯坦塔什干的铁路通道。2022 年，满载着核桃与布匹的中欧班列在喀什火车站首发，由 50 个集装箱装载，总货值约 486 万美元。② 此次中欧班列的首发，标志着喀什开启了公路、铁路、航空“三位一体”全面发展的国际贸易新格局。延期长达至少 25 年的中吉乌铁路重点方案线路调查及沿线测绘已完成。中吉乌铁路开通后，货物就可以从喀什向西出境，货运路程将缩短 900 千米，时间将节省 7 ~ 8 天，成为中

---

① 潘晓雪,朱景朝. 前 7 个月新疆喀什外贸进出口同比增长逾 5 成[EB/OL],[2022 - 08 - 25]. http://www.xj.chinanews.com.cn/jingji/2022 - 08 - 25/detail - ihccmxni4130321.shtml.

② 喀什至阿拉木图中欧班列首发 喀什再添外贸物流新通道[EB/OL],[2022 - 01 - 22]. https://baijiahao.baidu.com/s?id = 1722625362107078383.

国通往欧洲、中东的最短货运路线。中吉乌铁路将最终连接到伊朗首都德黑兰，然后进入土耳其，再经过土耳其最大的城市伊斯坦布尔进入欧洲各国。到那时，从喀什到土耳其的距离比其到上海的距离还要近，新疆多了一条最为便捷高效的对外运输通道。同时，中吉乌铁路开通后，将分担一部分中欧班列过分依赖哈萨克斯坦的压力，无论运力还是产能，都会因便捷度的提升而提高与拓展。

2006 年 3 月，喀什机场航空口岸正式对外开放，成为国家对外开放的一类航空口岸，机场成为国际机场，也是 4E 级军民合用国际机场、新疆支线航空枢纽。2014 年 2 月 12 日，喀什国际机场口岸获原国家质检总局批复，成为进境水果指定口岸。自 2022 年以来，喀什国际机场开通了至巴基斯坦伊斯兰堡、匈牙利布达佩斯、比利时列日的 3 条货运航线。喀什国际机场充分借力喀什地区大发展、大变革的历史机遇，不断打造临空经济，借助于喀什特区建设东风，不断完善航空港功能，建设新型口岸机场。护照落地签等一系列政策的推进和日益完善的航空港，已成为中巴经济走廊建设的新平台。

四、设立新疆自由贸易试验区的意义

新疆有着独特的地缘和资源禀赋优势，有必要建立自由贸易试验区，推进我国由东南沿海开放向西部内陆开放的战略性转变，成为中国有效连接中亚、南亚、俄罗斯乃至欧洲的桥梁，成为带动我国经济高质量发展的“新引擎”。

（一）探索西部对外开放的制度创新

“十四五”规划提出：“完善自由贸易试验区布局，赋予其更大改革自主权，深化首创性、集成化、差别化改革探索，积极复制推广制度创新成果。”党的二十大报告指出：“实行更加积极主动的开放战略，构建面向全球的高标准自由贸易区网络，加快推进自由贸易试验区、海南自由贸易港建设，共建‘一带一路’成为深受欢迎的国际公共产品和国际合作平台。”新疆自由贸易试验区将成为我国扩大开放和深化改革探索新路径的制度创新高地。

首先，新疆是中国向西开放的主要通道，应积极探索开放创新的经贸制度。在贸易自由化便利化方面，优化口岸监管模式，与周边国家共建跨国监管体系，并与数字技术相结合，实现快速通关、共同监管，促进自由贸易试验区与沿边口岸的协同发展；在物流自由化便利化方面，建设区域物流中心，形成国际货物的中转、分拨、仓储等一站式服务中心，使用“互联网 + 海关”的模式，提高通关效率，降低通关成本，保障外贸供应链畅通；在投资自由化便利化方面，允许符合条件的外资金融机构设立外资银行和中外合资银行，不断吸引外国资金进入，推动新疆与周边国家人民币结算、融资试点业务，发展跨境金融服务；在能源贸易领域，建设能源交易中心，在区域内非国有能源企业开展项目时给予与国有能源企业相同或更加优惠的待遇，探索发展国有能源企业吸收外来资金的多种形式。

其次，新疆是我国与上海合作组织的纽带，应着力对标 RCEP，探索面向上海合作组织成员国的自贸协定规则和标准，推动和主动参与我国与欧亚经济联盟的对接，加快上海合作组织自贸协定的谈判进程。

最后，新疆是地缘政治敏感的边疆地区和民族地区，应积极研究开放与稳定兼顾的协调机制，发现开放过程中的风险点，合理制定预案和对策。

（二）深化与周边国家经济交流合作

新疆是我国与中亚、西亚、欧洲等地区进行交流合作的核心区域，与蒙古国、俄罗斯、哈萨克斯坦、吉尔吉斯斯坦、塔吉克斯坦、阿富汗、巴基斯坦、印度 8 个国家相接。我国与周边国家在市场需求、资源禀赋等方面具有互补性，经贸合作潜力巨大，中蒙俄经济走廊、新亚欧大陆桥、中国—中亚—西亚经济走廊、中巴经济走廊 4 条经济走廊为新疆“走出去”提供了便利。在新疆建立自由贸易试验区有利于扩大我国向西开放的进程，有利于加强东西方经济往来，有利于实现各国之间的友好交流，进一步开拓中亚市场并逐渐与欧洲国家融通。加强中国与周边国家的经济交流，能够扩大两国贸易合作规模，推动地区经济快速发展。

（三）带动周边地区经济发展

建立自由贸易试验区能够直接连接国内、国外两个市场，其制度安排有利于贸易投资自由化，促进生产资源的有效配置和生产效率的提高。① 自由贸易试验区内可以设置各类生活必需品、科技产品等的流通、加工、仓储场所，吸引国内外企业入驻生产，促进自由贸易试验区与地方产业链的形成和连接，发展外向型经济，②辐射带动周边城市建设与扩容、产业发展与升级、人员聚集与流动，并借助于公路、铁路等交通方式，推动邻近城市之间的联动、互补、协调发展，实现优势互补、资源共享、相互依托，将自由贸易试验区与内地紧密联系在一起。③

（四）实现稳边固边兴边

稳固的国家关系是对外贸易的基础，有利于两国企业保持长期的合作伙伴关系，

---

① 闫亚娟. 边界效应转化下的中哈霍尔果斯国际合作研究[J]. 北方经贸,2014(12):2-3,11.

② 吴文娟. 推动霍尔果斯由通道经济向口岸经济转变的思考[J]. 中共伊犁州委党校学报,2021(3):74-77.

③ 王富忠."一带一路"背景下边境口岸城市对地区发展的带动作用:以阿拉山口市与霍尔果斯市为例[J]. 开发研究,2019(3):95-99.

长久发展。自由贸易试验区的建立为各国人民的沟通、贸易提供了便利，为各国提供了更多的就业岗位，有利于增加居民的经济收入，提升居民的生活水平。区域内合作带来的经济效益对国家间的政治、军事都会产生积极影响，促进地区间的友好和平发展。“国家相互连接的程度越高，就越不会因为边境问题而产生冲突。……通过创建跨越国境的功能区域，各经济体可获得超越其地理限制的规模效应。”①

五、设立新疆自由贸易试验区面临的机遇与挑战

设立新疆自由贸易试验区对于推进边疆地区高水平对外开放具有重大意义，新疆设立自贸试验区需要利用好发展机遇，解决面临的困难和挑战。

（一）新疆设立自由贸易试验区的机遇

1. 共建“一带一路”的推进

新疆地理位置优越，是丝绸之路经济带上的重要节点，“一带一路”倡议的提出可帮助新疆加快脚步“引进来”“走出去”。口岸贸易是新疆经济发展的重要推动力，中欧班列的开通可推动口岸贸易高速发展。“一带一路”建设积极完善并升级数字经济基础设施，可服务对外贸易，加快产业数字化转型，推动自由贸易试验区高质量发展。自“一带一路”倡议提出以来，新疆就成为我国对外开放的前沿，可以充分利用国内国际两个市场、两种资源。一方面，新疆拥有丰富的传统能源、新能源、矿藏和动植物等自然资源，为产业发展和国际合作提供了强有力的支撑，为自由贸易试验区的建设奠定了坚实的产业基础。另一方面，新疆也在凭借其区位优势不断吸收外部资源，2020 年外商直接投资金额达 4. 51 亿美元，进口天然气、金属矿等资源产品 33. 5 亿美元。

2. 东西部协同联动发展

开展东西部协作，是党中央着眼推动区域协调发展、促进共同富裕作出的重大决策。近年来，为了平衡地区经济发展，我国东部地区传统的劳动密集型产业逐渐向中西部地区转移，使新疆的产业布局得到了进一步调整和完善；2010 年我国提出了对口援疆计划，要求全国 19 个省份从人才、技术、管理、资金等方面援助新疆，保障和发展民生，支持新疆相关特色产业，使得一大批内地大企业、大集团参与到

---

① 帕拉格·康纳．超级版图：全球供应链、超级城市与新商业文明的崛起[M]．崔传刚，周大昕，译．北京：中信出版社，2016：29.

了新疆的建设中来。[①]

3. 中吉乌铁路的修建

2022 年，国家主席习近平在中国同中亚五国建交 30 周年视频峰会中指出：“加快推进中吉乌铁路项目，推进中国—中亚交通走廊建设，让中国同中亚国家的互联互通更加安全高效。”目前，新疆对外铁路通道基本都是从阿拉山口口岸和霍尔果斯口岸出境，阿拉山口、霍尔果斯铁路口岸通行的中欧班列数量占全国班列开行总量的五成以上。中吉乌铁路开通后，新疆通道经济发展前景将更加可期。此外，中吉乌铁路开通后，中欧班列通道选择进一步多元化，运力和产能都将进一步提高。新疆将成为世界级交通枢纽，新疆内陆型开放性枢纽地位将更加明确，成为推进丝绸之路经济带核心区建设的重要节点。新疆将不再是边远地带，而成为中国对外开放的桥头堡。

（二）新疆建立自由贸易试验区的挑战

1. 地区安全问题

新疆地处中国西北边陲，与众多国家接壤，是少数民族聚居地，防范民族分裂势力、宗教极端势力、暴力恐怖势力渗透破坏压力大。[②] 党和国家始终高度重视新疆地区社会安全，新疆各界人民坚决反对“三股势力”，坚决支持新疆地区的反恐、去极端化工作，新疆地区的反恐维稳工作取得了显著成效。自贸试验区的发展与地区安全息息相关，只有和平稳定发展，才能吸引更多中外游客和商户，振兴地区经济。

2. “逆全球化”思潮抬头

近年来，国际贸易保护主义势力逐渐抬头，“逆全球化”浪潮明显上升，导致全球经济一直处于低迷状态，无疑对新疆的对外贸易产生了负面影响，经贸合作放缓。新疆对外贸易量的下降可能会导致失业率升高，影响市场长期稳定发展。

六、设立新疆自由贸易试验区的思考与建议

为了加快推进新疆自由贸易试验区的建设和发展，提高经济发展质量，提出以下 5 点思考与建议。

---

① 楚新元，卢爱珍，崔巍平．新疆高质量发展口岸经济带的现实基础与思路[J]. 新疆社科论坛，2021(1):71－77.

② 国家民族事务委员会．新疆的反恐、去极端化斗争与人权保障[EB/OL]，[2019－03－19]. https://www.neac.gov.cn/seac/xwzx/201903/1132851.shtml.

（一）促进数字技术与基础设施建设相结合

在大数据时代，国家间的竞争将逐渐演变为信息竞争，利用大数据、区块链、人工智能等技术挖掘更多有效的信息，提升国际竞争力。因此，数字基础设施建设已成为当下经济高质量发展的重要推动力。《“十四五”数字经济发展规划》指出，“数据对提高生产效率的乘数作用不断凸显，成为最具时代特征的生产要素。……协同推进技术、模式、业态和制度创新，切实用好数据要素，将为经济社会数字化发展带来强劲动力”。在自贸试验区内引入数字基础设施，一方面可以帮助区域内的企业完成数字化转型，打造开放共享式平台，使企业通过互联网技术了解和处理更多上、下游企业信息，发现经营短板，提升经营效率；另一方面可以优化海关工作机制，缩减进出口程序，提高办公效率，实现海关通关便利化。具体来看，应加强新疆通关一体化建设。加快推进疆内直属海关、检验检疫局实行“一次申报、一次查验、一次放行”，加速实现“单一窗口”模式；允许企业选择通关方式、报关企业“异地互认”；积极开展与相关国家和地区协调合作，实现货物进出口通关一体化；依托亚洲基础设施投资银行（AIIB），加大对口岸建设的扶持力度，全面铺开电子口岸的建设。

（二）加强能源领域改革创新

针对能源开发与服务领域，可以在经营主体、运营模式等方面探索更多有利于发展的制度。例如，放开或部分放开上游勘探领域、原油和成品油领域，允许地方炼油厂发展。自贸试验区内相关的非国有石油石化企业进行油气项目的开发与运营享受与国有石化企业相同的政策待遇；制定相关政策促进自贸试验区内国有石化企业多种形式吸纳非公有资本进入，积极推动地方企业参股石化类央企；在自贸试验区内进行成品油定价机制市场化的改革，帮助自贸试验区内民营或合资油气企业提升利润；在自贸试验区内建立亚欧能源（石油、天然气）交易中心，促进自贸试验区内相关石化企业原油进口指标的发放。①

（三）以服务业开放为抓手构建全面开放新格局

进一步扩大服务业开放，能够激活国内服务业市场，带动国内服务业企业深度融入国际市场，促进制造业转型升级，更好地满足人民群众丰富多彩的消费需求。与此同时，因为服务业开放更多的是规则、标准或制度方面的国际对标，能够有力促进和引领相关领域的开放，从而助力形成全面开放的新格局。国家主席习近平在

① 弋智勇．中国（新疆）—亚欧自由贸易试验区建设初探［J］．工业经济论坛，2015（5）：117－124.

第四届中国国际进口博览会开幕式上的主旨演讲中强调："中国将进一步缩减外资准入负面清单，有序扩大电信、医疗等服务业领域开放。中国将修订扩大《鼓励外商投资产业目录》，引导更多外资投向先进制造业、现代服务业、高新技术、节能环保等领域，投向中国中西部和东北地区。"因此，新疆应以服务业开放为抓手，构建全面开放新格局。首先，着力发展跨境电商、市场采购、外贸综合服务、离岸贸易、海外仓以及"保税+"等对外贸易新业态和新模式。其次，结合自身服务业特色，探索开放型服务业制度创新。最后，结合西部民族地区的地缘特点，研究服务业和服务贸易监管的风险点，做好高水平开放压力测试，探索出台服务业市场准入、自由贸易试验区跨境服务贸易"正面清单+负面清单"，并逐步探索实施"负面清单"制度。

（四）打造亚欧陆路区域离岸贸易中心

离岸贸易是指居民与非居民之间发生的，交易所涉货物不进出本国一线关境或不纳入本国海关统计的贸易，包括但不限于离岸转手买卖、全球采购、委托境外加工、承包工程境外购买货物等。离岸贸易的业务特征体现为订单流、货物流和资金流的分离，交易所涉货物不进出本国一线关境或不纳入本国海关统计。新疆建立自由贸易试验区可以充分利用通道经济并结合海关特殊监管区政策，发挥货物集散转运的优势，发展离岸转手买卖业务，依托新疆资源型优势产业建立跨国企业采购的区域中心，吸引大宗商品头部企业开展现货保税仓储，进而打造新疆自由贸易试验区内的国际离岸贸易中心。

（五）打造亚欧陆路区域离岸人民币金融中心

新疆是中国和中亚跨境经济合作的重要枢纽，应充分利用好亚洲基础设施投资银行等国际金融机构，发掘与中亚国家金融合作的优势，推动建设丝绸之路经济带区域性金融中心，不断完善相应的金融制度，大力引进外部银行、投资公司以及金融人才。离岸贸易与离岸金融相辅相成，在离岸贸易量的基础上，探索人民币结算、融资和资本项目可兑换制度创新，探索建立亚欧陆路区域离岸人民币金融中心。

一是创造条件稳步进行人民币资本项目可兑换、金融市场利率市场化、人民币跨境使用和外汇管理改革等方面的先行先试，建设区域性国际金融中心、人民币离岸中心、金融贸易创新示范区，开展金融服务协调机制、对外开放体制、财税体制、基础设施共享共建、产业发展体制等方面的改革创新。

二是设立全国性金融机构的分支机构，搭建同业合作交流平台，建立担保、风险补偿机制，推动相关国家机构设立合资证券公司和合资基金管理公司，争取适当降低相关国家保险公司在自贸试验区设立机构和开展业务的准入条件，引导金融机构支持中小企业，鼓励创新中小企业融资渠道，进一步促进金融创新，推动人民币国际化，促进国际性银行发展和国际信贷、国际融资增长。

三是建立人民币结算中心，完善人民币跨境结算的相关政策。大力推动跨境人民币业务创新发展，引导银行机构开展境内人民币信贷资产转让和跨境人民币贸易融资业务，争取自贸试验区内银行机构与境外同业开展人民币贸易融资资产跨境转让试点，积极争取成为国际资本项下境外人民币投融资结算各项试点的先行地区。积极推进跨境人民币融资试点业务，进一步推动我国与周边国家跨境人民币结算业务发展，推动建立货币兑换和清算机制，全面发展跨境金融服务。打通人民币回流渠道，推动人民币国际化进程。

参考文献

[1] 陈利君. 高标准高质量建设中国(云南)自贸区[J]. 社会主义论坛,2019(11):9-10,20.

[2] 陈学刚,杨兆萍. 建立乌鲁木齐国际机场临空经济区的战略思考[J]. 干旱区地理,2008(2):306-311.

[3] 楚琪,钟建平. 黑龙江自由贸易试验区对俄跨境合作研究[J]. 黑龙江社会科学,2022(3):57-61.

[4] 楚新元,卢爱珍,崔巍平. 新疆高质量发展口岸经济带的现实基础与思路[J]. 新疆社科论坛,2021(1):71-77.

[5] 董志崇. 内蒙古边境贸易发展现状、问题和对策分析[J]. 北方经贸,2019(3):9-10.

[6] 杜金岷. 开放蓝本:自由贸易试验区[M]. 重庆:重庆大学出版社,2018.

[7] 段晓瑞,王思佳. 我省数字经济发展进入快车道[N]. 云南日报,2022-08-27(3).

[8] 傅远佳. 中国西部陆海新通道高水平建设研究[J]. 区域经济评论,2019(4):70-77.

[9] 高志刚,张燕,刘雅轩. 丝绸之路经济带核心区重要增长极:新疆自由贸易试验区建设构想研究[J]. 新疆社科论坛,2015(4):34-38.

[10] 顾学明. 自贸区申报应适度降温[J]. 经济,2015(1):16-18.

[11] 国务院印发新设六个自由贸易试验区总体方案[J]. 中国外资,2019(17):8.

[12] 郝玉柱. 国际贸易[M]. 北京:中国经济出版社,2019.

[13] 何枭吟. 自贸区临空经济创新发展研究[M]. 北京:中国社会科学出版社,2020.

[14] 黄建忠,陈子雷,赵玲. 中国自由贸易试验区研究蓝皮书[M]. 北京:经济科学出版社,2019.

[15] 黄小峻. 中越跨境经济合作区发展模式研究[D]. 广州:暨南大学,2020.

[16] 李凌艳. 自贸区时代黑龙江省发展对外贸易的优势及领域[J]. 中国市场,2021(36):41-42.

[17] 李鹏飞,黄丽君."自贸试验区"建设背景下加快云南沿边开放的对策建议[J]. 中共云南省委党校学报,2021,22(2):131-137.

[18] 李善民. 中国自贸区的发展历程及改革成就[J]. 人民论坛,2020(27):12-15.

[19] 林子涵. 中老铁路打通一条开放合作"黄金路"[N]. 人民日报(海外版),2022-08-16(10).

[20] 刘宇丹,何容. 自贸试验区红河片区引进7个项目协议总投资17.15亿元[N]. 云南日报,2022-08-18(5).

[21] 罗嘉琪. 中国(广西)自由贸易试验区的产业布局和发展研究[J]. 商业经济,2021(10):48-52.

[22] 倪瑗. 昆明将着力打造金融"五大高地"[N]. 昆明日报,2021-09-24(1).

[23] 帕拉格·康纳. 超级版图:全球供应链、超级城市与新商业文明的崛起[M]. 崔传刚,周大昕,译. 北京:中信出版社,2016.

[24] 申韬,曹梦真,徐静怡. 金融开放门户建设背景下广西与东盟跨境金融合作研究[J]. 金融理论探索,2020(3):60-69.

[25] 孙元欣. 2016中国自由贸易试验区发展研究报告[M]. 上海:格致出版社,2016.

[26] 唐健飞. 中国(上海)自贸区政府管理模式的创新及法治对策[J]. 国际贸易,2014(4):27-32.

[27] 王富忠."一带一路"背景下边境口岸城市对地区发展的带动作用:以阿拉山口市与霍尔果斯市为例[J]. 开发研究,2019(3):95-99.

[28] 王力,李春香. 中国沿边自由贸易试验区建设蓄势待发[J]. 银行家,2019(9):48-52.

[29] 吴文娟. 推动霍尔果斯由通道经济向口岸经济转变的思考[J]. 中共伊犁州委党校学报,2021(3):74-77.

[30] 辛昱辰,萧安. 思索·改革 自由贸易试验区[M]. 上海:上海社会科学院出

版社,2020.

[31] 闫亚娟. 边界效应转化下的中哈霍尔果斯国际合作研究[J]. 北方经贸,2014(12):2-3,11.

[32] 杨慧瀛,郭佳,廉永生. 沿边地区自由贸易试验区跨境物流网络构建[J]. 商业经济研究,2021(12):91-94.

[33] 弋智勇. 中国(新疆)—亚欧自由贸易试验区建设初探[J]. 工业经济论坛,2015(5):117-124.

[34] 于洪洋,欧德卡,巴殿君. 试论中蒙俄经济走廊的基础与障碍[J]. 东北亚论坛,2015(1):96-106.

[35] 张国庆. 广西自贸试验区建设如何后发先至[J]. 中国外资,2020(23):56-57.

[36] 张金杰. 中国自贸区的战略布局与发展重点[J]. 人民论坛,2020(27):20-22.

[37] 张鑫,杨兰品. 沿海、内陆、沿边自贸试验区开放优势特色与协同开放研究[J]. 经济体制改革,2021(3):59-64.

[38] 张琰姝,赵红娟. 内蒙古边境贸易发展探究[J]. 合作经济与科技,2018(3):100-101.

[39] 郑国富. 广西自贸区(崇左片区)发展挑战与对策[J]. 对外经贸,2019(12):24-26.